21世纪经济与管理精编教材·经济学系列

Stata数据分析应用

Data Analysis and Application Using Stata

朱顺泉 ◎ 编著

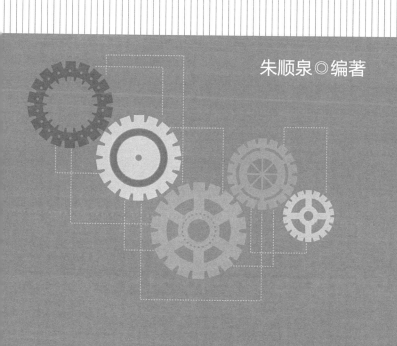

图书在版编目(CIP)数据

Stata 数据分析应用/朱顺泉编著. —北京:北京大学出版社,2015.9
(21 世纪经济与管理精编教材·经济学系列)
ISBN 978-7-301-25932-0

Ⅰ. ①S… Ⅱ. ①朱… Ⅲ. ①统计分析—应用软件—高等学校—教材 Ⅳ. ①C819

中国版本图书馆 CIP 数据核字(2015)第 125008 号

书　　　名	Stata 数据分析应用
	Stata Shuju Fenxi Yingyong
著作责任者	朱顺泉　编著
责任编辑	周　莹
标准书号	ISBN 978-7-301-25932-0
出版发行	北京大学出版社
地　　　址	北京市海淀区成府路 205 号　100871
网　　　址	http://www.pup.cn
电子信箱	em@pup.cn　　QQ:552063295
新浪微博	@北京大学出版社　@北京大学出版社经管图书
电　　　话	邮购部 62752015　发行部 62750672　编辑部 62752926
印　刷　者	北京虎彩文化传播有限公司
经　销　者	新华书店
	787 毫米×1092 毫米　16 开本　19.25 印张　480 千字
	2015 年 9 月第 1 版　2021 年 12 月第 5 次印刷
印　　　数	7001—8000 册
定　　　价	39.00 元

未经许可,不得以任何方式复制或抄袭本书之部分或全部内容。
版权所有,侵权必究
举报电话:010-62752024　电子信箱:fd@pup.pku.edu.cn
图书如有印装质量问题,请与出版部联系,电话:010-62756370

前　言

在当今大数据时代的背景下,数据已经成为商务决策最为重要的参考依据之一,数据分析行业已经迈入了一个全新的阶段。《Stata 数据分析应用》侧重于 Stata 软件的数据存取、图形展示和统计与计量经济数据分析,重点介绍了 Stata 软件在统计学与计量经济分析中的应用,同时结合大量的实例,通过大量的丰富的实例,对 Stata 软件进行科学、准确和全面的介绍,以便使读者能深刻理解 Stata 的精髓和灵活、高效的使用技巧。

Stata 软件是金融数据分析、宏观经济预测、销售预测和成本分析等领域应用非常广泛的统计与计量软件之一,它具有易操作、运算速度快、绘图功能强、更新和发展速度快等特点,因而受到广大用户的欢迎和喜爱。本书将通过丰富的实例,详细介绍 Stata 12.0 在现实生活中的应用。

本书注重理论与应用相结合,实例丰富且通俗易懂,实用性、实验和可操作性特别强,详细介绍了各种统计和计量经济方法在 Stata 软件中的实现过程。

本书的内容安排如下:第 1 章介绍 Stata 数据处理;第 2 章介绍 Stata 图形的绘制;第 3 章介绍 Stata 描述统计;第 4 章介绍 Stata 参数假设检验;第 5 章介绍 Stata 相关分析;第 6 章介绍 Stata 最小二乘线性回归分析;第 7 章介绍 Stata 因变量受限回归分析;第 8 章介绍 Stata 异方差计量检验与应用;第 9 章介绍 Stata 自相关计量检验与应用;第 10 章介绍 Stata 多重共线性计量检验与应用;第 11 章介绍 Stata 时间序列分析;第 12 章介绍 Stata 面板数据分析。

本书实例经典,内容丰富,有很强的针对性,书中各章详细地介绍了实例的 Stata 具体操作过程,读者只需按照书中介绍的步骤进行操作,就能掌握全书的内容。为了帮助读者更加直观地学习本书,我们将书中实例的全部数据文件制成电子包,读者可来信索取。

本书作为广东省研究生教育创新计划项目、广东财经大学 MBA 中心数据模型与决策示范课程的阶段性成果之一,适合作为经济学、金融学、统计学等相关专业的本科生或研究生学习统计学、计量经济学等课程的教材或实验参考用书,同时对从事数据分析的实际工作者也大有裨益。

本书的出版,得到了北京大学出版社周莹编辑的支持、帮助,应该感谢她为读者们提供了这么好的一个工具!由于时间和水平的限制,书中疏漏之处,恳请读者批评指正。

作　者
2015 年 5 月于广州

目 录

第1篇 Stata 应用基础

第1章 Stata 基本窗口、变量与数据处理 (3)
  1.1 Stata 12.0 基本窗口说明 (3)
  1.2 Stata 12.0 数据文件的创建与读取 (4)
    1.2.1 Stata 12.0 数据文件的创建 (4)
    1.2.2 Stata 12.0 数据文件的读取及转换 (8)
  1.3 创建和替代变量 (10)
  1.4 分类变量和定序变量操作 (15)
  1.5 数据的基本操作 (19)
  1.6 定义数据的子集 (25)

第2章 Stata 图形的绘制 (29)
  2.1 直方图的绘制 (29)
  2.2 散点图的绘制 (33)
  2.3 曲线标绘图的绘制 (36)
  2.4 连线标绘图的绘制 (40)
  2.5 箱图的绘制 (43)
  2.6 饼图的绘制 (46)
  2.7 条形图的绘制 (49)
  2.8 点图的绘制 (52)

第2篇 Stata 统计应用

第3章 Stata 描述统计 (57)
  3.1 描述统计基本理论 (57)
    3.1.1 数据分析的基本描述统计 (57)
    3.1.2 常用的统计分布 (64)

3.2 定距变量的描述性统计 …………………………………………………… (67)
3.3 正态性检验和数据转换 …………………………………………………… (71)
3.4 单个分类变量的汇总 ……………………………………………………… (76)
3.5 两个分类变量的列联表分析 ……………………………………………… (77)
3.6 多表和多维列联表分析 …………………………………………………… (80)

第4章 Stata 参数假设检验 ……………………………………………………… (85)
4.1 参数假设检验的基本理论 ………………………………………………… (85)
    4.1.1 区间估计 …………………………………………………………… (85)
    4.1.2 假设检验 …………………………………………………………… (86)
4.2 单个样本 t 检验应用 ……………………………………………………… (95)
4.3 两个独立样本 t 检验应用 ………………………………………………… (97)
4.4 配对样本 t 检验应用 ……………………………………………………… (100)
4.5 单一样本方差的假设检验应用 …………………………………………… (103)
4.6 双样本方差的假设检验应用 ……………………………………………… (105)

第5章 Stata 相关分析 …………………………………………………………… (108)
5.1 简单相关分析的基本理论 ………………………………………………… (108)
5.2 简单相关分析的基本应用 ………………………………………………… (109)
5.3 偏相关分析的基本理论 …………………………………………………… (112)
5.4 偏相关分析的基本应用 …………………………………………………… (112)

第6章 Stata 最小二乘线性回归分析 …………………………………………… (115)
6.1 一元线性回归分析基本理论 ……………………………………………… (115)
    6.1.1 一元线性回归分析模型 …………………………………………… (115)
    6.1.2 一元线性回归的假设 ……………………………………………… (115)
    6.1.3 方差分析 …………………………………………………………… (116)
    6.1.4 决定系数 …………………………………………………………… (116)
    6.1.5 估计的标准误 ……………………………………………………… (116)
    6.1.6 回归系数的假设检验 ……………………………………………… (117)
    6.1.7 回归系数的置信区间 ……………………………………………… (117)
6.2 一元线性回归分析的应用 ………………………………………………… (118)
6.3 多元线性回归分析基本理论 ……………………………………………… (126)
    6.3.1 多元线性回归模型 ………………………………………………… (126)
    6.3.2 方差分析 …………………………………………………………… (127)
    6.3.3 决定系数 …………………………………………………………… (127)
    6.3.4 估计的标准误 ……………………………………………………… (127)
    6.3.5 回归系数的 t 检验和置信区间 …………………………………… (127)
    6.3.6 回归系数的 F 检验 ……………………………………………… (128)

6.3.7　虚拟变量 …………………………………………………………………（129）
6.4　多元线性回归分析的应用 …………………………………………………………（129）

第7章　Stata 因变量受限回归分析 ……………………………………………………（139）
7.1　断尾回归分析 ………………………………………………………………………（139）
　　7.1.1　断尾回归分析的概念 ………………………………………………………（139）
　　7.1.2　在简单线性回归分析中的应用 ……………………………………………（139）
7.2　截取回归分析 ………………………………………………………………………（146）
　　7.2.1　截取回归分析的概念 ………………………………………………………（146）
　　7.2.2　截取回归分析的应用 ………………………………………………………（146）

第3篇　Stata 计量经济应用

第8章　Stata 异方差计量检验与应用 …………………………………………………（157）
8.1　回归模型的异方差计量检验基本理论 ……………………………………………（157）
　　8.1.1　异方差的概念 ………………………………………………………………（157）
　　8.1.2　异方差产生的原因 …………………………………………………………（159）
　　8.1.3　异方差的后果 ………………………………………………………………（160）
　　8.1.4　异方差的识别检验 …………………………………………………………（160）
　　8.1.5　消除异方差的方法 …………………………………………………………（162）
8.2　回归模型的异方差计量检验的应用 ………………………………………………（164）

第9章　Stata 自相关计量检验与应用 …………………………………………………（180）
9.1　回归模型的自相关计量检验基本理论 ……………………………………………（180）
　　9.1.1　自相关的概念 ………………………………………………………………（180）
　　9.1.2　产生自相关的原因 …………………………………………………………（180）
　　9.1.3　自相关的后果 ………………………………………………………………（182）
　　9.1.4　自相关的识别和检验 ………………………………………………………（182）
　　9.1.5　自相关的处理方法 …………………………………………………………（184）
9.2　回归模型的异方差计量检验的应用 ………………………………………………（186）

第10章　Stata 多重共线性计量检验与应用 …………………………………………（198）
10.1　回归模型的多重共线性计量检验基本理论 ………………………………………（198）
　　10.1.1　多重共线性的概念 …………………………………………………………（198）
　　10.1.2　多重共线性的后果 …………………………………………………………（199）
　　10.1.3　产生多重共线性的原因 ……………………………………………………（199）
　　10.1.4　多重共线性的识别和检验 …………………………………………………（200）
　　10.1.5　消除多重共线性的方法 ……………………………………………………（201）
10.2　回归模型的多重共线性计量检验的应用 …………………………………………（203）

第 11 章　Stata 时间序列分析 ………………………………………………… (215)

11.1　时间序列分析的基本理论 ……………………………………………… (215)
11.1.1　平稳、协整、因果检验的基本概念 ……………………………… (215)
11.1.2　单位根检验 ………………………………………………………… (215)
11.1.3　协整检验 …………………………………………………………… (217)
11.1.4　误差修正模型 ……………………………………………………… (218)

11.2　时间序列分析的基本应用 ……………………………………………… (218)
11.3　单位根检验 ……………………………………………………………… (227)
11.4　协整检验 ………………………………………………………………… (236)
11.5　格兰杰因果关系检验 …………………………………………………… (244)

第 12 章　Stata 面板数据分析 …………………………………………………… (253)

12.1　面板数据分析的基本理论 ……………………………………………… (253)
12.2　短面板数据分析的基本应用 …………………………………………… (254)
12.3　长面板数据分析的基本应用 …………………………………………… (277)

参考文献 ………………………………………………………………………… (298)

第1篇
Stata 应用基础

第1章 Stata基本窗口、变量与数据处理

Stata 是一种功能全面的统计与计量软件包,是目前最为流行的统计与经济计量软件包之一。它具有易操作、运算速度快、绘图功能强等特点。它不仅包括一套事先编制好的数据分析功能,同时还允许用户根据自己的需要来创建程序。该软件被引入中国后,得到了广大学者的认可,其适用范围越来越广。本章主要对 Stata 12.0 的基本窗口、变量与数据管理作一些初步介绍。

1.1 Stata 12.0 基本窗口说明

将 Stata 12.0 安装在 E 盘(也可以是其他盘)的 stata12 目录上,在 stata12 上创建一个 zsq 目录(命名可随意),将光盘上的所有文件复制在 E:\stata12\zsq 目录中。

在正确安装 Stata 12.0 后,双击 Stata 主程序的图标文件,即可打开 Stata 的主界面,如图 1-1 所示。

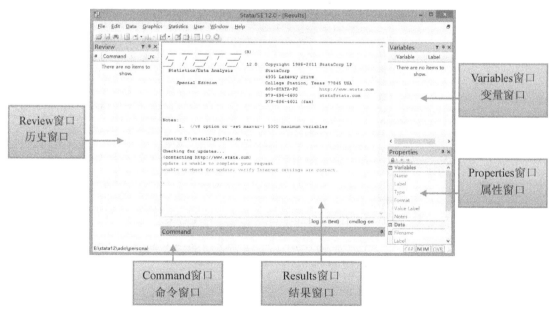

图 1-1 Stata 12.0 主界面

在图 1-1 中,有 Review、Command、Results、Variables、Properties 5 个区域:Review 窗口(历史窗口)显示的是自本次启动 Stata 12.0 以来执行过的所有命令;Command 窗口(命令窗口)是最重要的窗口,它的作用是在本窗口内输入准备执行的命令;Results 窗口(结果窗口)显示的是每次执行 Stata 命令后的执行结果,无论成功还是失败;Variables 窗口(变量窗口)显示的是当前 Stata 数据文件中的所有变量;Properties 窗口(属性窗口)显示的是当前数据文件中设定的变量及数据的性质。

1.2　Stata 12.0 数据文件的创建与读取

1.2.1　Stata 12.0 数据文件的创建

例 1-1　表 1-1 是我国 2000—2013 年上市公司数量的数据,创建 Stata 12.0 格式的数据文件并保存。

表 1-1　我国 2000—2013 年上市公司数量

年份	上交所上市公司数	深交所上市公司数
2000	572	516
2001	646	514
2002	715	509
2003	780	507
2004	837	540
2005	834	547
2006	842	592
2007	860	690
2008	864	761
2009	870	848
2010	894	1 169
2011	931	1 411
2012	954	1 540
2013	957	1 536

操作过程如下:

进入 Stata 12.0,打开主程序,弹出如图 1-2 所示的主界面。

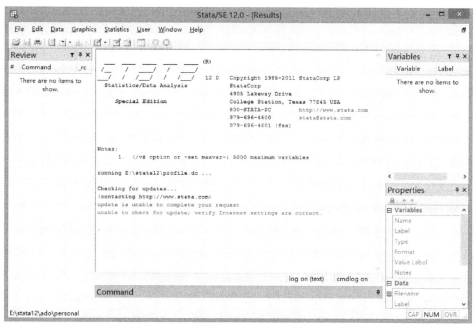

图1-2 程序主界面

选择"Data"|"Data Editor"|"Data Editor(Edit)",弹出如图1-3所示的"Data Editor(Edit)"对话框。

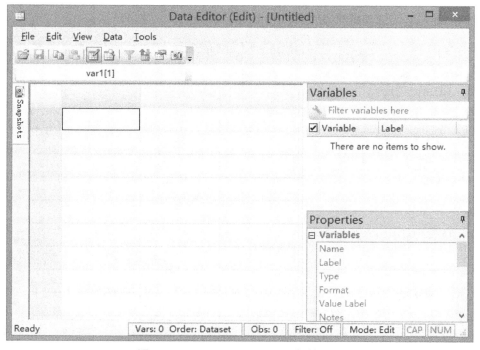

图1-3 "Data Editor(Edit)"对话框(1)

在"Data Editor(Edit)"对话框左上角的单元格中输入第1个数据"2 000",系统即自动创建"var1"变量,如图1-4所示。

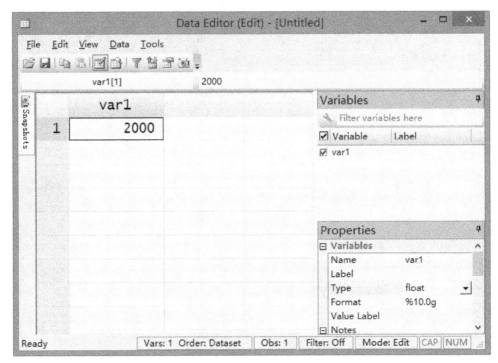

图1-4 "Data Editor(Edit)"对话框(2)

单击右下方的Properties(属性窗口)中的Variables,Variables中的变量特征(含名称、类型、长度等)即可进入可编辑状态,如图1-5所示。

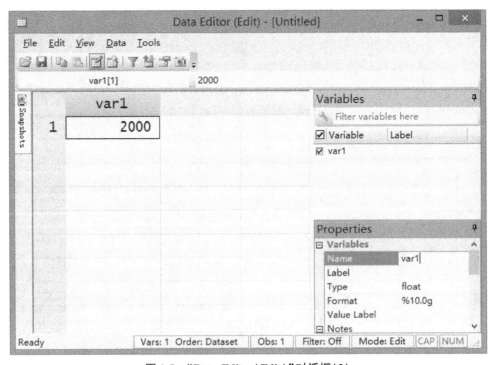

图1-5 "Data Editor(Edit)"对话框(3)

对变量名称进行必要的修改,第1个变量是年份,可把"var1"修改为"year",其他采取系统默认设置,修改完成后在左侧数据输入区域单击,即可弹出如图1-6所示的对话框。

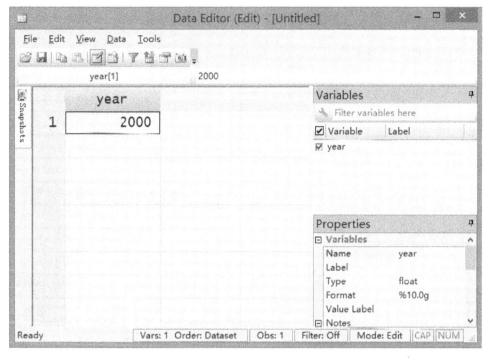

图1-6 "Data Editor(Edit)"对话框(4)

逐个录入其他数据,其他两个变量参照"year"进行设置,将其定义为"shangjiao""shenjiao",数据录完后,如图1-7所示。

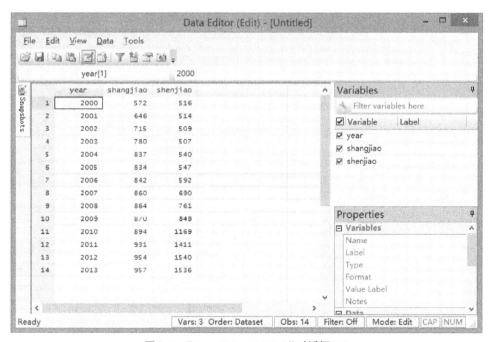

图1-7 "Data Editor(Edit)"对话框(5)

关闭"Data Editor(Edit)"对话框,在主界面的工具栏里单击 Save 把数据保存在 E:\stata12\zsq\chap01 中,文件名为 al1-1.dta。

1.2.2 Stata 12.0 数据文件的读取及转换

要读取以前创建的 Stata 格式的数据文件比较简单,有以下三种方式:
(1) 直接双击该文件,即可打开数据;
(2) 在主界面的菜单栏里面选择"File"|"Open"命令,然后找到文件打开即可;
(3) 在主界面的 Command(命令窗口)中,输入命令:"use filename(文件名称)"。

在建立好 Excel 文件之后,在 Stata 中若要读取 Excel 文件,在主界面的菜单栏里面选择 "File"|"Import"|"Excel spreadsheet(*.xls;*xlsx)"命令,得到如图 1-8 所示的界面。

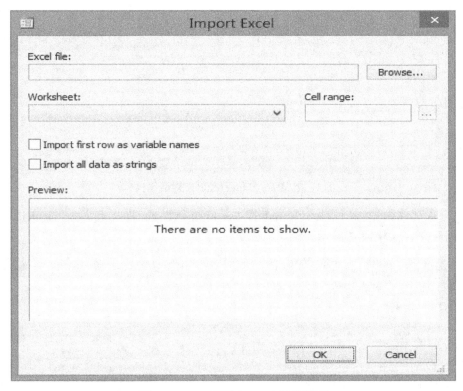

图 1-8 Stata 读取 Excel 文件的界面

在图 1-8 中选择"Browse"命令,找到文件所在的目录和对应的文件,可得到如图 1-9 所示的界面。

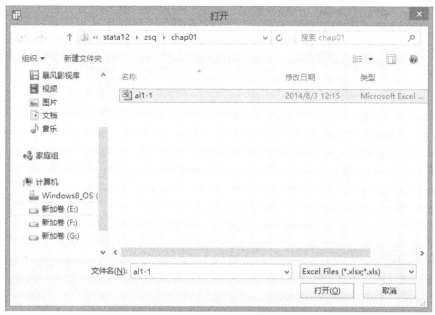

图 1-9 读取 al1-1.xls 文件数据

在图 1-9 中选择"打开"按钮,再选择"OK"即可。

在建立好 Excel 文件之后,若要把 Excel 文件转换成 Stata 数据文件也可用如下命令实现:
import excel "E:\stata12\zsq\chap01\al1-1.xls", sheet("Sheet1") clear

若要把 Stata 数据文件转换成 Excel 文件,先把 Stata 文件打开,命令如下:
use "E:\stata12\zsq\chap01\al1-1.dta", clear

然后在主界面的菜单栏里面选择"File"|"Emport"|"Excel spreadsheet(*.xls;*xlsx)"命令,得到如图 1-10 所示的界面。

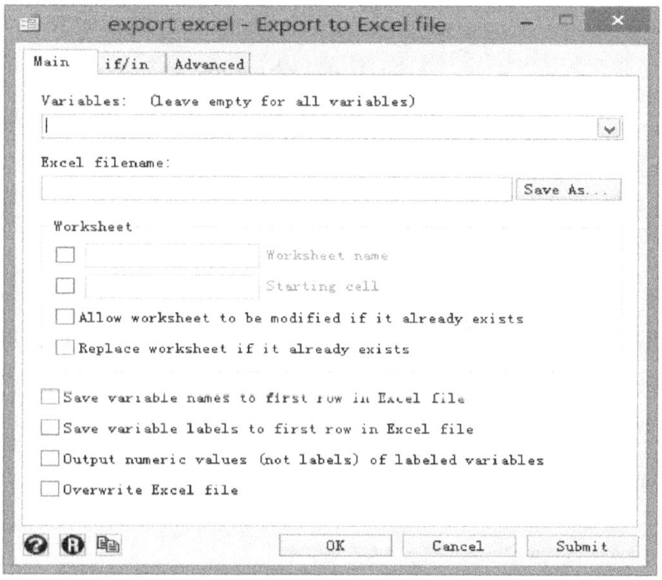

图 1-10 把 Stata 数据文件转换成 Excel 文件初始界面

在图 1-10 中选择"Variable"下的变量,在"Excel filename"中选择相应的目录和文件,可得到如图 1-11 所示的界面。

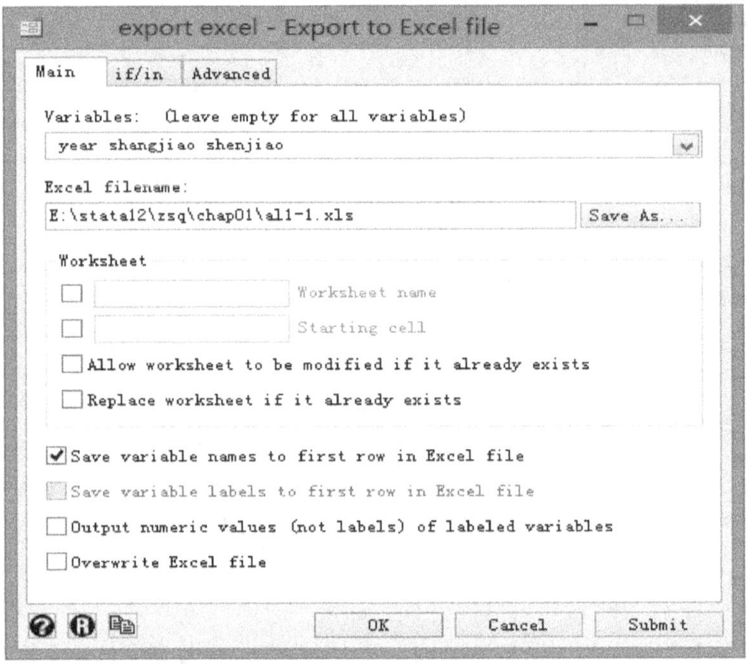

图 1-11　找到文件目录和文件 E:\stata 12\zsq\chapo1\al1-1.xls

在图 1-11 中选择"OK"即可。

在打开 Stata 数据文件之后,把 Stata 文件转换成 Excel 文件也可用如下命令实现:

export excel year shangjiao shenjiao using "E:\stata12\zsq\chap01\al1-1.xls", firstrow(variables)

1.3　创建和替代变量

前面介绍了创建、修改数据文件和变量的通用方式,但在某些情况下,需要利用现有变量生成一个新的变量,那么如何快捷地实现这种操作呢? Stata 12.0 提供了 generate 和 replace 命令供我们选择使用,其中 generate 命令是利用现有变量生成一个新的变量,并保留原来的变量不变;而 replace 命令则是利用现有变量生成一个新的变量替换原来的变量。

例 1-2　我国某年各地区的就业人口和工资总额数据如表 1-2 所示。用 Stata 12.0 命令进行操作:(1)生成新的变量来描述各地区的平均工资情况;(2)生成平均工资变量替代原来的工资总额变量;(3)对生成的平均工资变量数据均作除以 10 的处理;(4)对就业人口变量进行对数平滑处理,从而产生新的变量。

表1-2 我国某年各地区的就业人口和工资总额

地区(region)	就业人口(people)	工资总额(sumwage)
北京	6 193 478	354 562 114
天津	2 016 501	88 650 773
河北	5 030 626	139 819 814
山西	3 857 975	107 304 259
内蒙古	2 458 276	76 181 130
…	…	…
青海	506 254	16 361 377
宁夏	581 039	19 536 870
新疆	2 494 187	71 506 764

在进行Stata统计分析之前，要把数据录入到Stata中，录入数据过程与例1-1类似。本例有3个变量，分别是地区、就业人口和工资总额，把地区变量设定为region，类型为str14，格式为%14s；就业人口变量设定为people，类型为long，格式为%12.0g；工资总额变量设定为sumwage，类型为long，格式为%12.0g。录完数据后，并作数据保存，如图1-12所示。

图1-12 例1-2 涉及的数据

进入 Stata 12.0，弹出如图 1-13 所示的主界面。

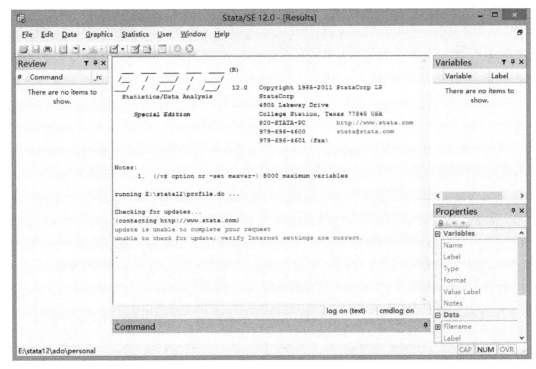

图 1-13　生成数据后的程序主界面

在主界面的 Command 文本框输入如下命令：
use "E:\stata12\zsq\chap01\al1-2.dta"，clear
并按回车键进行确认。
在主界面的 Command 文本框输入如下命令：
generate avwage = sumwage/people
本命令的含义是生成新的变量来描述各地区的平均工资情况。
再输入"browse"命令，即得到如图 1-14 所示的 avwage 数据。

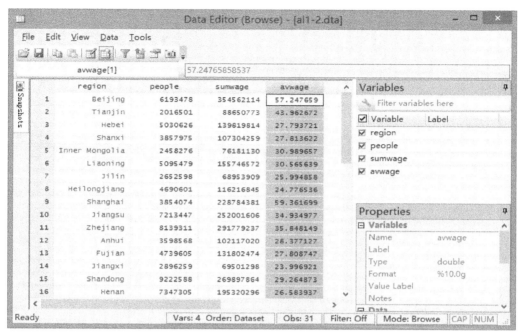

图 1-14　生成 avwage 数据

在主界面的 Command 文本框输入如下命令：

replace sumwage = sumwage/people

本命令的含义是生成平均工资变量来替代原来的工资总额变量。

再输入"browse"命令，即得到如图 1-15 所示的 sumwage 数据。

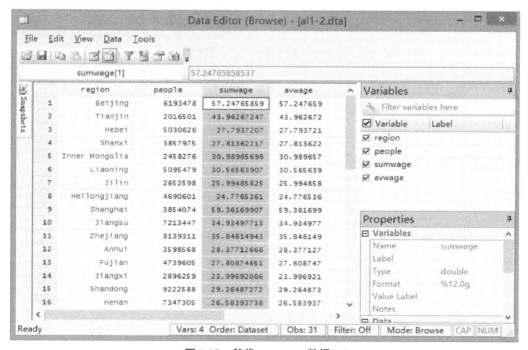

图 1-15　替代 sumwage 数据（1）

在主界面的 Command 文本框输入如下命令：

replace sumwage = sumwage/10

本命令的含义是生成平均工资变量数据均作除以 10 的处理。

再输入"browse"命令，即得到如图 1-16 所示的 sumwage 数据。

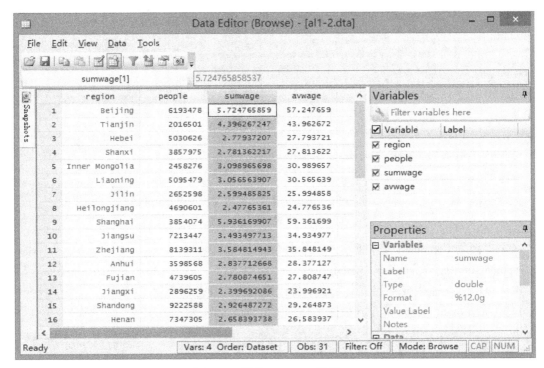

图 1-16　替代 sumwage 数据(2)

在主界面的 Command 文本框输入如下命令：

gen lpeople = ln(people)

本命令的含义是对就业人口变量进行对数平滑处理，从而产生新的变量。

再输入"browse"命令，即得到如图 1-17 所示的 lpeople 数据。

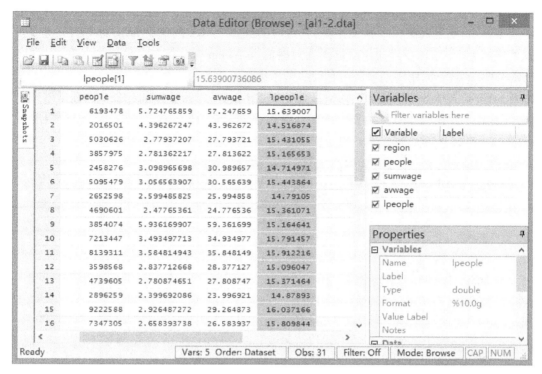

图 1-17　生成 lpeople 数据

注意,在上面的例子中,我们使用了代数运算符"/"。在 Stata 12.0 中,还可以使用的代数运算符如表 1-3 所示。

表 1-3　代数运算符

代数运算符	+	−	*	/	^
含义	加	减	乘	除	乘方

在上面的例子中,也用到了自然对数函数"ln"。在 Stata 12.0 中,还可以使用的函数如表 1-4 所示。

表 1-4　函数

函数	含义	函数	含义	函数	含义
$abs(x)$	x 的绝对值	sqrt	平方根函数	$exp(x)$	指数函数
$sin(x)$	正弦函数	$cos(x)$	余弦函数	$tan(x)$	正切函数
$asin(x)$	反正弦函数	$acos(x)$	反余弦函数	$atan(x)$	反正切函数
$trunk(x)$	整数部分	$logit(x)$	x 的对数比率	$total(x)$	x 的移动合计
$mod(x,y)$	x/y 的余数	$sign(x)$	符号函数	$round(x)$	x 的四舍五入整数
$atanh(x)$	双曲反正切函数	$floor(x)$	x 的最大整数	$ceil(x)$	x 的最小整数

1.4　分类变量和定序变量操作

在很多情况下,我们会用到分类变量(虚拟变量)的概念,其用途是通过定义值的方式将观测样本进行分类，如根据某一变量特征的不同把观测样本分为三类，那么就需要建立 3 个分类变量 A、B、C，如果观测样本属于 A 类，其对应的分类变量 A 的值就为 1，对应的分类变量 B 和 C 的值就为 0。定序变量的用途是根据数据值大小将数据分到几个确定的区间，其在广义上也是一种分类，下面用实例来说明它们的基本操作。

例 1-3 某大学各个学院承担的项目数量如表 1-5 所示。试用 Stata 12.0 对数据进行以下操作：(1) 试生成新的分类变量来描述项目级别；(2) 试生成新的定序变量对项目数进行定序，分到 3 个标志区间。

表 1-5 某大学各个学院承担的项目数和级别

学院(xueyuan)	项目数(number)	项目级别(type)
会计	20	省级
工商	14	省级
统计	4	省级
数学	3	省级
国际	5	省级
经济	21	省级
公管	10	国家级
贸易	19	国家级
金融	32	国家级
旅游	3	国家级

在进行 Stata 统计分析之前，首先要把数据录入到 Stata 中，录入数据过程与例 1-1 类似。本例有 3 个变量，分别是学院、项目数和项目级别，把学院变量设定为 xueyuan，类型为 str21，格式为%21s；项目数变量设定为 number，类型为 float，格式为%9.0g；项目级别变量设定为 type，类型为 byte，格式为%9.0g。录完数据后，并作数据保存，如图 1-18 所示。

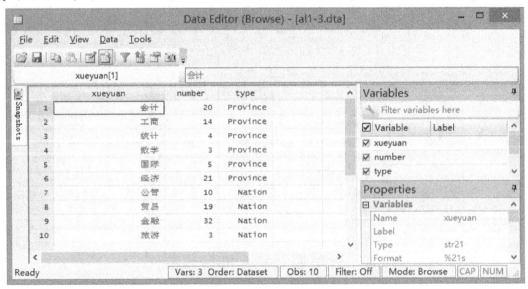

图 1-18 例 1-3 涉及的数据

进入 Stata 12.0,打开数据文件,弹出如图 1-19 所示的主界面。

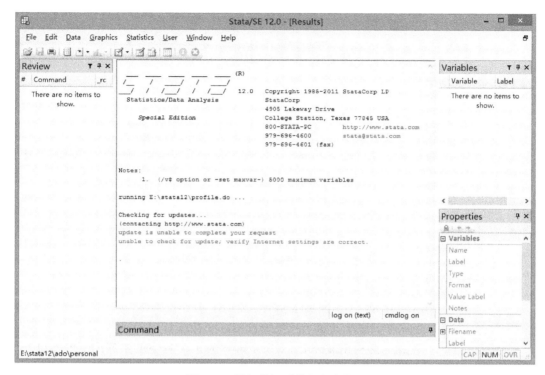

图 1-19 录入数据后的程序主界面

在主界面的 Command 文本框输入如下命令:
tabulate type,generate(type)
本命令的含义是生成新的分类变量来描述项目级别。
执行后即得到如图 1-20 所示的数据。

type	Freq.	Percent	Cum.
Province	6	60.00	60.00
Nation	4	40.00	100.00
Total	10	100.00	

图 1-20 描述项目级别的结果

再输入"browse"命令;按回车键后,进入数据查看界面,可以看到如图 1-21 所示的生成的分类数据"type1"和"type2"。

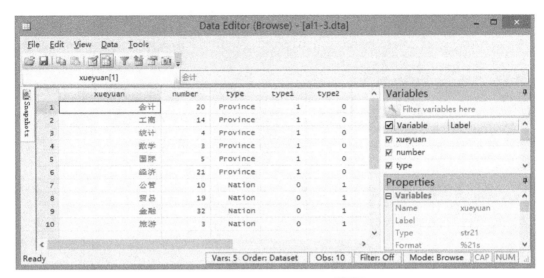

图 1-21　Data Editor(Browse)对话框(1)

在 Command 文本框输入如下命令：

generate number1 = autocode(number,3,1,25)

本命令的含义是生成新的定序变量对项目数进行定序，分到 3 个标志区间。

输入"browse"命令，进入数据查看界面，可以看到如图 1-22 所示的生成的定序变量"number1"的数据。该变量将 number 的取值区间划分成等宽的三组。

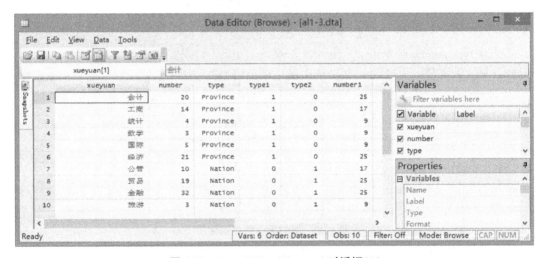

图 1-22　Data Editor(Browse)对话框(2)

以例 1-3 的数据为基础，试生成新的分类变量按数值大小对项目数进行四类定序，则命令为：

sort number

generate number2 = group(4)

输入"browse"命令，进入数据查看界面，可以看到如图 1-23 所示的生成的定序变量 number2 数据。该变量将 number 的取值按大小分成了 4 个序列。

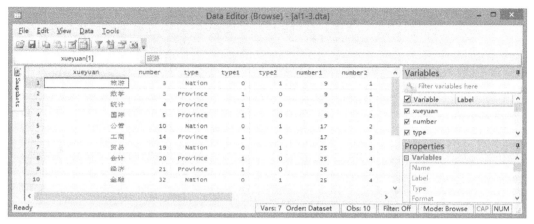

图 1-23　Data Editor(Browse)对话框(3)

1.5　数据的基本操作

在对数据进行分析时,可能会遇到需要针对现有的数据进行预处理的情况,如对数据进行长短变换、把字符串数据转换为数值数据、生成随机数等。

例 1-4　CJ 集团是一家国内大型连锁销售公司,该集团一直在 A、B、C、D、E 五地开展经营活动,其在 2011—2013 年在上述地区的开店情况如表 1-6 所示。试通过操作 Stata 12.0 完成以下工作:(1) 将数据进行长短变换;(2) 再将数据变换回来,并把地区字符串变量转换成数值数据;(3) 生成一个随机变量,里面包含 0—1 的 15 个随机数据。

表 1-6　CJ 集团在 2011—2013 年在五地区的开店情况

地区	2011 年	2012 年	2013 年
A	30	32	33
B	7	8	9
C	18	19	22
D	60	65	32
E	26	20	15

在进行 Stata 统计分析之前,首先要把数据录入到 Stata 中,录入数据过程与例 1-1 类似。本例有 4 个变量,分别是地区、2011 年开店数、2012 年开店数和 2013 年开店数,把地区变量设定为 region,类型为 str14,格式为%14s;2011 年开店数变量设定为 number2011,类型为 byte,格式为%8.0g,2012 年开店数变量设定为 number2012,类型为 byte,格式为%8.0g;2013 年开店数变量设定为 number2013,类型为 byte,格式为%8.0g。录完数据后,并作数据保存,如图 1-24 所示。

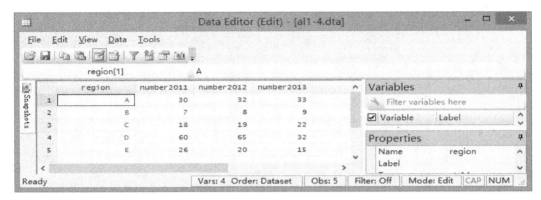

图 1-24　例 1-4 涉及的数据

进入 Stata 12.0,打开相关数据文件,弹出如图 1-25 所示的主界面。

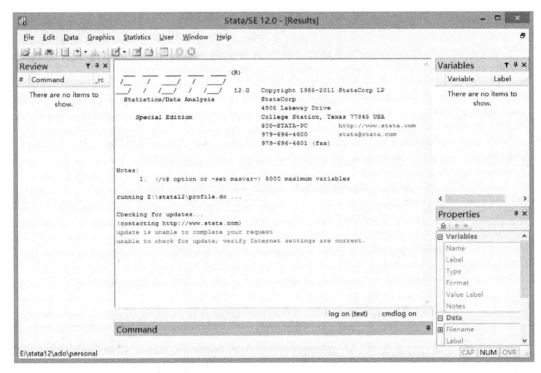

图 1-25　生成数据后的程序主界面

在主界面的 Command 文本框输入如下命令:
reshape long number,i(region) j(year)
本命令的含义是将数据进行长短变换。
执行上述命令后即得到如图 1-26 所示的数据。

```
(note: j = 2011 2012 2013)

Data                                        wide    ->    long
─────────────────────────────────────────────────────────────────
Number of obs.                                5     ->      15
Number of variables                           4     ->       3
j variable (3 values)                               ->    year
xij variables:
        number2011 number2012 number2013     ->    number
─────────────────────────────────────────────────────────────────
```

图 1-26 将数据进行长短变换

在主界面的 Command 文本框输入"browse"命令,进入数据查看界面,可以看到如图 1-27 所示的变换后的数据。

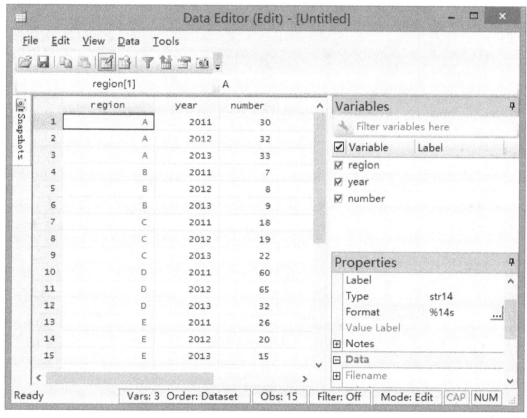

图 1-27 变换后的数据

在主界面的 Command 文本框输入如下命令:

reshape wide number,i(region) j(year)

本命令的含义是将数据变换回来。

执行上述命令后即得到如图 1-28 所示的数据结果。

```
(note: j = 2011 2012 2013)

Data                                long     ->    wide

Number of obs.                       15      ->      5
Number of variables                   3      ->      4
j variable (3 values)              year      ->    (dropped)
xij variables:
                                   number    ->    number2011 number2012 number2013
```

图 1-28 将数据变换回来

在主界面的 Command 文本框输入 "browse" 命令，可以看到如图 1-29 所示的变换后的数据结果。

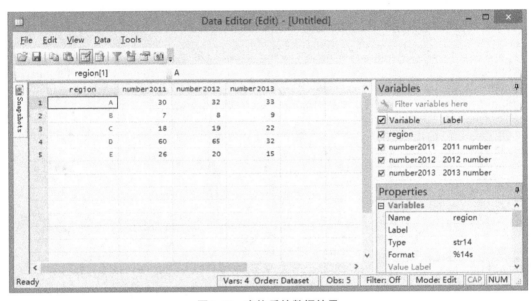

图 1-29 变换后的数据结果

在主界面的 Command 文本框输入如下命令：

encode region,gen(regi)

本命令的含义是把地区字符串变量转换成数值数据。

再在主界面的 Command 文本框输入 "browse" 命令，进入数据查看界面，可以看到如图 1-30 所示的变换后的数据。

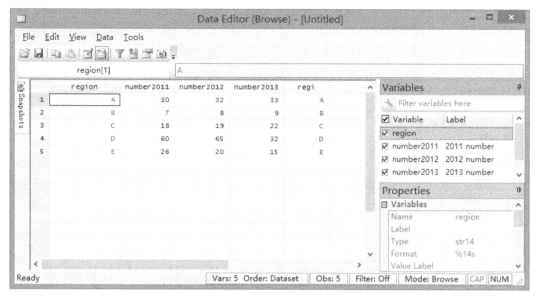

图 1-30　把地区字符串变量转换成数值数据

在主界面的 Command 文本框输入如下命令：

clear

set obs 15

generate suiji = uniform( )

本命令的含义是生成一个随机变量，里面包含 0—1 的 15 个随机数据。

再在主界面的 Command 文本框输入"browse"命令进入数据查看界面，可以看到如图 1-31 所示的变换后的数据。

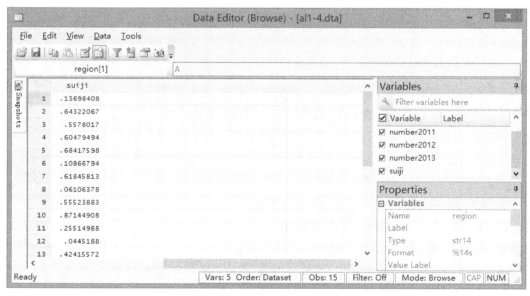

图 1-31　生成一个随机变量

在定义随机数时,系统命令默认区间范围是[0,1],那么如何实现自由取值,如从[9,18]中随机地取出15个数据呢?

操作命令相应作如下形式的修改:

clear

set obs 15

generate suiji = 9 + 9 * uniform( )

browse

在命令窗口输入上述各个命令,并按回车键,确认的结果如图1-32所示。

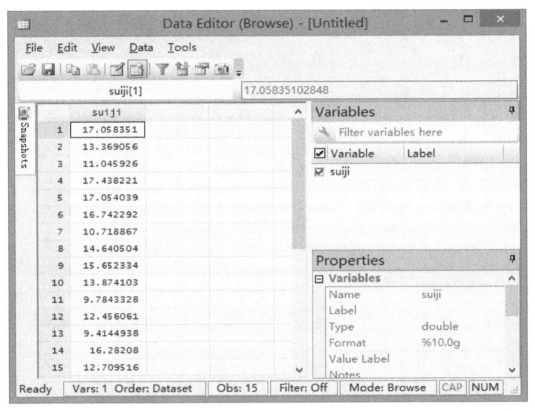

图1-32　实现从[9,18]中随机取值的结果

那么如何选取整数呢?

操作命令相应作如下形式的修改:

clear

set obs 15

generate suiji = 9 + trunc(9 * uniform( ))

browse

在命令窗口输入上述各个命令,并按回车键,确认的结果如图1-33所示。

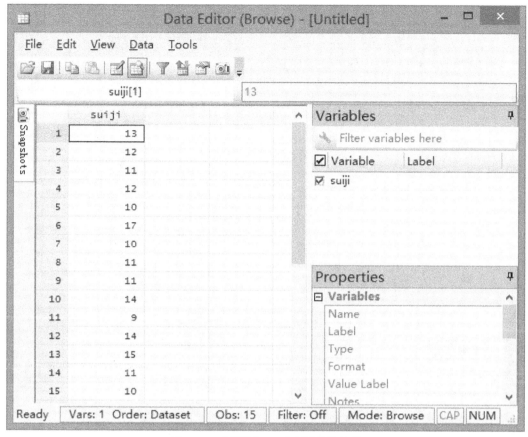

图 1-33　实现从[9,18]中取整的结果

1.6　定义数据的子集

在很多情况下,现有的 Stata 数据达不到分析要求,我们需要截取出数据的一部分进行分析,或者删除不需要进入分析范围的数据,这时我们就需要用到 Stata 的定义数据子集功能。下面我们通过实例的方式来说明数据子集的基本操作。

例 1-5　试通过操作数据文件"al1-5.dta"完成以下工作:(1)列出第 3 条数据;(2)列出第 1—3 条数据;(3)列出变量值"shangjiao"最小的两条数据;(4)列出变量值"year"大于 2005 的数据;(5)列出变量值"year"大于 2007 且变量值"shangjiao"大于 865 的数据;(6)删除第 3 条数据;(7)删除变量值"year"等于 2005 的数据;(8)删除变量值"year"大于 2005 且变量值"shangjiao"大于 865 的数据。

进入 Stata 12.0,首先在"E:\stata12\zsq\chap01\"目录中,应用 Stata 软件打开"al1-5.dta"数据文件,命令如下:

use "E:\stata12\zsq\chap01\al1-5.dta", clear

弹出如图 1-34 所示的主界面。

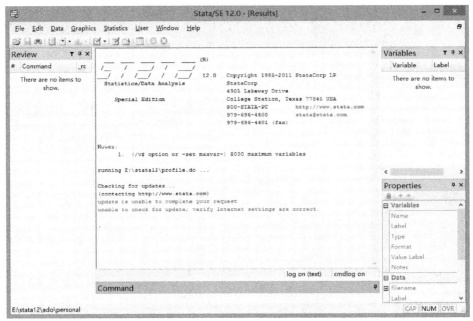

图 1-34　打开数据文件后的程序主界面

在主界面输入命令：

list in 3

本命令的含义是列出第 3 条数据。

图 1-35 是列出第 3 条数据的结果。

	year	shangj~o	shenjiao
3.	2002	715	509

图 1-35　分析结果(1)

在主界面输入命令：

list in 1/3

本命令的含义是列出第 1—3 条数据。

图 1-36 是列出的 3 条数据的结果。

	year	shangj~o	shenjiao
1.	2000	572	516
2.	2001	646	514
3.	2002	715	509

图 1-36　分析结果(2)

在主界面输入命令：

sort shangjiao

list shangjiao shenjiao in 1/2

本命令的含义是列出"shangjiao"最小的两条数据。

图 1-37 是列出的 2 条数据的结果。

	shangj~o	shenjiao
1.	572	516
2.	646	514

图 1-37 分析结果（3）

在主界面输入命令：

list if year > 2005

本命令的含义是列出变量值"year"大于 2005 的数据。

图 1-38 是列出的"year"大于 2005 的数据。

	year	shangj~o	shenjiao
7.	2006	842	592
8.	2007	860	690
9.	2008	864	761
10.	2009	870	848

图 1-38 分析结果（4）

在主界面输入命令：

list if year > 2005 & shangjiao > 865

本命令的含义是列出"year"大于 2007 且变量值"shangjiao"大于 865 的数据。

图 1-39 是列出的"year"大于 2007 且变量值"shangjiao"大于 865 的数据。

	year	shangj~o	shenjiao
10.	2009	870	848

图 1-39 分析结果（5）

在主界面输入命令：

drop in 3

本命令的含义是删除第 3 条数据。

图 1-40 是列出的删除第 3 条数据的结果。

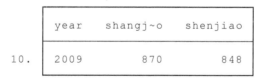

```
. drop in 3
(1 observation deleted)
```

图 1-40 分析结果（6）

在主界面输入命令:

drop if year==2005

本命令的含义是删除变量值"year"等于2005的数据。

图1-41是列出的删除变量值"year"等于2005的数据。

```
. drop if year==2005
(1 observation deleted)
```

图1-41 分析结果(7)

在主界面输入命令:

drop if year>2005 & shangjiao>865

本命令的含义是删除变量值"year"大于2005且变量值"shangjiao"大于865的数据。

图1-42是列出的删除变量值"year"大于2005且变量值"shangjiao"大于865的数据。

```
. drop if year>2005 & shangjiao>865
(1 observation deleted)
```

图1-42 分析结果(8)

在上述的Stata命令中用到了关系运算符和逻辑运算符。Stata 12.0中共提供了6种关系运算符和3种逻辑运算符,如表1-7和表1-8所示。

表1-7 关系运算符及含义

关系运算符	==	<	!=	>=	>	<=
含义	等于	小于	不等于	大于等于	大于	小于等于

表1-8 逻辑运算符及含义

逻辑运算符	&	|	!
含义	与	或	否

第2章　Stata图形的绘制

Stata 常用的制图功能有：直方图、散点图、曲线标绘图、连线标绘图、箱图、饼图、条形图、点图等，下面我们通过实例来说明几种主要图形的绘制方法。

2.1　直方图的绘制

直方图又叫柱状图，是一种统计报告图，由一系列高度不等的纵向条纹或线段表示数据分布的情况，一般用横轴表示数据类型，纵轴表示分布情况。通过绘制直方图，可以较为直观地传递有关数据的变化信息，使数据使用者能够较好地观察数据波动的状况，使数据决策者依据分析结果确定在什么地方需要集中力量改进工作。

例 2-1　为了解我国各地区的电力消费情况，某课题组搜集整理了某年我国 29 个省市的电力消费的数据，如表 2-1 所示。试通过绘制直方图来直观反映我国各地区的电力消费情况。

表 2-1　某年我国 29 个省市的电力消费情况

地区	电力消费/亿千瓦时
北京	739.1464844
天津	550.1555786
河北	2 343.8466800
山西	1 267.5375980
内蒙古	1 287.9256590
…	…
青海	337.2367859
宁夏	462.9584961
新疆	547.8765869

在目录"E:\stata12\zsq\chap02"中的"aature2-1.dta"数据文件使用 Stata 12.0 打开，命令如下：

use "E:\stata12\zsq\chap02\a12-1.dta", clear
browse

数据如图 2-1 所示。

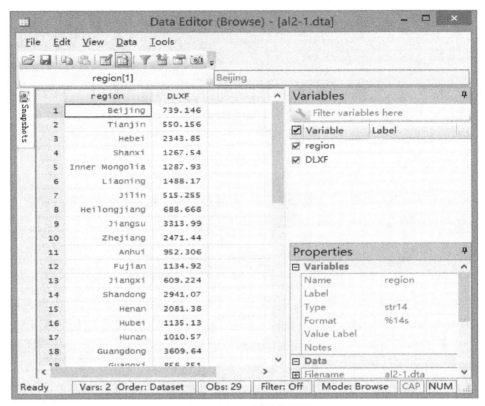

图 2-1　例 2-1 涉及的数据

在主界面的 Command 文本框中输入命令：

histogram number,frequency

输入命令后，按回车键，得到如图 2-2 所示的结果。

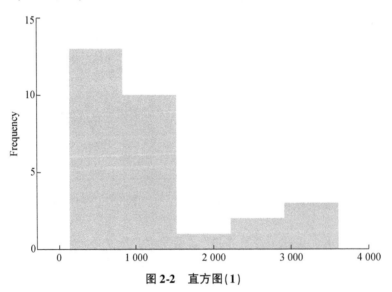

图 2-2　直方图(1)

通过观察直方图，可见各地区处于 1 500—2 300 的电力消费频数较低。

上面的 Stata 命令比较简单,分析过程及结果已经达到解决实际问题的要求。但 Stata 12.0 的强大之处在于,它同样提供了更加复杂的命令格式以满足用户更加个性化的需求。

1. 给图形增加标题

如我们要给图形增加标题:电力消费情况,那么操作命令就应该相应修改为:

histogram DLXF,frequency title("电力消费情况")

输入完后,按回车键,得到如图2-3所示的结果。

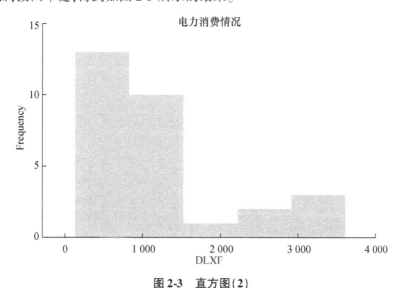

图2-3　直方图(2)

注:DLXF 表示电力消费情况,Frequency 表示频数,此后图示不单独注释。

2. 给坐标轴增加数值标签并设定间距

如我们要在图2-3的基础上对 X 轴添加数值标签,取值为0—4 000,间距为500;对 Y 轴添加数值标签,取值为0—15,间距为3,那么操作命令就应该相应地修改为:

histogram DLXF,frequency title, xlabel(0(500)4000) ylabel(0(3)15)

输入完后,按回车键,得到如图2-4所示的结果。

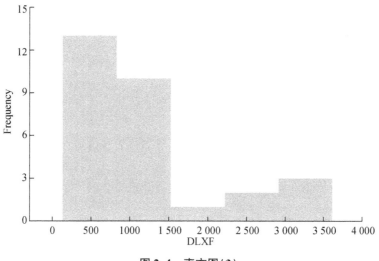

图2-4　直方图(3)

3. 显示坐标轴的刻度

如我们要在图2-4的基础上对Y轴添加刻度,取值为0—15,间距为1,那么操作命令就应该相应地修改为:

histogram DLXF,frequency title, xlabel(0(500)4000) ylabel(0(3)15) ytick(0(1)15)

输入完后,按回车键,得到如图2-5所示的结果。

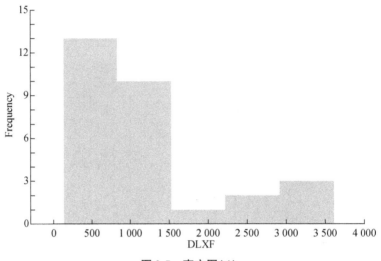

图2-5 直方图(4)

4. 设定直方图的起始值及直方条的宽度

如我们要在图2-5的基础上进行改进,使直方图的第1个直方条从100开始,每一个直方条的宽度为500,那么操作命令就应该相应地修改为:

histogram DLXF,frequency title, xlabel(0(500)4000) ylabel(0(3)15) ytick(0(1)15) start(100) width(500)

输入完后,按回车键,得到如图2-6所示的结果。

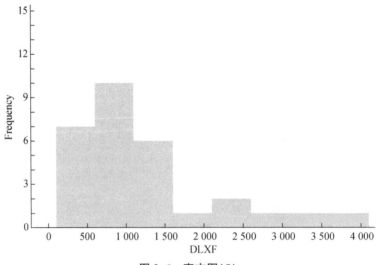

图2-6 直方图(5)

2.2 散点图的绘制

散点图就是点在坐标系平面上的分布图,它对数据预处理有很重要的作用。研究者对数据制作散点图的主要出发点是通过绘制该图来观察某变量随另一变量变化的大致趋势,据此可以探索数据之间的关联关系,甚至选择合适的函数对数据点进行拟合。

例 2-2 为了解某班级学生的学习情况,教师对该班的学生举行了一次封闭式测验,成绩如表 2-2 所示。试通过绘制散点图来直观反映这些学生的语文、数学成绩的组合情况。

表 2-2 某班级学生的学习成绩情况

编号	语文	数学
1	99	67
2	97	77
3	90	77
4	67	59
5	67	64
…	…	…
41	69	63
42	91	60

使用 Stata 12.0 软件打开目录"E:\stata12\zsq\chap02"中的"al2-2.dta"数据文件,命令如下:
use "E:\stata12\zsq\chap02\al2-2.dta", clear
browse
数据如图 2-7 所示。

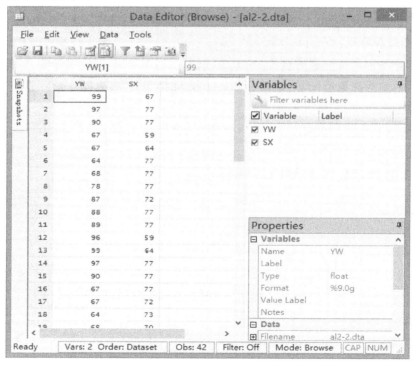

图 2-7 例 2-2 涉及的数据

在主界面的 Command 文本框中输入命令:
graph twoway scatter YW(语文) SX(数学)
输入完后,按回车键,得到如图 2-8 所示的结果。

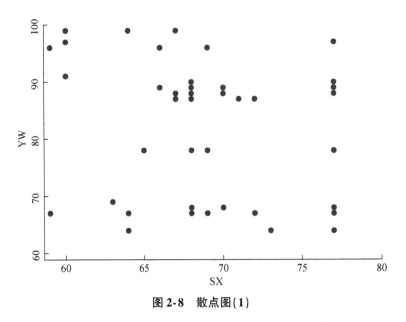

图 2-8　散点图(1)

通过观察散点图,可以看出这些学生的语文和数学成绩的组合情况。

上面的 Stata 命令比较简单,分析过程及结果已经达到解决实际问题的要求。但 Stata 12.0 的强大之处在于,它同样提供了更加复杂的命令格式以满足用户更加个性化的需求。

1. 给图形增加标题、给坐标轴增加数值标签并设定间距、显示坐标轴的刻度

如我们要给图形增加标题的名称:学生成绩情况,对 X 轴添加数值标签,取值为 60—80,间距为 10;对 Y 轴添加数值标签,取值为 60—100,间距为 5,那么操作命令就应该相应地修改为:

graph twoway scatter YW SX,title("学生成绩情况") xlabel(60(10)80) ylabel(60(10)100) ytick(60(5)100)

输入完后,按回车键,得到如图 2-9 所示的结果。

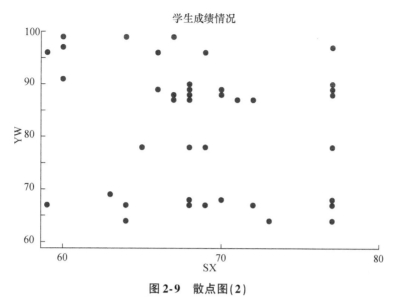

图 2-9　散点图(2)

2. 控制散点标志的形状

如我们要在图 2-9 的基础上使散点图中的散点标志的形状变为实心菱形，那么操作命令就应该相应地修改为：

graph twoway scatter YW SX, title("学生成绩情况") xlabel(60(10)80) ylabel(60(10)100) ytick(60(5)100) msymbol(D)

在命令窗口输入上述命令后，按回车键，得到如图 2-10 所示的结果。

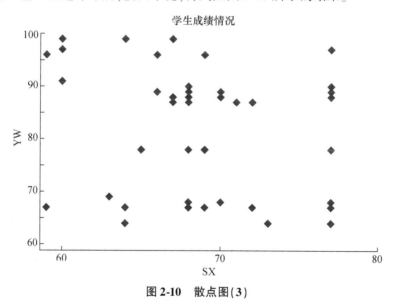

图 2-10　散点图(3)

在上面的例子中，命令中的 D 代表的是实心菱形。散点标志的其他常用的可选形状与对应命令缩写如表 2-3 所示。

表 2-3　散点形状与其对应的命令缩写

缩写	描述	缩写	描述	缩写	描述
X	大写字母 X	S	实心方形	th	空心小三角
Th	空心三角	oh	空心小圆点	sh	空心方形
T	实心三角	p	很小的点	dh	空心小菱形

3. 控制散点标志的颜色

如我们要在图 2-10 的基础上进行改进，使散点标志的颜色变为黄色，那么操作命令就应该相应地修改为：

graph twoway scatter YW SX,title("学生成绩情况") xlabel(60(10)80) ylabel(60(10)100) ytick(60(5)100) msymbol(D) mcolor(yellow)

输入完后，按回车键，得到如图 2-11 所示的结果。

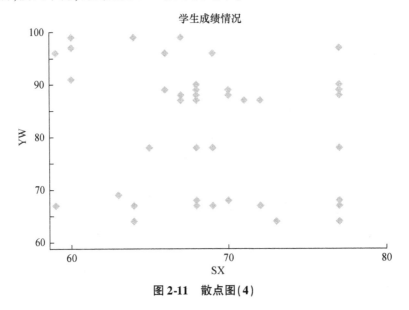

图 2-11　散点图(4)

2.3　曲线标绘图的绘制

从形式上来看，曲线标绘图与散点图的区别就是一条线替代散点标志，这样做可以更清晰直观地看出数据走势，但却无法观察到每个散点的准确定位。从用途上看，曲线标绘图常用于时间序列分析的数据预处理，用来观察变量随时间的变化趋势。此外，曲线标绘图可以同时反映多个变量随时间的变化情况，所以，曲线标绘图的应用范围还是非常广泛的。

例 2-3　某村有每年自行进行人口普查的习惯，该村近年的人口数据如表 2-4 所示。试通过绘制曲线标绘图来分析研究该村的人口情况变化趋势及新生儿对总人口数的影响程度。

表 2-4　某村人口普查资料

年份	总人数/人	新生儿数/人
1997	128	15
1998	138	16
1999	144	16
2000	156	17
2001	166	21
2002	175	17
2003	180	18
2004	185	17
2005	189	30
2006	192	34
2007	198	37
2008	201	42
2009	205	41
2010	210	39
2011	215	38
2012	219	41

使用 Stata 12.0 软件打开目录"E:\stata12\zsq\chap02"中的"al2-3.dta"数据文件,命令如下:

use "E:\stata12\zsq\chap02\al2-3.dta", clear
browse

数据如图 2-12 所示。

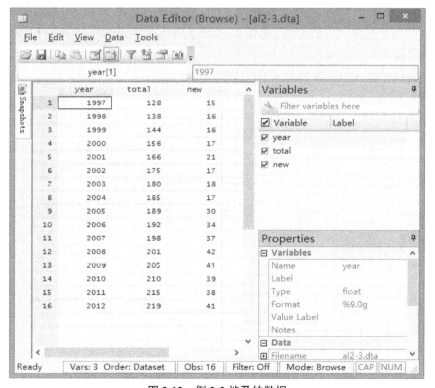

图 2-12　例 2-3 涉及的数据

在主界面的 Command 文本框中输入命令：
graph twoway line total new year
输入完后，按回车键，得到如图 2-13 所示的结果。

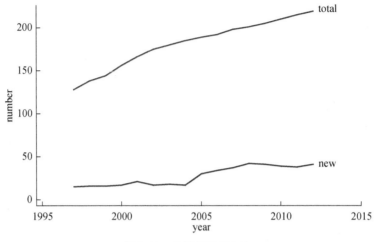

图 2-13　曲线标绘图(1)

通过观察图 2-13 可以看出新生儿小幅上升，总人数上升迅速。

上面的 Stata 命令比较简单，分析过程及结果已经达到解决实际问题的要求。但 Stata 12.0 的强大之处在于，它同样提供了更加复杂的命令格式以满足用户更加个性化的需求。

1. 给图形增加标题、给坐标轴增加数值标签并设定间距、显示坐标轴的刻度

如我们要给图形增加标题的名称：某村人口普查情况，对 X 轴添加数值标签，取值为 1997—2012，间距为 2；对 Y 轴添加数值标签，取值为 130—230，间距为 25；对 X 轴添加刻度，间距为 1，那么操作命令就应该相应地修改为：

graph twoway line total new year,title("某村人口普查情况") xlabel(1997(2)2012) ylabel(130(25)220) xtick(1997(1)2012)

输入完后，按回车键，得到如图 2-14 所示的结果。

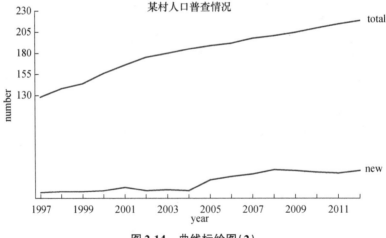

图 2-14　曲线标绘图(2)

2. 改变变量默认标签

如我们要在图2-14的基础上使总人数和新生儿数这两个变量的标签直接以汉字显示,从而更加清晰直观,那么操作命令就应该相应地修改为:

graph twoway line total new year,title("某村人口普查情况") xlabel(1997(2)2012) ylabel(130(25)220) xtick(1997(1)2012) legend(label(1 "总人数") label(2 "新生儿数"))

在命令窗口输入上述命令后,按回车键,得到如图2-15所示的结果。

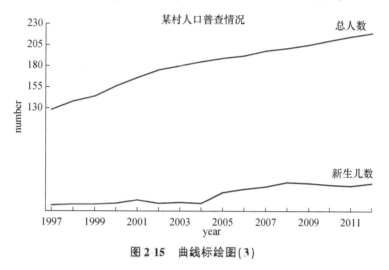

图2-15　曲线标绘图(3)

3. 改变线条样式

如我们要在图2-15的基础上进行改进,使新生儿数的曲线变成虚线,那么操作命令就应该相应地修改为:

graph twoway line total new year,title("某村人口普查情况") xlabel(1997(2)2012) ylabel(130(25)220) xtick(1997(1)2012) legend(label(1 "总人数") label(2 "新生儿数")) clpattern(solid dash)

输入完后,按回车键,得到如图2-16所示的结果。

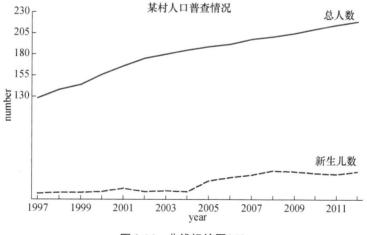

图2-16　曲线标绘图(4)

在上面的命令中,solid 代表实线,它对应的是第 1 个变量 total(总人数);dash 代表虚线,它对应的是第 2 个变量 new(新生儿数)。线条样式与其对应的命令缩写如表 2-5 所示。

表 2-5 线条样式与其对应的命令缩写

线条样式	命令缩写	线条样式	命令缩写	线条样式	命令缩写
实线	solid	点划线	dash_dot	长划线	longdash
虚线	dash	短划线	shortdash	长划点线	longdash_dot
点线	line	短划点线	shortdash_dot	不可见的线	blank

2.4 连线标绘图的绘制

在 2.3 节中我们提到的曲线标绘图用一条线来代替散点标志,可以更加清晰直观地看出数据走势,但却无法观察到每个散点的准确定位。如何做到既可以满足观测数据走势的需要,又能实现每个散点的准确定位?Stata 的连线标绘图就可以解决这个问题。

例 2-4 1998—2013 年,中国上市公司的数量情况如表 2-6 所示。试通过绘制连线标绘图来分析研究中国上市公司数量的变化情况。

表 2-6 中国上市公司的数量情况

年份	上市公司数量
1998	851
1999	949
2000	1 088
2001	1 160
2002	1 224
2003	1 287
2004	1 377
2005	1 381
2006	1 434
2007	1 550
2008	1 625
2009	1 718
2010	2 063
2011	2 342
2012	2 494
2013	2 493

首先我们在目录"E:\stata12\zsq\chap02\"上,应用 Stata 建立数据文件"al2-4.dta",在 Stata 12.0 软件中打开此文件,如图 2-17 所示。

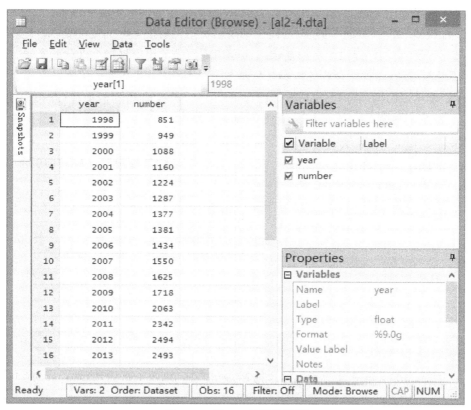

图 2-17　例 2-4 涉及的数据

在主界面的 Command 文本框中输入命令：
graph twoway connected number year
输入完后，按回车键，得到如图 2-18 所示的结果。

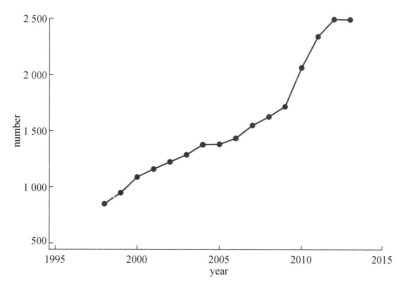

图 2-18　连线标绘图(1)

注：year 表示年份，number 表示上市公司数，此后图示不单独注释。

通过观察连线标绘图,可以看出随着年份的增加,上市公司数量逐年增加。

上面的Stata命令比较简单,分析过程及结果已经达到解决实际问题的要求。但Stata 12.0的强大之处在于,它同样提供了更加复杂的命令格式以满足用户更加个性化的需求。

1. 给图形增加标题、给坐标轴增加数值标签并设定间距、显示坐标轴的刻度

如我们要给图形增加标题:"上市公司数量情况",对X轴添加数值标签,取值为1998—2013,间距为2;对Y轴添加数值标签,取值为800—2 500,间距为400;对Y轴添加刻度,间距为100,那么操作命令就应该相应地修改为:

graph twoway connected number year, title("上市公司数量情况") xlabel(1998(2)2013) ylabel(800(400)2500) ytick(800(100)2500)

输入完后,按回车键,得到如图2-19所示的结果。

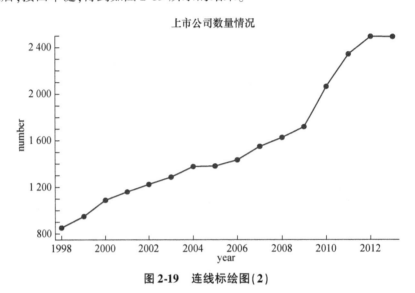

图2-19 连线标绘图(2)

2. 改变线条样式

如我们要在图2-19的基础上进行改进,使上市公司数量的曲线变为虚线,那么操作命令就应该相应地修改为:

graph twoway connected number year, title("上市公司数量情况") xlabel(1998(2)2013) ylabel(800(400)2500) ytick(800(100)2500) clpattern(dash)

在命令窗口输入上述命令后,按回车键,得到如图2-20所示的结果。

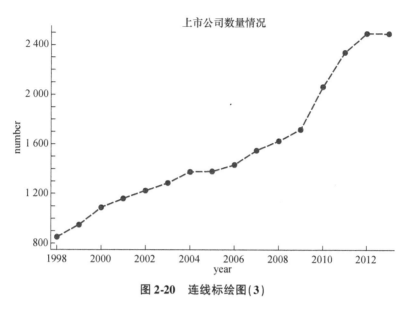

图 2-20 连线标绘图(3)

3. 控制散点标志的形状

如我们要在图 2-20 的基础上使连线标绘图中散点标志的形状变为实心菱形,那么操作命令就应该相应地修改为:

graph twoway connected number year,title("上市公司数量情况") xlabel(1998(2)2013) ylabel(800(400)2500) ytick(800(100)2500) clpattern(dash) msymbol(D)

输入完后,按回车键,得到如图 2-21 所示的结果。

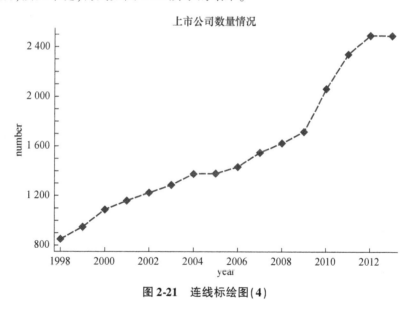

图 2-21 连线标绘图(4)

2.5 箱图的绘制

箱图又称为箱线图、盒须图或盒式图,是一种用于显示一组数据分散情况的统计图。箱图很形象地分为中心、延伸和分部状态的全部范围,它提供了一种只用 5 个点对数据集作简单总结的方式,这 5 个点包括中点、Q1、Q3、分部状态的高位和低位。数据分析者通过绘制箱图可以直观明了地识别数据中的异常值,判断数据的偏态、尾重,以及比较几批数据的形状。

例 2-5 A 集团是一家国内大型销售汽车公司,该公司在组织架构上采取事业部制的管理方式,把全国市场分为 3 个大区,从而督导各省市的分公司。该集团在全国各省市的市场份额如表 2-7 所示。试绘制箱图来研究分析其分布规律。

表 2-7 A 集团各大分区的市场份额情况

地区	市场份额(销售量)/百台	所属大区
北京	38	1
天津	44	1
河北	22	1
山西	8	1
内蒙古	32	1
…	…	…
青海	18	3
宁夏	20	3
新疆	60	3

首先我们在目录"E:\stata12\zsq\chap02\"上,应用 Stata 建立数据文件"al2-5.dta",在 Stata 12.0 软件中打开此文件,如图 2-22 所示。

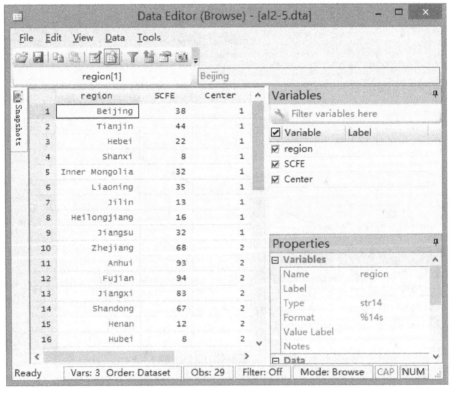

图 2-22 例 2-5 涉及的数据

在主界面的 Command 文本框中输入命令：

graph box SCFE("市场份额")

输入完后，按回车键，得到如图 2-23 所示的结果。

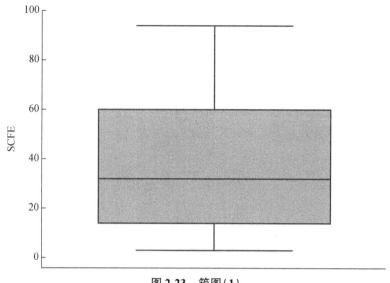

图 2-23　箱图(1)

通过观察箱图，可以了解到很多信息。箱图把所有数据分成了 4 部分，第 1 部分是从顶线到箱子的上部，这部分数据值在全体数据中排名前 25%；第 2 部分是从箱子的上部到箱子中间的线，这部分数据值在全体数据中排名在 25%—50%；第 3 部分是从箱子的中间到箱子底部的线，这部分数据值在全体数据中排名在 50%—75%%；第 4 部分是从箱子的底部到底线，这部分数据值在全体数据中排名后 25%。顶线和底线的间距在一定程度上表示了数据的离散程度，间距越大就越离散。就本例而言，可以看到该公司市场份额的中位数在 35% 左右，市场份额最高的省市可达到 90% 左右。

上面的 Stata 命令比较简单，分析过程及结果已经达到解决实际问题的要求。但 Stata 12.0 的强大之处在于，它同样提供了更加复杂的命令格式以满足用户更加个性化的需求。

如我们能否把上面各省市的市场份额数据按照所属各大区分别来绘制箱图呢？答案是肯定的。

操作命令如下：

graph box SCFE,over(Center)

输入完后，按回车键，得到如图 2-24 所示的结果。

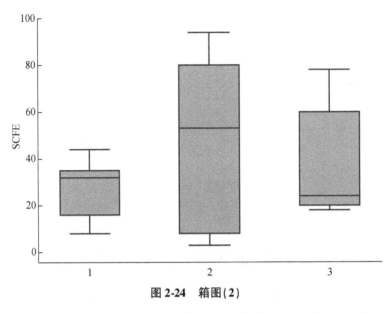

图 2-24 箱图(2)

从图 2-24 中可以看出,第 2 大区的市场份额的中位数水平是最高的,第 3 大区市场份额的中位数水平最低,第 1 大区的市场份额中位数水平居中。第 2 大区各省市之间的市场份额情况相对存在较大差异。

2.6 饼图的绘制

饼图是数据分析中常见的一种经典图形,因其外形类似于圆饼而得名。在数据分析中,很多时候需要分析数据总体的各部分的占比,我们可以通过各个部分数据与总数相除来计算,但这种比例的表示方法比较抽象,Stata 12.0 提供了饼形制图工具,能够直接以图形方式显示各个组成部分所占的比例,从而使问题更加形象直观。

例 2-6 B 股份有限公司是一家资产规模巨大的国内上市公司,公司采取多元化经营的成长型发展战略,经营范围包括餐饮、房地产、制造等,公司采取区域事业部制的组织架构,在东部、中部、西部都有自己的分部,较为独立地负责本部各产业的具体运营。该公司各大分部的具体营业收入数据如表 2-8 所示。试通过绘制饼图来分析研究该公司各产业的占比情况。

表 2-8　B 股份有限公司各大分部的市场份额情况　　　　　　　　单位:万元

地区	餐饮业营业收入	房地产业营业收入	制造业营业收入
东部	2 089	9 845	10 234
中部	828	6 432	7 712
西部	341	1 098	1 063

首先我们在目录"E:\stata12\zsq\chap02\"上,应用 Stata 建立数据文件"a12-6. dta",方法同例 1-1。本例有 4 个变量,分别是地区、餐饮业营业收入、房地产业营业收入和制造业营业收入,把地区变量设定为 region,类型为 str14,格式为%14s;餐饮业营业收入变量设定为 CANY-IN,类型为 float,格式为%9.0g;房地产业营业收入变量设定为 FANGCHAN,类型为 long,格式

为%12.0g；制造业营业收入变量设定为 ZHIZAO，类型为 long，格式为%12.0g。在 Stata 软件中打开此文件，如图 2-25 所示。

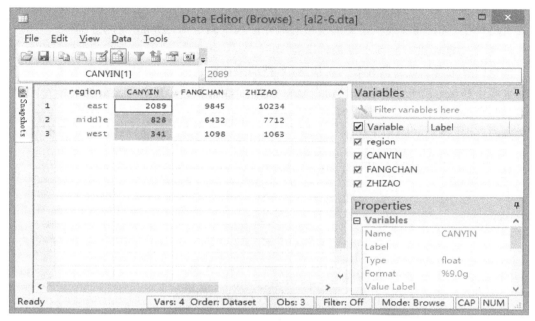

图 2-25　例 2-6 涉及的数据

在主界面的 Command 文本框中输入命令：
graph pieCANYIN FANGCHAN ZHIZAO
输入完后，按回车键，得到如图 2-26 所示的结果。

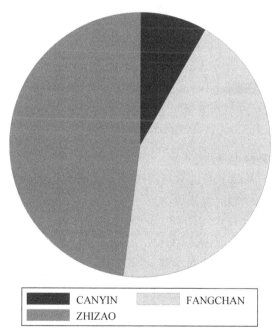

图 2-26　饼图(1)

通过观察该饼图,可以看出该公司的主营业务,该公司的两个支柱产业是制造业和房地产业,餐饮业占比较小。

上面的 Stata 命令比较简单,分析过程及结果已经达到解决实际问题的要求。但 Stata 12.0 的强大之处在于,它同样提供了更加复杂的命令格式以满足用户更加个性化的需求。

1. 对图形展示进行更加个性化的设置

如我们要把餐饮业的营业收入占比突出,把房地产业营业收入的饼颜色改为黄色,给餐饮业营业收入和房地产业营业收入的饼在距中心20个相对半径单位的位置处加上百分比标签,那么操作命令就应该相应地修改为:

graph pieCANYIN FANGCHAN ZHIZA,pie(1,explode) pie(2,color(yellow)) plabel(1 percent,gap(20)) plabel(2 percent,gap(20))

输入完后,按回车键,得到如图 2-27 所示的结果。

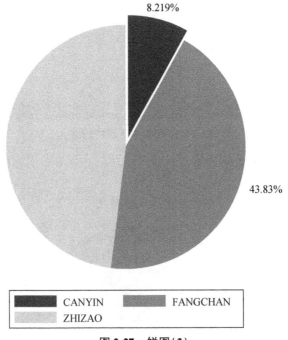

图 2-27　饼图(2)

2. 按照分类变量分别画出饼图

如我们要在图 2-27 的基础上通过绘制饼图的方式研究该公司每个分部内各个产业的占比情况,那么操作命令就应该相应地修改为:

graphpie CANYIN FANGCHAN ZHIZA,pie(1,explode) pie(2,color(yellow)) plabel(1 percent,gap(20)) plabel(2 percent,gap(20)) by(region)

在命令窗口输入上述命令后,按回车键,得到如图 2-28 所示的结果。

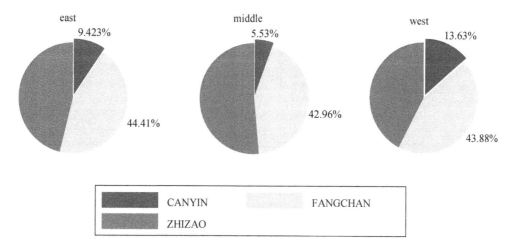

图 2-28 饼图(3)

从图 2-28 中可以看到该公司每个分部各个产业的占比情况。

2.7 条形图的绘制

相对于前面介绍的箱图,条形图本身所包含的信息相对较少,但是它们仍然为平均数、中位数、合计数或计数等多种统计提供了简单而又多样化的展示,所以条形图也深受研究者的喜爱,经常出现在研究者的论文或者调查报告中。

例 2-7 某地方商业银行内设立 4 个营销团队,分别为 A、B、C、D,其营业净收入及团队人数的具体情况如表 2-9 所示。试通过绘制条形图来分析各团队的工作业绩。

表 2-9 某商业银行各营销团队的营业净收入及人数情况

营销团队	营业收入/万元	团队人数/人
A	1 899	1 000
B	2 359	1 100
C	3 490	1 200
D	6 824	1 200

首先我们在目录"E:\stata12\zsq\chap02\"上,应用 Stata 建立数据文件"a12-7.dta",在 Stata 12.0 软件中打开此文件,如图 2-29 所示。

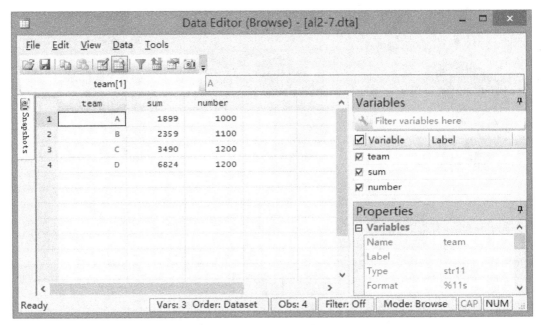

图 2-29　例 2-7 涉及的数据

在主界面的 Command 文本框中输入命令：

graph bar sum,over(team)

输入完后,按回车键,得到如图 2-30 所示的结果。

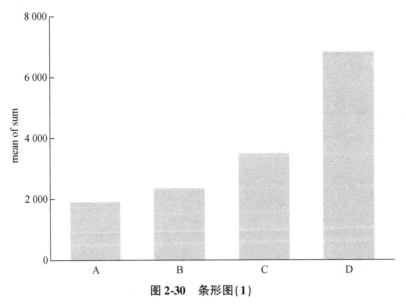

图 2-30　条形图(1)

通过观察图 2-30,我们可以看出该地方商业银行的 4 个团队的总体工作业绩,其中 D 团队业绩最好,C 次之,B 第三,A 最差。

上面的 Stata 命令比较简单,分析过程及结果已经达到解决实际问题的要求。但 Stata 12.0 的强大之处在于,它同样提供了更加复杂的命令格式以满足用户更加个性化的需求。

1. 给图形增加标题、给坐标轴增加数值标签并设定间距、显示坐标轴的刻度

如我们要给图形增加标题的名称:某商业银行各营销团队营业净收入及人数情况,对Y轴添加数值标签,取值为1000—7000,间距为1000;对Y轴添加刻度,间距为500,那么操作命令就应该相应地修改为:

graph bar sum,over(team)title("某商业银行各营销团队营业净收入及人数情况") ylabel(1000(1000)7000) ytick(1000(500)7000)

输入完后,按回车键,得到如图2-31所示的结果。

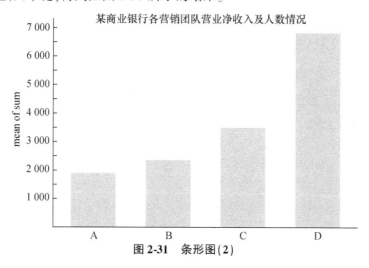

图2-31 条形图(2)

2. 利用条形图进行对比分析以得到更多信息

如我们要在图2-31的基础上对问题进行深入研究,在上面的实例中得到了各团队工作总业绩的具体排名,那么这种总业绩的差异是不是由于团队人数的差异引起的?是否高工作业绩的团队配备了更多的员工?那么操作命令就应该相应地修改为:

graph bar sum number,over(team) title("某商业银行各营销团队营业净收入及人数情况") ylabel(1000(1000)7000) ytick(1000(500)7000)

在命令窗口输入上述命令后,按回车键,得到如图2-32所示的结果。

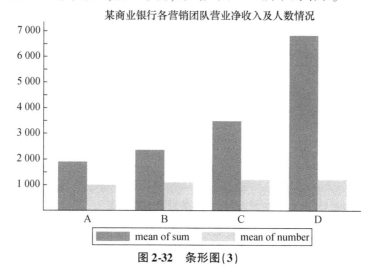

图2-32 条形图(3)

从图 2-32 中可以看到该商业银行各团队之间人数的差别是不明显的,也就是说,各团队工作业绩的巨大差异并不是由各团队的员工人数差别引起的。

2.8 点图的绘制

点图的功能与作用是和前面提到的条形图类似的,它们都是用来直观地比较一个或者多个变量的统计情况。点图应用广泛,经常出现在政府机关或者咨询机构发布的预测报告中。

例 2-8 某财经大学设立 5 个学院,分别是经济学院、工商学院、会计学院、金融学院和统计学院,其内部教职员工人数情况如表 2-10 所示。试通过绘制点图按学院分析该大学教职员工的组成情况。

表 2-10 某大学教职员工人数组成情况

学院	男教职工人数/人	女教职工人数/人
经济学院	56	61
工商学院	67	68
会计学院	66	71
金融学院	59	67
统计学院	78	81

首先我们在目录"E:\stata12\zsq\chap02\"上,应用 Stata 建立数据文件"al2-8.dta",在 Stata 12.0 软件中打开此文件,如图 2-33 所示。

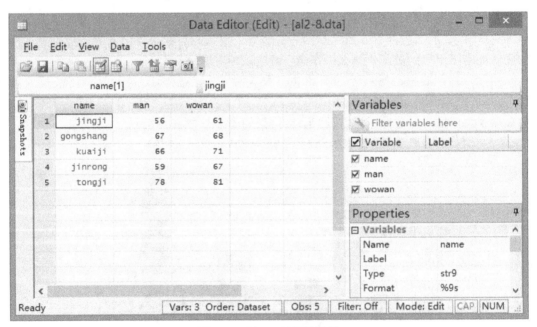

图 2-33 例 2-8 涉及的数据

在主界面的 Command 文本框中输入命令:

graph dot man woman,over(name)

输入完后,按回车键,得到如图 2-34 所示的结果。

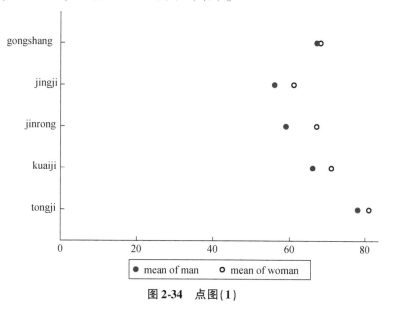

图 2-34　点图(1)

通过观察图 2-34,我们可以看出很多信息:第一,各个学院的女职工人数都比男职工人数多,因为代表女职工的点都在男职工的点的右侧;第二,统计学院不论是男职工还是女职工,人数都是最多的;第三,经济学院不论是男职工还是女职工,人数都是最少的。

上面的分析过程及结果已经达到解决实际问题的要求。但 Stata 12.0 的强大之处在于,它同样提供了更加复杂的命令格式以满足用户更加个性化的需求。

1. 给图形增加标题

如我们要给图形增加标题:某大学教职员工人数组成情况,那么操作命令就应该相应地修改为:

graph dot man woman,over(name)title("某大学教职员工人数组成情况")

输入完后,按回车键,得到如图 2-35 所示的结果。

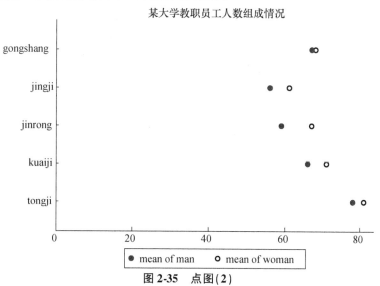

图 2-35　点图(2)

2. 控制散点标志的形状

这里与散点图略有不同,我们要使用"marker"命令。如我们要在图 2-35 的基础上进行改进,使男职工散点标志的形状变为实心菱形,使女职工散点标志的形状变为实心三角,那么操作命令就应该相应地修改为:

graph dot man woman, over(name) title("某大学教职员工人数组成情况") marker(1, msymbol(D)) marker(2, msymbol(T))

在命令窗口输入上述命令后,按回车键,得到如图 2-36 所示的结果。

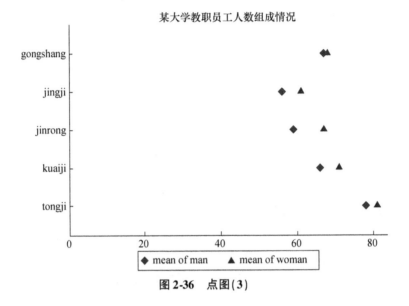

图 2-36　点图(3)

第2篇
Stata 统计应用

第3章 Stata描述统计

统计就是搜集数据,让我们知道总体状况怎么样。它更重要的意义在于数据分析,即作出判断和预测。

描述性统计是对数据的性质进行描述,如均值描述了数据的中心趋势,方差描述了数据的离散程度。

推断统计是用来作判断和预测的。例如假设检验,就是用来作判断的,回归分析和时间序列分析,是用来作预测的。

在进行数据分析时,当数据量不大时,可以直接观察原始数据来获得所有的信息。但当数据量很大时,就必须借助于各种描述指标来完成对数据的描述工作。用少量的描述指标来概括大量的原始数据,对数据展开描述的统计分析方法叫作描述性统计分析。变量的性质不同,Stata 描述性分析处理的方式也不一样。本章将介绍的描述性统计分析方法包括:定距变量的描述性统计、正态性检验和数据转换、单个分类变量的汇总、两个分类变量的列联表分析、多表和多维列联表分析等。下面通过实例来一一说明。

3.1 描述统计基本理论

3.1.1 数据分析的基本描述统计

1. 总体和样本

总体是我们所要研究的所有个体的集合。如中国人的身高集合就是一个总体,从中抽取 100 人的身高就是一个样本。

我们研究一个总体,通常不是要了解每一个个体的情况,而是想要知道某些总体参数。例如想中国人的平均身高是多少,这样就可以与 10 年前中国人的平均身高作比较。

但由于种种原因,我们通常不能得到总体中所有个体的数值,而只能抽取一个样本,来计算样本统计量。样本统计量是样本中个体数值的函数,如样本均值、样本方差等。例如我们随机抽取 100 个中国人,分别量了他们的身高,计算出他们的平均身高,用以估计中国人总体的平均身高。描述统计流程如图 3-1 所示。

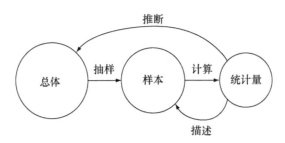

图 3-1 统计过程

2. 度量尺度

为了选择一个恰当的统计方法来描述和分析数据,我们需要区分不同的度量尺度(或测量标准)。数据尺度有强有弱,但不外乎四种:名义、顺序、间隔和比率。

(1) 名义尺度:代表最简单的度量标准,它对数据进行分类但不进行排序。如用 1 表示男,0 表示女。

(2) 顺序尺度:代表稍微强一点的度量标准,它根据某种特征排序,将数据分成不同类别。

(3) 间隔尺度:它比顺序尺度更进一步,它使得数据之间间隔相等。不仅能比较大小,还能做加减运算,但不能做乘除运算。例如,上海温度是 20℃,北京是 10℃,可以说上海温度比北京温度高 10℃,但不能说上海的温度是北京的两倍。

(4) 比率尺度:它比间隔尺度更进一步,它增加了一个绝对零点,不仅能比较大小,能做加减运算,还能做乘除运算。

以上四种度量尺度是按照由弱到强的顺序排列的。

3. 频数分布

频数分布是指一种表格列示数据的方法,它用较少的区间对数据总体进行概括。实际落入一个给定区间的观测值数量称为绝对频数,或简称频数。每个区间的绝对频数除以整个样本观测值的数量即得到频数分布。

建立一个频数分布的基本步骤如下:

(1) 将数据以升序排列;
(2) 计算数据的极差,定义极差 = 最大值 − 最小值;
(3) 确定频数分布包含的区间数 k;
(4) 确定区间的宽度(极差/k);
(5) 不断地在数据最小值上加上区间宽度来确定各个区间的端点,此过程在到达包含最大值的区间时停止;
(6) 计算落入每个区间中观测值的个数;
(7) 建立一个列示落入从小到大排列的每个区间中观测值数量的表格。

例如,某股票过去 25 年的年收益率如下(通过排序):

−28%,−22%,−19%,−18%,−12%,−9%,−8%,−6%,−1%,1%,2%,3%,4%,5%,6%,7%,11%,15%,16%,17%,18%,20%,23%,26%,38%。

现在我们看看这个股票的收益率分布情况。

我们发现,收益率位于 −30%—40% 之间。将 −30%—40% 区间分段,每 10% 为 1 段,共分 7 段。

最后得到的结果如表 3-1 所示。

表 3-1 频数表

区间段	绝对频数	相对频数	累积绝对频数	累积相对频数
[-30%,-20%)	2	0.08	2	0.08
[-20%,-10%)	3	0.12	5	0.20
[-10%,-0%)	4	0.16	9	0.36
[0%,10%)	7	0.28	16	0.64
[10%,20%)	5	0.20	21	0.84
[20%,30%)	3	0.12	24	0.96
[30%,40%]	1	0.04	25	1
总计	25	1		

频数数据的柱状图如图 3-2 所示。

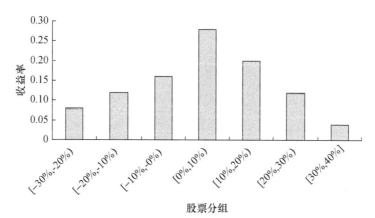

图 3-2 频数数据的柱状图

相对频数的折线图如图 3-3 所示。

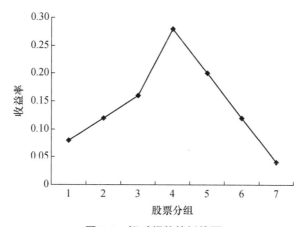

图 3-3 相对频数的折线图

4. 集中趋势的度量

拿到一组数据，我们首先想知道这组数据的中心位置在哪里，即数据围绕什么中心数值波动，这称为集中趋势的度量。它主要有均值、中位数、众数等。

(1) 均值。它有如下4种：

① 算术平均：

总体均值 $\mu = \dfrac{1}{N}\sum\limits_{i=1}^{N}X_i$

样本均值 $\bar{x} = \dfrac{1}{n}\sum\limits_{i=1}^{n}x_i$

② 几何平均：

$$\bar{x}_g = \sqrt[n]{x_1 x_2 \cdots x_n}$$

在计算金融学中的绩效平均时，历年收益率的平均收益率应该用几何平均率，即时间加权收益率，它不受投资项目资金流入和流出的影响。几何平均收益率为 t 年收益率分别加 1 之后相乘，再开 t 次方，然后减去 1。公式为：

$$\bar{R}_g = \sqrt[t]{(1+R_1)(1+R_2)\cdots(1+R_n)} - 1$$

③ 加权平均：

$$\bar{x}_w = \sum\limits_{i=1}^{n} w_i x_i$$

其中 w_i 为 x_i 的权重，且权重之和为 1。当所有权重相等时，加权平均即为算术平均。

加权平均在金融学中的应用：一个资产组合的收益率，等于其中各个资产收益率的加权平均，权重为各个资产市值占总资产组合市值的百分比。

④ 调和平均：

$$\bar{x}_h = \dfrac{n}{\sum\limits_{i=1}^{n}\dfrac{1}{x_i}}$$

当观测值不全相等时，有：调和平均 < 几何平均 < 算术平均。

(2) 中位数。如果有一组数据，把它按从小到大的顺序排列，将这一数列等分成两份，这个分位数称为中位数。对于奇数个数组成的数列，中位数就是中间的那个数，对于偶数个数组成的数列，中位数就是中间的那两个数相加除以 2。

由于均值受异常值的影响较大，因此用均值来估计中心趋势显得很不稳定，而中位数的优点是受异常值影响较小，估计量稳定。

(3) 众数。众数就是一组数据中出现次数最多的数。

如数列：1,1,2,2,3,3,3,4,5，其众数为 3。

如数列：1,1,1,2,2,3,3,3,4,5，其众数为 1 和 3。

如数列：1,2,3,4,5，没有众数。

一组数据可能有一个众数，可能有多个众数，也可能没有。众数的这一性质使得其使用范围受到限制。

5. 分位数

如果我们有一组数据,把它们按从小到大的顺序排列,分位数就是正好能将这一数列等分的数。

将这一数列等分成 2 份,这个分位数称为中位数。将这一数列等分为 4 份,这 3 个分位数都称为四分位数,它从小到大依次称作:第 1 个四分位数、第 2 个四分位数、第 3 个四分位数。第 2 个四分位数就是中位数。

也可以将这一数列等分成 5 份,得到 4 个五分位数。也可以将这一数列等分成 10 份,得到 9 个十分位数。也可以将这一数列等分成 100 份,得到 99 个百分位数。

我们可以把所有的分位数都转换成百分位数。例如,第 2 个五分位数就是第 40 个百分位数,第 3 个四分位数就是第 75 个百分位数。这样,我们就可以用以下公式来计算分位数:

$$L_y = (n+1)y/100$$

其中,n 表示数列中一共有多少个数;y 表示第几个百分数;L_y 表示结果是数列的第几个数。

例如,有这样一组数列:2,5,7,9,12,16,21,34,39,计算第 4 个五分位数。

第 4 个五分位数就是第 80 个百分位数,数列共有 9 个数,套用公式

$$L_y = (n+1)y/100 = (9+1) \times 80/100 = 8$$

数列的第 8 个数即为 34。

有这样一组数列:2,5,7,9,12,16,21,34,39,40,计算第 4 个五分位数。

第 4 个五分位数就是第 80 个百分位数,数列共有 10 个数,套用公式

$$L_y = (n+1)y/100 = (10+1) \times 80/100 = 8.8$$

数列的第 8.8 个数是什么意思?它指的是第 8 个数再往右的 0.8 个数,第 8 个数是 34,第 9 个数是 39,相差 5,那么 0.8 个数就是 5×0.8=4,所以 34+4=38,即第 4 个五分位数是 38。

6. 离散程度的度量

知道一组数据的中心位置之后,就想知道数据距离中心位置是远还是近,这称为离散程度的度量。在金融分析中,常用离散程度来衡量风险。

(1)极差定义为:

极差 = 最大值 − 最小值

极差越小,离散程度越小。由定义可知极差只用到了一组数据中的两个数据,而忽略了数据的分布状况等其他有用的信息,因此仅仅用极差来度量离散程度显然不够。

(2)平均绝对差定义为:

$$\mathrm{MAD} = \frac{\sum_{i=1}^{n} |x_i - \bar{x}|}{n}$$

式中,$\bar{x}$ 表示样本的均值,n 表示样本中观测值的数目。

(3)总体方差和总体标准差。总体方差定义为:

$$\sigma^2 = \frac{\sum_{i=1}^{N}(X_i - \mu)^2}{N}$$

式中,μ 表示总体均值,N 表示总体的规模。
总体标准差定义为:

$$\sigma = \sqrt{\frac{\sum_{i=1}^{N}(X_i - \mu)^2}{N}}$$

式中,μ 表示总体均值,N 表示总体的规模。

(4) 样本方差和样本标准差。样本方差定义为

$$s^2 = \frac{\sum_{i=1}^{n}(x_i - \bar{x})^2}{n-1}$$

式中,$\bar{x}$ 表示样本均值,n 表示样本的规模。

样本标准差定义为:

$$s = \sqrt{\frac{\sum_{i=1}^{n}(x_i - \bar{x})^2}{n-1}}$$

式中,$\bar{x}$ 表示样本均值,n 表示样本的规模。

(5) 变异系数。变异系数 CV 定义为标准差除以均值。
用公式表示为:

$$CV = \frac{s}{\bar{x}}$$

式中,s 表示样本标准差,$\bar{x}$ 表示样本均值。

(6) 偏度。偏度用来衡量一组数据左右偏离的程度。

左右对称的分布偏度为 0。左右对称的分布,其均值、中位数和众数相等。如图 3-4 所示是一个对称的分布。

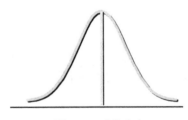

图 3-4　对称分布

如图 3-5 所示是一个非对称的右偏分布。在右偏分布中,均值大于中位数大于众数。

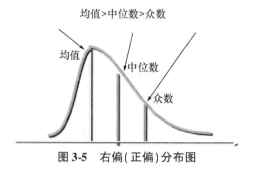

图 3-5 右偏(正偏)分布图

如图 3-6 所示是一个非对称的左偏分布。在左偏分布中,均值小于中位数小于众数。

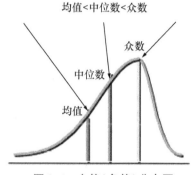

图 3-6 左偏(负偏)分布图

(7) 峰度。峰度是衡量一组数据峰值高于或低于正态分布的程度。

任何一个正态分布的峰度为 3。如果一个分布的峰度大于 3 称为高峰态,小于 3 称为低峰态,其对应的分布分别称为尖峰分布和扁平分布。

常把峰度的数值减去 3,称为超额峰度。同样,任何一个正态分布的超额峰度为 0。如果一个分布的超额峰度大于 0 称为高峰态,小于 0 称为低峰态。

低峰态、高峰态与正态分布的对比如图 3-7 所示。

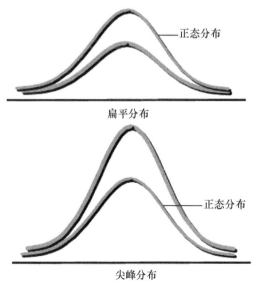

图 3-7 低峰态、高峰态与正态分布的对比图

3.1.2 常用的统计分布

1. 正态分布

在实际问题中,我们考虑的总体特征量(即随机变量 X)的规律有很多都可以用正态分布来描述。正态分布是总体的一种理论分布,有严格的数学定义。

如果随机变量 X 的概率分布密度函数为:$p(x) = \dfrac{1}{\sqrt{2\pi}\sigma}\exp\left\{-\dfrac{(x-\mu)^2}{2\sigma^2}\right\}$

则称随机变量 X 服从均值为 μ,方差为 σ^2 的正态分布,记为 $X \sim N(\mu, \sigma^2)$,如图 3-8 所示。可见,正态分布的密度函数图形如钟形,是对称分布,其均值、中位数、众数均相等,取值范围为 $(-\infty, \infty)$。

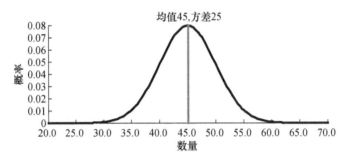

图 3-8 正态分布图

(1) 正态分布的性质。

其性质主要有:① 正态分布由其均值和方差完全描述;② 正态分布是对称分布,其密度函数关于均值左右对称,随机变量落在均值两边的概率相等,其偏度为 0,峰度为 0;③ 两个随机分布的随机变量经过线性组合得到的新随机变量仍然服从正态分布。

正态分布的分布密度函数为

$$F(x) = P(X \leq x) = \dfrac{1}{\sqrt{2\pi}\sigma}\int_{-\infty}^{x}\exp\left(-\dfrac{(y-\mu)^2}{2\sigma^2}\right)dy, \quad -\infty < x < +\infty$$

特别地,当 $\mu = 0, \sigma^2 = 1$ 时的正态分布称为标准正态分布,记为 $X \sim N(0,1)$。

常用 $\varphi(x), \Phi(x)$ 表示其概率密度和分布函数,即

$$\varphi(x) = \dfrac{1}{\sqrt{2\pi}}\exp\left(-\dfrac{x^2}{2}\right), \quad \Phi(x) = \dfrac{1}{\sqrt{2\pi}}\int_{-\infty}^{x}\exp\left(-\dfrac{y^2}{2}\right)dy$$

对于任意的 x,查 $\Phi(x)$ 的函数值表即可求标准正态分布的函数值。例如,$\Phi(1) = 0.8413, \Phi(1.64) = 0.9495$。

由于标准正态分布曲线同横轴所包围的面积是常数 1,故

$$\Phi(-x) = 1 - \Phi(x)$$

若 $X \sim N(0,1)$,还可得到以下结论:

$$P(a \leq x \leq b) = \Phi(b) - \Phi(a)$$

$$P(|x| \leq a) = P(-a \leq x \leq a) = \Phi(a) - [1 - \Phi(a)] = 2\Phi(a) - 1$$

(2) 正态分布的置信区间。

有了正态分布的概率密度,可以知道正态随机变量取值落在某个区间的概率,这叫作正态

分布的置信区间。

服从正态分布的随机变量 X 落在均值周围正负 1 个标准差的概率为 0.68，我们称 X 的 68% 的置信区间为 $[\bar{x}-s, \bar{x}+s]$，$\bar{x}$ 为样本均值，s 为样本标准差。容易理解，随机变量 X 大于 $(\bar{x}+s)$ 的概率为 0.16，小于 $(\bar{x}-s)$ 的概率是 0.16。

服从正态分布的随机变量 X 落在均值周围正负 1.65 个标准差的概率为 0.90，我们称 X 的 90% 的置信区间为 $[\bar{x}-1.65s, \bar{x}+1.65s]$，容易理解，随机变量 X 大于 $(\bar{x}+1.65s)$ 的概率为 0.05，小于 $(\bar{x}-1.65s)$ 的概率是 0.05。

服从正态分布的随机变量 X 落在均值周围正负 1.96 个标准差的概率为 0.95，我们称 X 的 95% 的置信区间为 $[\bar{x}-1.96s, \bar{x}+1.96s]$，容易理解，随机变量 X 大于 $(\bar{x}+1.96s)$ 的概率为 0.025，小于 $(\bar{x}-1.96s)$ 的概率是 0.025。

服从正态分布的随机变量 X 落在均值周围正负 2.58 个标准差的概率为 0.99，我们称 X 的 99% 的置信区间为 $[\bar{x}-2.58s, \bar{x}+2.58s]$，容易理解，随机变量 X 大于 $(\bar{x}+2.58s)$ 的概率为 0.005，小于 $(\bar{x}-2.58s)$ 的概率是 0.005。

（3）标准正态分布。

如果正态分布的均值为 0，方差为 1，称为标准正态分布，记为 $N(0,1)$ 或 Z 分布。可以通过变换 $Z=\dfrac{X-\mu}{\sigma}$ 把均值为 μ，方差为 σ^2 的正态分布变成均值为 0，方差为 1 的标准正态分布。

（4）对数正态分布。

还有一种分布是对数正态分布，但它是右偏的，如期权定价模型的标的资产价格就是服从对数正态分布的。其性质有：① 随机变量 X 的自然对数服从正态分布，那么 X 服从对数正态分布；② 对数正态分布的取值范围大于等于 0；③ 对数正态分布是右偏的。

2. t 分布

t 分布与标准分布相似，它也是对称分布，取值范围为 $(-\infty, \infty)$，即 t 分布的密度函数向左右两边无限延伸，无限接近于 X 轴但在其上方，如图 3-9 所示。

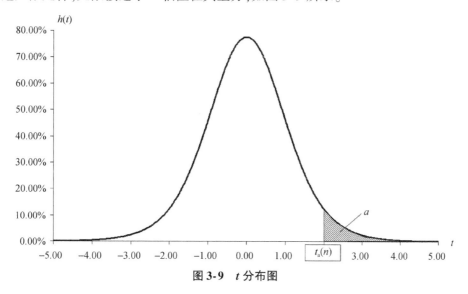

图 3-9 t 分布图

t 分布的均值、方差分别为
$$E(X)=0, D(X)=n/(n-2), n>2$$
它与正态分布有以下区别：

(1) 正态分布有两个参数：均值和方差。而 t 分布只有一个参数，就是 t 分布自由度，即 t 分布由其自由度完全描述。

(2) 与标准正态分布比，t 分布在峰部较矮，在两边尾部较高，形象地说，标准正态分布的观察点跑到两边了，就成了 t 分布。因此 t 分布又称为"瘦峰厚尾分布"。

(3) 随着 t 分布自由度的增加，t 分布的峰部增高，两边的尾部降低，即随着 t 分布的自由度增加，t 分布就越来越接近于标准正态分布。当自由度大于 30 时，t 分布就已经很接近标准正态分布了。

3. 卡方分布

若 n 个相互独立的随机变量服从标准正态分布（也称独立同分布于标准正态分布），则这 n 个随机变量的平方和将构成一个新的随机变量，其分布规律称为自由度为 n 的卡方分布，如图 3-10 所示。

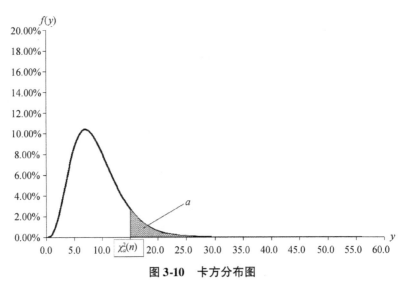

图 3-10　卡方分布图

其主要有以下性质：

(1) 卡方分布由其自由度完全描述。

(2) 卡方分布的取值范围大于等于 0。

(3) 卡方分布是右偏的。

4. F 分布

F 分布定义为：设 X、Y 为两个独立的随机变量，X 服从自由度为 m 的卡方分布，Y 服从自由度为 n 的卡方分布；这两个随机变量相除以后得到的新的随机变量，服从自由度为 (m,n) 的 F 分布，m 和 n 分别称为分子自由度和分母自由度，如图 3-11 所示。

其性质如下：

(1) F 分布由两个自由度（分子自由度和分母自由度）完全描述。

(2) F 分布的取值范围大于等于 0。

(3) F 分布是右偏的。

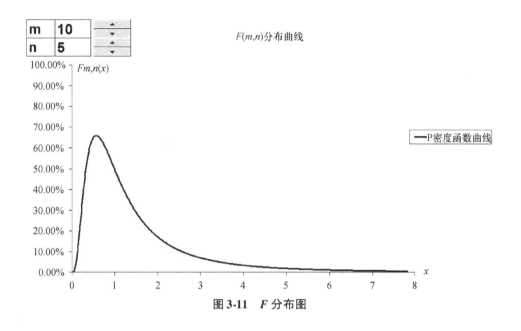

图 3-11　F 分布图

3.2　定距变量的描述性统计

数据分析中的大部分变量都是定距变量,通过进行定距变量的基本描述性统计,可以得到数据的概要统计指标,包括平均值、最大值、最小值、标准差、百分位数、中位数、偏度系数和峰度系数等。数据分析者通过获得这些指标,可以从整体上对拟分析的数据进行宏观把握,从而为后续进行更深入的数据分析作好必要的准备。

例 3-1　为了解我国各地区的电力消费情况,某课题组搜集整理了我国某年 31 个省份的电力消费的数据,如表 3-2 所示。试通过对数据进行基本描述性分析来了解中国各地区的电力消费情况。

表 3-2　我国某年 31 个省份的电力消费情况

地区	电力消费/亿千瓦时
北京	739.146
天津	550.156
河北	2 343.850
山西	1 267.540
内蒙古	1 287.930
…	…
青海	337.240
宁夏	462.960
新疆	547.880

使用 Stata 12.0 打开在目录"E:\stata12\zsq\chap03"中的"al3-1.dta"数据文件,命令如下:
use "E:\stata12\zsq\chap03\al3-1.dta", clear

browse

数据如图 3-12 所示。

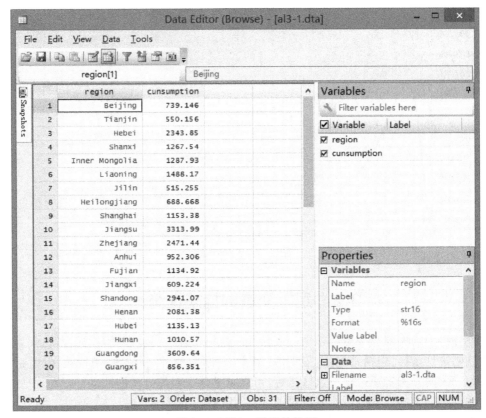

图 3-12　例 3-1 涉及的数据

在主界面的 Command 文本框中输入命令：

summarize consumption

输入完后，按回车键，得到如图 3-13 所示的分析结果。

Variable	Obs	Mean	Std. Dev.	Min	Max
consumption	31	1180.489	903.5561	17.6987	3609.642

图 3-13　例 3-1 分析结果（1）

通过观察图 3-13 的结果，可以对我国某年各地区的电力消费情况有一个整体的初步了解。从结果可以看出，有效观测样本共有 31 个，各地区的电力消费量的平均值为 1 180.489 亿千瓦小时，样本的标准差是 903.5561，样本的最小值是 17.6987，样本的最大值是 3 609.642。

上面的分析过程及结果已经达到解决实际问题的要求。但 Stata 12.0 还提供了更加复杂的命令格式以满足用户更加个性化的需求。

1. 获得更详细的描述性统计结果

如我们要得到更详细的描述性统计结果，那么操作命令为：

summarize consumption,detail

输入完后,按回车键,得到如图3-14所示的结果。

```
                         consumption

          Percentiles      Smallest
 1%         17.6987         17.6987
 5%        133.7675        133.7675
10%        462.9585        337.2368      Obs                   31
25%        550.1556        462.9585      Sum of Wgt.           31

50%        891.1902                      Mean             1180.489
                            Largest      Std. Dev.        903.5561
75%        1324.61         2471.438
90%        2471.438        2941.067      Variance         816413.7
95%        3313.986        3313.986      Skewness         1.309032
99%        3609.642        3609.642      Kurtosis         3.889152
```

图3-14 例3-1分析结果(2)

从上面的分析结果中可以得到更多信息。

(1)百分位数。可以看出数据的第1个四分位数(25%)是550.1566,数据的第2个四分位数(50%)是891.1902,数据的第3个四分位数(75%)是1324.61。数据的百分位数的含义是低于该数据值的样本在全体样本中的百分比。如本例中25%百分位数的含义是全体样本中有25%的数据值低于550.1566。

(2)4个最小值。本例中,最小的4个数据值分别是17.6987、133.7675、337.2368、462.9585。

(3)4个最大值。本例中,最大的4个数据值分别是2471.438、2941.067、3313.986、3609.642。

(4)平均值和标准差。样本数据的平均值为1180.489,样本数据的标准差为903.5561。

(5)偏度和峰度。偏度是表示不对称的方向和程度。如果偏度值大于0,那么数据就具有正偏度(右边有尾巴);如果偏度值小于0,那么数据就具有负偏度(左边有尾巴);如果偏度值等于0,那么数据呈对称分布。本例中数据偏度为1.309032,为正偏度但不大。

2. 根据需要获取相应的概要统计指标

例如,我们想观察各地区电力消费数据的平均数、极差、总和、方差等数据,那么操作命令可以相应地修改为:

tabstatconsumption,stats(mean range sum var)

输入完后,按回车键,得到如图3-15所示的结果。

variable	mean	range	sum	variance
consumption	1180.489	3591.944	36595.15	816413.7

图3-15 例3-1分析结果(3)

从上面的分析结果中可以得到更多信息,该样本数据的均值是1180.489,极差是3591.944,总和是36595.15,方差是816413.7。

统计量与其对应的命令代码如表3-3所示。

表 3-3　统计量与其对应的命令代码

统计量	命令代码	统计量	命令代码	统计量	命令代码
均值	mean	非缺失值总数	count	计数	n
总和	sum	最大值	max	最小值	min
极差	range	标准差	sd	方差	var
变异系数	cv	标准误	semean	偏度	skewness
峰度	kurtosis	中位数	median	第1个百分位数	P1
四分位距	iqr	四分位数	q		

3. 按另一变量分类列出某变量的概要统计指标

例如,我们要在图 3-11 的基础上按各个省市分别列出数据的概要统计指标,那么操作命令就应该相应地修改为:

tabstat consumption,stats(mean range sum var) by(region)

输入完后,按回车键,得到如图 3-16 所示的结果。

```
Summary for variables: consumption
     by categories of: region

         region |     mean       range         sum    variance
          Anhui |  952.3056         0      952.3056        .
        Beijing |  739.1465         0      739.1465        .
      Chongqing |  533.7976         0      533.7976        .
         Fujian |  1134.918         0      1134.918        .
          Gansu |  705.5127         0      705.5127        .
      Guangdong |  3609.642         0      3609.642        .
        Guangxi |  856.3511         0      856.3511        .
        Guizhou |  750.3007         0      750.3007        .
         Hainan |  133.7675         0      133.7675        .
          Hebei |  2343.847         0      2343.847        .
   Heilongjiang |  688.668          0      688.668         .
          Henan |  2081.375         0      2081.375        .
          Hubei |  1135.127         0      1135.127        .
          Hunan |  1010.57          0      1010.57         .
  Inner Mongolia|  1287.926         0      1287.926        .
        Jiangsu |  3313.986         0      3313.986        .
        Jiangxi |  609.2236         0      609.2236        .
          Jilin |  515.2545         0      515.2545        .
       Liaoning |  1488.172         0      1488.172        .
        Ningxia |  462.9585         0      462.9585        .
        Qinghai |  337.2368         0      337.2368        .
        Shaanxi |  740.1138         0      740.1138        .
       Shandong |  2941.067         0      2941.067        .
       Shanghai |  1153.379         0      1153.379        .
         Shanxi |  1267.538         0      1267.538        .
        Sichuan |  1324.61          0      1324.61         .
        Tianjin |  550.1556         0      550.1556        .
          Tibet |  17.6987          0      17.6987         .
       Xinjiang |  547.8766         0      547.8766        .
         Yunnan |  891.1902         0      891.1902        .
       Zhejiang |  2471.438         0      2471.438        .
          Total |  1180.489      3591.944   36595.15    816413.7
```

图 3-16　例 3-1 分析结果(4)

4. 创建变量总体均值的置信区间

例如,我们要创建电力消费量均值的98%的置信区间,那么操作命令就应该相应地修改为:

ci consumption, level(98)

输入完后,按回车键,得到如图3-17所示的结果。

Variable	Obs	Mean	Std. Err.	[98% Conf. Interval]
consumption	31	1180.489	162.2835	781.7159 1579.262

图3-17 例3-1分析结果(5)

基于本例中的观测样本,我们可以推断出总体的98%水平的置信区间,也就是说,我们有98%的把握可以认为数据总体的均值会落在[781.7159,1 579.262]中,或者说,数据总体的均值落在区间[781.7159,1 579.262]的概率是98%。读者可以根据具体需要通过改变命令中括号里面的数字来调整置信水平的大小。

3.3 正态性检验和数据转换

在进行统计分析时,一般要假设变量服从或者近似服从正态分布。所以在对搜集的数据进行预处理的时候需要对它们进行正态性检验,如果数据不满足正态分布假设,我们就要对数据进行必要的转换。数据转换分为线性转换与非线性转换两种,其中线性转换比较简单。下面考虑的是非线性转换在实例中的应用。

例3-2 为了解我国各地区公共交通的运营情况,某课题组搜集整理了我国某年各省份的公共交通车辆运营的数据,如表3-4所示。试使用Stata 12.0对数据进行以下操作:(1)对该数据进行正态分布检验;(2)对数据执行平方根变换方法,以获取新的数据并进行正态分布检验;(3)对数据执行自然对数变换方法,以获取新的数据并进行正态分布检验。

表3-4 我国某年各省份的公共交通车辆运营情况

地区	公共交通车辆运营数/辆
北京	23 730
天津	8 118
河北	13 531
山西	6 655
内蒙古	5 558
…	…
青海	1 994
宁夏	2 133
新疆	8 082

使用Stata 12.0打开在目录"E:\stata12\zsq\chap03"中的"al3-2.dta"数据文件,命令如下:

use "E:\stata12\zsq\chap03\al3-2.dta", clear

browse

数据如图 3-18 所示。

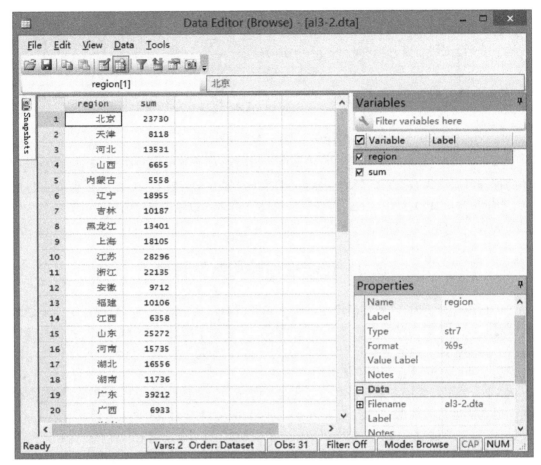

图 3-18 例 3-2 涉及的数据

在主界面的 Command 文本框中输入命令：

sktest sum

本命令的含义是对该数据进行正态分布检验。

输入完后，按回车键，得到如图 3-19 所示的分析结果。

```
            Skewness/Kurtosis tests for Normality
                                                          ——— joint ———
  Variable |   Obs   Pr(Skewness)   Pr(Kurtosis)   adj chi2(2)   Prob>chi2
-----------+----------------------------------------------------------------
       sum |    31       0.0065         0.0804          8.80        0.0123
```

图 3-19 例 3-2 分析结果(1)

通过观察分析结果，可以得到如下结论：本例中，sktest 命令拒绝了数据呈正态分布的原假设。从偏度上看，Pr(Skewness) 为 0.0065，小于 0.05，拒绝正态分布的原假设；从峰度来看，Pr(Kurtosis) 为 0.0804，大于 0.05，接受正态分布的原假设；但把两者结合起来考虑，从整体上看,Prob > chi2 为 0.0123,小于 0.05,拒绝正态分布的原假设。

在主界面的 Command 文本框中输入命令:

generate srsum = sqrt(sum)

本命令的含义是对数据执行平方根变换。

接着输入命令:

sktest srsum

本命令的含义是对获取的新数据进行正态分布检验。

输入完后,按回车键,得到如图 3-20 所示的分析结果。

```
        Skewness/Kurtosis tests for Normality
                                                    ——— joint ———
  Variable |  Obs   Pr(Skewness)   Pr(Kurtosis)  adj chi2(2)   Prob>chi2
-----------+------------------------------------------------------------
     srsum |   31      0.4418         0.9062         0.63        0.7293
```

图 3-20 例 3-2 分析结果(2)

通过观察分析结果,可以得到如下结论:本例中,sktest 命令接受了数据呈正态分布的原假设。从偏度上看,Pr(Skewness) 为 0.4418,大于 0.05,接受正态分布的原假设;从峰度来看,Pr(Kurtosis) 为 0.9062,大于 0.05,接受正态分布的原假设;把两者结合起来考虑,从整体上看,Prob > chi2 为 0.7293,大于 0.05,接受正态分布的原假设。

在主界面的 Command 文本框中输入命令:

generate lsum = ln(sum)

本命令的含义是对数据执行自然对数变换。

接着输入命令:

sktest lsum

本命令的含义是对获取的新数据进行正态分布检验。

输入完后,按回车键,得到如图 3-21 所示的分析结果。

```
        Skewness/Kurtosis tests for Normality
                                                    ——— joint ———
  Variable |  Obs   Pr(Skewness)   Pr(Kurtosis)  adj chi2(2)   Prob>chi2
-----------+------------------------------------------------------------
      lsum |   31      0.0462         0.2609         5.12        0.0774
```

图 3-21 例 3-2 分析结果(3)

通过观察分析结果,可以得到如下结论:本例中,sktest 命令接受了数据呈正态分布的原假设。从偏度上看,Pr(Skewness) 为 0.0462,小于 0.05,拒绝正态分布的原假设;从峰度来看,Pr(Kurtosis) 为 0.2609,大于 0.05,接受正态分布的原假设;把两者结合起来考虑,从整体上看,Prob > chi2 为 0.0774,大于 0.05,接受正态分布的原假设。

上面的分析过程及结果已经达到解决实际问题的要求。但 Stata 12.0 同样提供了更加复杂的命令格式以满足用户更加个性化的需求。

1. 有针对性地对数据进行变换

我们在进行数据分析时,在对初始数据进行正态性检验后,可以利用 3.1 节的相关知识,得到关于数据偏度和峰度的信息,就可以根据数据信息的偏态特征进行有针对性的数据变换。数据变换与其对应的 Stata 命令及达到的效果如表 3-5 所示。

表 3-5　数据变换与其对应的 Stata 命令及达到的效果

Stata 命令	数据变换	效果
generate y = x^3	立方	减少严重负偏态
generate y = x^2	平方	减少轻度负偏态
generate y = sqrt(x)	平方根	减少轻度正偏态
generate y = ln(x)	自然对数	减少轻度正偏态
generate y = log10(old)	以 10 为底的对数 ln(x)	减少正偏态
generate y = -(sqrt(x))	平方根负对数	减少严重正偏态
generate y = -(x^-1)	负倒数	减少非严重正偏态
generate y = -(x^-2)	平方负倒数	减少非严重正偏态
generate y = -(x^-3)	立方负倒数	减少非严重正偏态

2. 关于 ladder 命令的介绍

这里我们介绍一个非常好用的命令:ladder。它把幂阶梯和正态分布检验有效地结合到了一起。它尝试幂阶梯上的每一种幂并逐个反馈结果是否显著地为正态或者非正态。在本例中,输入命令:

ladder sum

输入完后,按回车键,得到如图 3-22 所示的结果。

```
Transformation        formula           chi2(2)      P(chi2)

cubic                 sum^3              37.26        0.000
square                sum^2              26.32        0.000
identity              sum                 8.80        0.012
square root           sqrt(sum)           0.63        0.729
log                   log(sum)            5.12        0.077
1/(square root)       1/sqrt(sum)        20.13        0.000
inverse               1/sum              33.29        0.000
1/square              1/(sum^2)          45.24        0.000
1/cubic               1/(sum^3)          47.92        0.000
```

图 3-22　例 3-2 分析结果(4)

在该结果中,可以看出,在 95% 的置信水平上,仅有平方根变换的 P(chi2) = 0.729 及自然对数变换 log 的 P(chi2) = 0.077 是符合正态分布的,其他幂函数的数据变换都不能使数据显著地呈现正态分布。

我们还可以在图 3-18 的基础上更加直观地看出幂阶梯和正态分布检验有效结合的结果,命令如下:

gladder sum

输入完后,按回车键,得到如图 3-23 所示的分析结果。

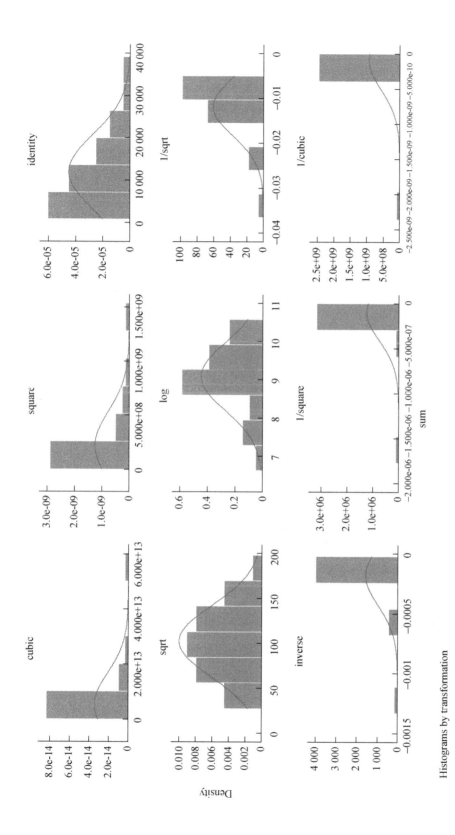

图 3-23 例 3-2 分析结果（5）

注：本图是从 Stata 导出，直接转换为直方图。

从结果中可以看出每种变换的直方图与正态分布曲线,与图 3-22 所示的检验结果是一致的。

3.4 单个分类变量的汇总

与前面的定距变量不同,分类变量的数值只代表观测值所属的类别,不代表其他任何含义。因此,对分类变量的描述统计方法是观测其不同类别的频数或者百分数。

例 3-3 某国有商业银行分行的人力资源部对分行本部在岗职工的结婚情况进行了调查。调查结果分为两类:一类代表结婚,另一类代表未婚或者离异。统计数据如表 3-6 所示。试对结婚情况这一变量进行单个变量汇总。

表 3-6 某国有商业银行分行在岗职工的结婚情况

编号	性别	结婚情况
1	女	是
2	男	是
3	男	是
4	男	否
5	男	是
…	…	…
112	女	是
113	男	是
114	女	否

使用 Stata 12.0 打开在目录"E:\stata12\zsq\chap03"中的"al3-3.dta"数据文件,命令如下:

use "E:\stata12\zsq\chap03\al3-3.dta", clear
browse

数据如图 3-24 所示。

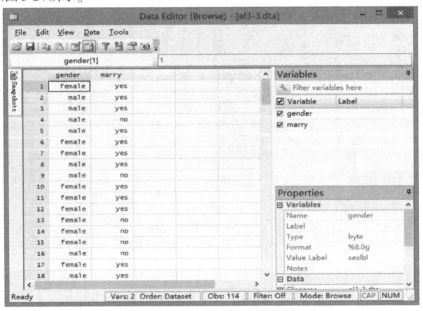

图 3-24 例 3-3 分析结果(1)

在主界面的 Command 文本框中输入命令：
tabulate marry
输入完后，按回车键，得到如图 3-25 所示的结果。

marry	Freq.	Percent	Cum.
no	45	39.47	39.47
yes	69	60.53	100.00
Total	114	100.00	

图 3-25　例 3-3 分析结果(2)

从结果中可以看出本次调查所获得的信息，可以发现该银行的分行本部共有 114 人参与了有效调查，其中处于结婚状态的有 69 人，占比 60.53%；处于非结婚状态的有 45 人，占比 39.47%，结果分析表 Cum 一栏表示的是累计百分比。

以例 3-3 的数据为基础，对结婚情况这一变量进行单个变量汇总并附有星点图。

操作命令为：
tabulate marry,plot
输入完后，按回车键，得到如图 3-26 所示的结果。

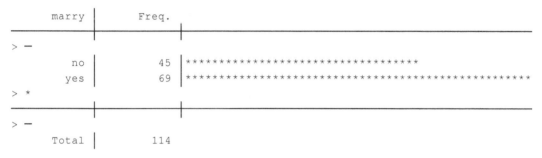

图 3-26　例 3-3 分析结果(3)

从结果中可以看出对结婚情况这一变量进行单个变量汇总的结果及星点图情况。

3.5　两个分类变量的列联表分析

在第 3.4 节中，我们介绍了单个分类变量的概要统计，本节我们来介绍两个分类变量是如何进行概要统计的，即二维列联表。

例 3-4　某企业面临经营困境，准备进行深刻而彻底的变革。在变革前，其对企业员工针对降薪、降级情况进行了调查研究，调查得到的数据整理后如表 3-7 所示。试对数据资料进行二维列联表分析。

表 3-7 某企业员工针对改革措施的看法

编号	性别	是否支持降薪决定	是否支持降级决定
1	女	是	是
2	女	是	是
3	女	是	否
4	男	是	否
5	男	是	否
…	…	…	…
101	女	是	否
102	男	是	否
103	女	否	否

使用 Stata 12.0 打开在目录"E:\stata12\zsq\chap03"中的"al3-4.dta"数据文件,命令如下:

use "E:\stata12\zsq\chap03\al3-4.dta", clear

browse

数据如图 3-27 所示。

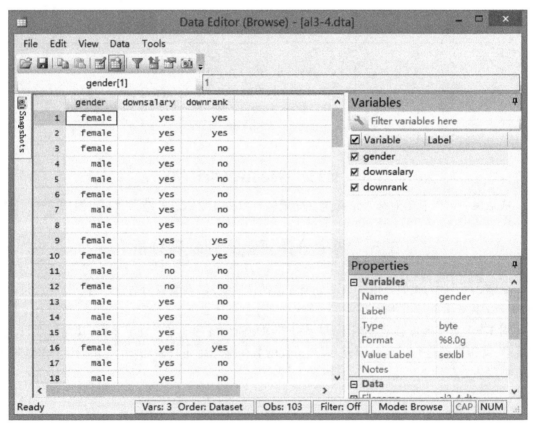

图 3-27 例 3-4 分析结果(1)

在主界面的 Command 文本框中输入命令：
tabulate downsalary downrank
输入完后，按回车键，得到如图 3-28 所示的结果。

downsalary	downrank no	yes	Total
no	32	8	40
yes	48	15	63
Total	80	23	103

图 3-28 例 3-4 分析结果(2)

从结果中可以看出本次调查所获得的信息，可以发现该企业共有 103 人参与了有效调查，其中支持降薪的有 63 人，不支持降薪的有 40 人；支持降级的有 23 人，不支持降级的有 80 人；既支持降薪又支持降级的有 15 人，不支持降薪但支持降级的有 8 人，支持降薪但不支持降级的有 48 人。

上面的分析过程及结果已经达到解决实际问题的要求。但 Stata 12.0 还提供了更加复杂的命令格式以满足用户更加个性化的需求。

我们若要显示每个单元格的列百分比与行百分比，那么操作命令为：
tabulatedownsalary downrank, column row
输入完后，按回车键，得到如图 3-29 所示的结果。

```
Key
    frequency
    row percentage
    column percentage
```

downsalary	downrank no	yes	Total
no	32 80.00 40.00	8 20.00 34.78	40 100.00 38.83
yes	48 76.19 60.00	15 23.81 65.22	63 100.00 61.17
Total	80 77.67 100.00	23 22.33 100.00	103 100.00 100.00

图 3-29 例 3-4 分析结果(3)

分析结果表的单元格包含了三部分信息：第 1 行表示的是频数，第 2 行表示的是行百分比，第 3 行表示的是列百分比。例如，最左上角的单元格的意义是，不支持降薪也不支持降级的有 32 人，这部分样本在所有不支持降薪的样本中占比为 80%，这部分样本在所有不支持降级的样本中占比为 40%。

3.6 多表和多维列联表分析

对于一些大型数据集,我们经常需要许多不同变量的频数分布,如何快速简单地实现这一目的呢?这就需要用到 Stata 的多表和多维列联表分析功能,下面通过例子来说明。

例 3-5 某高校会计学院对学生的持有证书情况进行了调查。证书分为三类,包括:会计师证书、审计师证书、经济师证书。数据经整理汇总后如表 3-8 所示。试使用 Stata 12.0 对数据进行以下操作:(1) 对数据中的所有分类变量进行单个变量汇总统计;(2) 对数据中的所有分类变量进行二维列联表分析;(3) 以是否持有会计师证书为主分类变量,制作 3 个分类变量的三维列联表。

表 3-8 某高校会计学院的学生持有证书情况

编号	性别	是否持有会计师证书	是否持有审计师证书	是否持有经济师证书
1	男	有	有	无
2	男	有	无	无
3	女	有	有	有
4	女	无	有	有
5	男	无	无	有
…	…	…	…	…
97	女	无	无	无
98	女	有	有	有
99	女	有	有	无

使用 Stata 12.0 打开在目录"E:\stata12\zsq\chap03"中的"al3-5.dta"数据文件,命令如下:

use "E:\stata12\zsq\chap03\al3-5.dta", clear
browse

数据如图 3-30 所示。

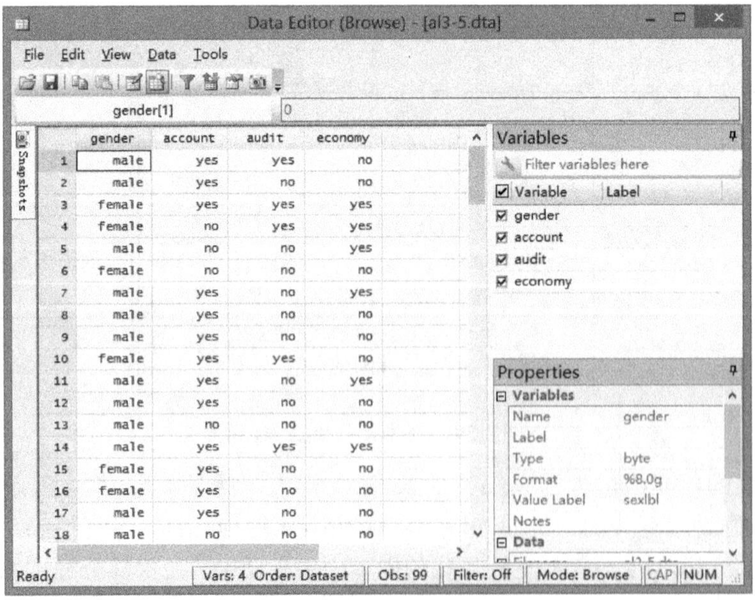

图 3-30 例 3-5 涉及的数据

在主界面的 Command 文本框中输入命令：

tab1 account audit economy

本命令的含义是对文件 al3-5.dta 中数据的所有分类变量进行汇总统计。

输入完后，按回车键，得到如图 3-31 所示的结果。

```
. tab1 account audit economy

-> tabulation of account

  account |      Freq.     Percent        Cum.
----------+-----------------------------------
       no |         40       40.40       40.40
      yes |         59       59.60      100.00
----------+-----------------------------------
    Total |         99      100.00

-> tabulation of audit

    audit |      Freq.     Percent        Cum.
----------+-----------------------------------
       no |         75       75.76       75.76
      yes |         24       24.24      100.00
----------+-----------------------------------
    Total |         99      100.00

-> tabulation of economy

  economy |      Freq.     Percent        Cum.
----------+-----------------------------------
       no |         72       72.73       72.73
      yes |         27       27.27      100.00
----------+-----------------------------------
    Total |         99      100.00
```

图 3-31　例 3-5 分析结果（1）

从结果中可以看出本次调查所获得的信息，可以发现该校会计学院的学生共有 99 人参与了有效调查，其中拥有会计师证书的有 59 人，在 99 名学生中占比 59.6%；拥有审计师证书的有 24 人，在 99 名学生中占比 24.24%；拥有经济师证书的有 27 人，在 99 名学生中占比 27.27%。结果分析表 Cum 一栏表示的是累计百分比。

在主界面的 Command 文本框中输入命令：

tab2 account audit economy

本命令的含义是对数据中的所有分类变量进行二维列联表分析。

输入完后，按回车键，得到如图 3-32 所示的结果。

```
. tab2 account audit economy

-> tabulation of account by audit

           |     audit      |
  account  |   no      yes  |  Total
-----------+----------------+-------
        no |   32        8  |    40
       yes |   43       16  |    59
-----------+----------------+-------
     Total |   75       24  |    99

-> tabulation of account by economy

           |    economy     |
  account  |   no      yes  |  Total
-----------+----------------+-------
        no |   30       10  |    40
       yes |   42       17  |    59
-----------+----------------+-------
     Total |   72       27  |    99

-> tabulation of audit by economy

           |    economy     |
   audit   |   no      yes  |  Total
-----------+----------------+-------
        no |   60       15  |    75
       yes |   12       12  |    24
-----------+----------------+-------
     Total |   72       27  |    99
```

图 3-32　例 3-5 分析结果（2）

从结果中可以看出本次调查所获得的信息，分析结果中包括 3 张二维列联表分析。第 1 张是变量"audit"与变量"account"二维列联表分析，第 2 张是变量"economy"与变量"account"二维列联表分析，第 3 张是变量"economy"与变量"audit"二维列联表分析，对于二维列联表的解读，上节已经介绍，不再赘述。

在主界面的 Command 文本框中输入命令：

byaccount,sort:tabulate audit economy

以是否持有会计师证书为主分类变量，制作 3 个分类变量的三维列联表。

输入完后，按回车键，得到如图 3-33 所示的结果。

```
. by account,sort:tabulate audit economy
```

-> account = no

	economy		
audit	no	yes	Total
no	26	6	32
yes	4	4	8
Total	30	10	40

-> account = yes

	economy		
audit	no	yes	Total
no	34	9	43
yes	8	8	16
Total	42	17	59

图 3-33　例 3-5 分析结果 (3)

该分析结果是一张三维列联表，它包括两部分：上半部分描述的是当"account"变量取值为"no"的时候，变量"audit"与变量"economy"的二维列联分析；下半部分描述的是当"account"变量取值为"yes"的时候，变量"audit"与变量"economy"的二维列联分析。

上面的分析过程及结果已经达到解决实际问题的要求。但 Stata 12.0 还提供了更加复杂的命令格式以满足用户更加个性化的需求。

这里我们介绍一个用于多维列联分析的 Stata 命令：table，这是一个多功能的命令，它可以实现多种数据的频数、标准差数据特征的列联分析。我们若要进行简单的频数列联分析，那么操作命令为：

table account audit economy,contents(freq)

输入完后，按回车键，得到如图 3-34 所示的结果。

```
. table account audit economy,contents(freq)
```

	economy and audit			
	— no —		— yes —	
account	no	yes	no	yes
no	26	4	6	4
yes	34	8	9	8

图 3-34　例 3-5 分析结果 (4)

本分析结果的解读与上节类似，不再赘述。

上述命令 contents 括号里的内容表示的是频数，该括号内支持的内容与命令符号的对应关系如表 3-9 所示。

表 3-9　contents 括号里支持的内容与命令符号的对应关系

命令符号	括号内支持的内容	命令符号	括号内支持的内容
freq x	x 的频数	min x	x 的最小值
sd x	x 的标准差	median x	x 的中位数
count x	x 非缺失观测值的计数	mean x	x 的平均数
n x	x 缺失观测值的计数	rawsum x	忽略任意规定权数的总和
max x	x 的最大值	iqr x	x 的四分位距
sum x	x 的总和	p1 x	x 的第 1 个百分位数

第4章 Stata参数假设检验

参数假设检验是指对参数的平均值、方差、比率等特征进行的统计检验。参数假设检验一般假设统计总体的具体分布是已知的，但是其中的一些参数或者取值范围不确定，分析的主要目的是估计这些未知参数的取值，或者对这些参数进行假设检验。参数假设检验不仅能够对总体的特征参数进行推断，还能够对两个或两个以上总体的参数进行比较。常用的参数假设检验包括单一样本 t 检验、两个总体均值差异的假设检验、总体方差的假设检验、总体比率的假设检验等。下面通过实例来说明 Stata 12.0 的具体应用。

4.1 参数假设检验的基本理论

4.1.1 区间估计

1. 总体均值的区间估计

设随机样本来自正态总体 $N(\mu,\sigma^2)$，样本值记为 $x_1,x_2,\cdots,x_n$，样本均值 $\bar{x}$ 是总体均值 μ 的一个很好的估计量，利用 $\bar{x}$ 的分布，可以得出 μ 的置信度为 $1-\alpha$ 的置信区间（通常取 $\alpha=0.05$）：

$$\left[\bar{x}-Z_{\alpha/2}\frac{\sigma_0}{\sqrt{n}},\bar{x}+Z_{\alpha/2}\frac{\sigma_0}{\sqrt{n}}\right],\text{当}\ \sigma_0=\sigma\ \text{已知时} \quad (4-1)$$

$$\left[\bar{x}-t_{\alpha/2}(n-1)\frac{s}{\sqrt{n}},\bar{x}+t_{\alpha/2}(n-1)\frac{s}{\sqrt{n}}\right],\text{当}\ \sigma\ \text{未知时} \quad (4-2)$$

其中，$Z_{\alpha/2}(t_{\alpha/2})$ 是标准正态分布（或 t 分布）的 $\alpha/2$ 上测分位数，即 $P\{|Z|\leq Z_{\alpha/2}\}=1-\alpha$，其中 $Z\sim N(0,1)$。

$$s=\sqrt{\frac{1}{n-1}\sum_{i=1}^{n}(x_i-\bar{x})^2}$$

当置信度 $1-\alpha$ 给定时，在 σ 未知的情况下，均值的标准差 $s_m=s/\sqrt{n}$ 越小时，置信区间的范围也越小，这说明估计的精度越高。

例 4-1 某车间生产的滚珠直径 X 服从正态分布 $N(\mu,0.6)$。现从某天的产品中抽取 6 个，测得直径如下（单位：毫米）：

14.6, 15.1, 14.9, 14.8, 15.2, 15.1

试求平均直径置信度为 95% 的置信区间。

解 置信度 $1-\alpha=0.95,\alpha=0.05$。$\alpha/2=0.025$，查表可得 $Z_{0.025}=1.96$，又由样本值得 $\bar{x}$

$=14.95, n=6, \sigma=\sqrt{0.6}$。由式(4-1)可得：

置信区间下限 $\bar{x} - Z_{\alpha/2}\dfrac{\sigma_0}{\sqrt{n}} = 14.95 - 1.96 \times \sqrt{\dfrac{0.6}{6}} = 14.75$

置信区间上限 $\bar{x} + Z_{\alpha/2}\dfrac{\sigma_0}{\sqrt{n}} = 14.95 + 1.96 \times \sqrt{\dfrac{0.6}{6}} = 15.15$

故平均直径置信度为95%的置信区间为(14.75,15.15)。

例4-2 某糖厂采用自动包装机装糖，设备包重量服从正态分布 $N(\mu, \sigma^2)$。某日开工后测得9包重量为(单位：千克)：99.3,98.7,100.5,101.2,98.3,99.7,99.5,102.1,100.5。试求 μ 的置信度为95%的置信区间。

解 置信度 $1-\mu=0.95$，查表得 $t_{\alpha/2}(n-1)=t_{0.025}(8)=2.306$。由样本值算得 $\bar{x}=99.978, s^2=1.47$，故

置信区间下限 $\bar{x} - t_{\alpha/2}(n-1)\dfrac{s}{\sqrt{n}} = 99.978 - 2.306 \times \sqrt{\dfrac{1.47}{9}} = 99.046$

置信区间上限 $\bar{x} + t_{\alpha/2}(n-1)\dfrac{s}{\sqrt{n}} = 99.978 + 2.306 \times \sqrt{\dfrac{1.47}{9}} = 100.91$

所以 μ 的置信度为95%的置信区间为(99.046,100.91)。

2. 总体方差的区间估计

总体方差 σ^2 的无偏估计量为 s^2(样本方差)。通过研究

$$\sum (x_i - \bar{x})^2 / \sigma^2 = (n-1)s^2/\sigma^2$$

的分布可以得出 σ^2 的置信度为 $1-\alpha$ 的置信区间：

$$\left[\dfrac{(n-1)s^2}{\chi^2_{\alpha/2}(n-1)}, \dfrac{(n-1)s^2}{\chi^2_{1-\alpha/2}(n-1)}\right] \tag{4-3}$$

其中 $\chi^2_{\alpha/2}(n-1)$ 是自由度为 $n-1$ 的 χ^2 分布的 $\dfrac{\alpha}{2}$ 分位数。

例4-3 从某车间加工的同类零件中抽取了16件样品，测得零件的平均长度为12.8厘米，方差为0.0023。假设零件的长度服从正态分布，试求总体方差及标准差的置信区间(置信度为95%)。

解 已知 $n=16, s^2=0.0023, 1-\alpha=0.95$

查表得

$$\chi^2_{1-\alpha/2}(n-1) = \chi^2_{0.975}(15) = 6.262$$
$$\chi^2_{\alpha/2}(n-1) = \chi^2_{0.025}(15) = 27.488$$

代入式(4-3)，可算得所求的总体方差的置信区间为(0.0013,0.0055)。
总体标准差的置信区间为(0.0354,0.0742)。

4.1.2 假设检验

1. 假设检验的概念

为了推断总体的某些性质，我们会提出总体性质的各种假设。假设检验就是根据样本提供的信息对所提出的假设作出判断的过程。

原假设是我们存疑欲拒绝的假设,记为 H_0;备择假设是我们拒绝了原假设后得到的结论,记为 H_α。

假设都是关于总体参数的,如我们想知道总体均值是否等于某个常数 μ_0,那么原假设是,$H_0:\mu=\mu_0$,备择假设是,$H_\alpha:\mu\neq\mu_0$。这两种假设,我们称为双尾检验,因为备择假设是双边的。

以下两种假设检验称为单尾检验:

$$H_0:\mu \geq \mu_0 \qquad H_\alpha:\mu < \mu_0$$
$$H_0:\mu \leq \mu_0 \qquad H_\alpha:\mu > \mu_0$$

注意,无论是单尾检验还是双尾检验,等号永远都在原假设一边,这是用来判断原假设的唯一标准。

2. 第一类错误和第二类错误

我们在作假设检验的时候会犯两种错误:第一,原来假设是正确的而被判断为错误的;第二,原来假设是错误的而被判断为正确的;我们分别称之为第一类错误和第二类错误。

我们简单概括如下:

第一类错误:原来假设是正确的,却拒绝了原来假设;

第二类错误:原来假设是错误的,却没有拒绝原来假设。

这类似于法官判案时,如果被告是好人,却被判为坏人;这是第一类错误(错杀好人或以真为假)。

如果被告是坏人,却被判为好人;这是第二类错误(放走坏人或以假为真)。

在其他条件不变的情况下,如果要求犯第一类错误的概率越小,那么犯第二类错误的概率就会越大。通俗的理解是:当我们要求错杀好人的概率降低,那么往往就会放走坏人。

同样,在其他条件不变的情况下,如果要求犯第二类错误的概率越小,那么犯第一类错误的概率就越大。通俗的理解是:当我们要求放走坏人的概率降低,那么往往就会错杀好人。

以上所说的"其他条件不变"主要指的是样本量 n 不变。换言之,要想少犯第一类错误或第二类错误,就要增大样本量 n。

在假设检验的时候,我们会规定一个允许犯第一类错误的概率,如5%,这称为显著性水平,记为 α。我们通常只规定犯第一类错误的概率,而不规定犯第二类错误的概率。

检验的势定义为在原假设是错误的情况下正确拒绝原假设的概率。检验的势等于1减去犯第二类错误的概率。

我们用表4-1来表示显著性水平和检验的势:

表4-1 显著性水平和检验的势

	原假设正确	原假设不正确
拒绝原假设	第一类错误 (显著性水平 α)	判断正确 检验的势 = 1 − P(犯第二类错误的概率)
没有拒绝原假设	判断正确	第二类错误

要做假设检验,我们先要计算两样东西:检验统计量和关键值。检验统计量是从样本数据中计算得来的。检验统计量的一般形式为:

检验统计量 = (样本统计量 − 在 H_0 中假设的总体参数值)/样本统计量的标准误

关键值则是通过查表得到的。关键值的计算需要知道以下三点：① 检验统计量是什么分布，这决定我们要去查哪张表；② 显著性水平；③ 是双尾检验还是单尾检验。

3. 决策规则

（1）基于检验统计量和关键值的决策准则。

计算检验统计量和关键值之后，怎样判断是否拒绝原假设呢？

首先，我们要明确我们做的是双尾检验还是单尾检验。如果是双尾检验，那么拒绝域在两边。以双尾 z 检验为例，首先画出 z 分布（标准正态分布），在两边标出黑色的拒绝区域，如图 4-1 所示。

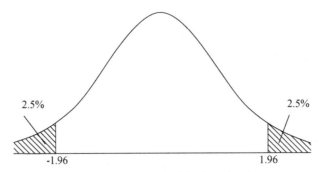

图 4-1　正态分布左右两边的拒绝区域面积 2.5%

拒绝区域的面积应等于显著性水平。以 $\alpha = 0.05$ 为例，左右两块拒绝区域的面积之和应等于 0.05，可知交界处的数值为 ± 1.96，± 1.96 即为关键值。

如果从样本数据中计算得出的检验统计量落在拒绝区域（小于 -1.96 或大于 1.96），就拒绝原假设；如果检验统计量没有落在拒绝区域（在 -1.96 和 1.96 之间），就不能拒绝原假设。

如果是单尾检验，那么拒绝区域在一边。拒绝区域在哪一边，要看备择假设在哪一边。以单尾的 z 检验为例，假设原假设为 $H_0: \mu \leq \mu_0$，备择假设为 $H_a: \mu > \mu_0$，那么拒绝区域在右边，因为备择假设在右边。首先画出 z 分布（标准正态分布），在右边标出黑色的拒绝区域，如图 4-2 所示。

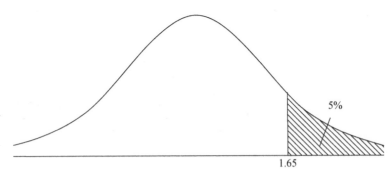

图 4-2　正态分布右边的拒绝区域面积 5%

拒绝区域的面积依然等于显著性水平。以 $\alpha = 0.05$ 为例，因为只有一块拒绝区域，因此其面积为 0.05，可知交界处的数值为 1.65，1.65 即为关键值。

如果从样本数据中计算得出的检验统计量落在拒绝区域（大于 1.65），就拒绝原假设；如果检验统计量没有落在拒绝区域(小于1.65),就不能拒绝原假设。

(2)基于 p 值和显著性水平的决策规则。

在实际操作中,如统计软件经常给出是 p 值,可以将 p 值与显著性水平作比较,以决定拒绝还是不拒绝原假设,这是基于 p 值和显著性水平的决策规则。

首先来看看 p 值到底是什么。对于双尾检验,有两个检验统计量,两个统计量两边的面积之和就是 p 值。因此,每一边的面积是 $p/2$,如图4-3所示。

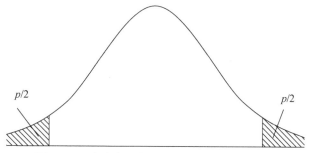

图4-3 正态分布左右两边的拒绝区域面积 $p/2$

对于单尾检验,只有一个检验统计量,检验统计量一边的面积就是 p 值,如图4-4所示。

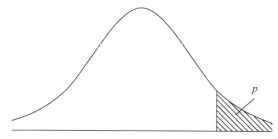

图4-4 正态分布右边拒绝区域面积 p

计算 p 值的目的是与显著性水平作比较。如果 p 值小于显著性水平,说明检验统计量落在拒绝区域,因此拒绝原假设;如果 p 值大于显著性水平,说明检验统计量没有落在拒绝区域,因此不能拒绝原假设。

p 值的定义可以概括为:拒绝原假设的最小显著性水平。

(3)结论的陈述。

如果不能拒绝原假设,我们不能说接受原假设,只能说 can not reject H_0 或 fail to reject H_0。在作出判断之后,我们还要陈述结论。例如,如果拒绝原假设,那么我们说总体均值显著地不相等。

4. 单个总体均值的假设检验

我们想知道一个总体均值是否等于(或大于等于、小于等于)某个常数 μ_0,可以使用 z 检验或 t 检验。双尾和单尾检验的原假设和备择假设如下:

$$H_0: \mu = \mu_0 \qquad H_\alpha: \mu \neq \mu_0$$
$$H_0: \mu \geq \mu_0 \qquad H_\alpha: \mu < \mu_0$$
$$H_0: \mu \leq \mu_0 \qquad H_\alpha: \mu > \mu_0$$

表4-2列示了使用 z 检验和 t 检验的情况。

表 4-2　z 检验与 t 检验比较

	正态总体,$n<30$	正态总体,$n \geq 30$
已知总体方差	z 检验	z 检验
未知总体方差	t 检验	t 检验或 z 检验

接下来,我们要计算 z 统计量和 t 统计量。

如果已知总体方差,那么 z 统计量的公式为:

$$z = \frac{\bar{x} - \mu_0}{\sigma/\sqrt{n}} \tag{4-4}$$

其中,$\bar{x}$ 为样本均值,σ 为总体标准差,n 为样本容量。

如果未知总体方差,那么 z 统计量的公式为:

$$z = \frac{\bar{x} - \mu_0}{s/\sqrt{n}} \tag{4-5}$$

其中,$\bar{x}$ 为样本均值,s 为样本标准差($n > 30, s^2 = \frac{1}{n}\sum_{i=1}^{n}(x_i - \bar{x})^2$;$n < 30, s^2 = \frac{1}{n-1}\sum_{i=1}^{n}(x_i - \bar{x})^2$),$n$ 为样本容量。

t 统计量的公式为:

$$t_{n-1} = \frac{\bar{x} - \mu_0}{s/\sqrt{n}}$$

其中,$\bar{x}$ 为样本均值,s 为样本标准差,n 为样本容量。

下标 $n-1$ 是 t 分布的自由度,我们在查表找关键值时要用到自由度。

例 4-4　有一家已经在市场中生存了 24 个月的中等市值成长型基金。在这个区间中,该基金实现了 1.50% 的月度平均收益率,而且该月度收益率的样本标准差为 3.6%。给定该基金所面临的系统性风险(市场风险)水平,并根据一个定价模型,我们预期该共同基金在这个区间中应该获得 1.10% 的月度平均收益率。假定收益率服从正态分布,那么实际结果是否和 1.10% 这个理论上的月度平均收益率或者总体月度平均收益率相一致?

(1) 给出与该研究项目的语言描述相一致的原假设和备择假设;
(2) 找出对于问题(1)中的假设进行检验的检验统计量;
(3) 求出显著性水平 0.10 下问题(1)中所检验的假设的拒绝点;
(4) 确定是否应该在显著性水平 0.10 下拒绝原假设。

解　(1) 我们有一个"不等"的备择假设,其中 μ 是该股票基金的对应的平均收益率。原假设为 $H_0: \mu = 1.10$,备择假设为 $H_a: \mu \neq 1.10$。

(2) 因为总体方差是未知的,我们利用自由度为 $24 - 1 = 23$ 的 t 检验。

(3) 因为这是一个双尾检验,我们的拒绝点 $t_{n-1} = t_{0.05,23}$,在 t 分布表中,对应自由度为 23 的行和 0.05 的列,找到 1.714。双尾检验的两个拒绝点是 1.714 和 -1.714。如果我们发现 $t > 1.714$ 或 $t < -1.714$,我们将拒绝原假设。

(4) $t_{23} = \frac{\bar{x} - \mu_0}{s/\sqrt{n}} = \frac{1.50 - 1.10}{3.6\%/\sqrt{24}} = 0.544331$ 或 $0.544 < 1.714$,因而无法拒绝原假设。

5. 两个独立总体均值的假设检验

我们想知道两个相互独立的正态分布总体的均值是否相等,可以使用 t 检验来完成。双尾和单尾检验的原假设和备选假设如下:

$$H_0: \mu_1 = \mu_2 \qquad H_a: \mu_1 \neq \mu_2$$
$$H_0: \mu_1 \geq \mu_2 \qquad H_a: \mu_1 < \mu_2$$
$$H_0: \mu_1 \leq \mu_2 \qquad H_a: \mu_1 > \mu_2$$

下标 1 和 2 分别表示取自第一个总体的样本和取自第二个总体的样本,这两个样本是相互独立的。

在开始假设检验之前,我们先要区分两种情况:第一,两总体方差未知但假定相等;第二,两总体方差未知且假定不等。

对于第一种情况,我们使用 t 检验,其自由度为 $n_1 + n_2 - 2$。t 统计量的计算公式如下:

$$t_{n_1+n_2-2} = \frac{(\bar{x}_1 - \bar{x}_2) - (\mu_1 - \mu_2)}{\sqrt{\frac{s_p^2}{n_1} + \frac{s_p^2}{n_2}}}$$

其中,

$$s_p^2 = \frac{(n_1-1)s_1^2 + (n_2-1)s_2^2}{n_1 + n_2 - 2} \tag{4-6}$$

s_1^2 为第一个样本的样本方差,s_2^2 为第二个样本的样本方差,n_1 为第一个样本的样本量,n_2 为第二个样本的样本量。

例 4-5 20 世纪 80 年代的标准普尔 500 指数已实现的月度平均收益率似乎与 20 世纪 70 年代的月度平均收益率有着巨大的不同,那么这个不同在统计上是否显著呢? 表 4-3 所给的数据表明,我们没有充足的理由拒绝这两个 10 年的收益率的总体方差是相同的。

表 4-3 两个 10 年的标准普尔 500 指数的月度平均收益率及其标准差

10 年区间	月份数 n	月度平均收益率	标准差
20 世纪 70 年代	120	0.580	4.598
20 世纪 80 年代	120	1.470	4.738

(1) 给出与双尾假设检验相一致的原假设和备择假设;
(2) 找出检验问题(1)中假设的检验统计量;
(3) 求出问题(1)中所检验的假设在显著性水平 0.10、0.05、0.01 下的拒绝点;
(4) 确定在显著性水平 0.10、0.05 和 0.01 下是否应拒绝原假设。

解 (1) 令 μ_1 表示 20 世纪 70 年代的总体平均收益率,μ_2 表示 20 世纪 80 年代的总体平均收益率,于是我们给出如下假设:

$$H_0: \mu_1 = \mu_2, \quad H_a: \mu_1 \neq \mu_2$$

(2) 因为两个样本分别取自不同的 10 年区间,所以它们是独立样本。总体方差是未知的,但是是可以被假设为相等。给定所有这些条件,在 t 统计量的计算公式中所给出的 t 检验具有 $120 + 120 - 2 = 238$ 的自由度。

(3) 在 t 分布表中,最接近 238 的自由度为 200。对于一个双尾检验,在 $df = 200$ 的显著性水平 0.10、0.05、0.01 下的拒绝点分别为 ± 1.653、± 1.972、± 2.601。即在显著性水平 0.10

下,如果 $t < -1.653$ 或者 $t > 1.653$,我们将拒绝原假设;在显著性水平 0.05 下,如果 $t < -1.972$ 或者 $t > 1.972$,我们将拒绝原假设;在显著性水平 0.01 下,如果 $t < -2.601$ 或者 $t > 2.601$,我们将拒绝原假设。

(4) 计算检验统计量时,首先计算合并方差的估计值:

$$s_p^2 = \frac{(n_1-1)s_1^2 + (n_2-1)s_2^2}{n_1+n_2-2} = \frac{(120-1)(4.598)^2 + (120-1)(4.738)^2}{120+120-2} = 21.795124$$

$$t_{n_1+n_2-2} = \frac{(\bar{x}_1-\bar{x}_2)-(\mu_1-\mu_2)}{\sqrt{\frac{s_p^2}{n_1}+\frac{s_p^2}{n_2}}} = \frac{(0.580-1.470)-0}{\left(\frac{21.795124}{120}+\frac{21.795124}{120}\right)^{1/2}} = \frac{-0.89}{0.602704} = -1.477$$

t 值等于 -1.477 在显著性水平 0.10 下不显著,同样在显著性水平 0.05 和 0.01 下也不显著。因此,我们无法在任一个显著性水平下拒绝原假设。

当我们能假设两个总体服从正态分布,但是不知道总体方差,而且不能假设方差是相等的时候,基于独立随机样本的近似,检验给出如下表达式:

$$t = \frac{(\bar{x}_1-\bar{x}_2)-(\mu_1-\mu_2)}{\sqrt{\frac{s_1^2}{n_1}+\frac{s_2^2}{n_2}}} \tag{4-7}$$

s_1^2 为第一个样本的样本方差,s_2^2 为第二个样本的样本方差,n_1 为第一个样本的样本量,n_2 为第二个样本的样本量。

其中,我们使用"修正的"自由度,其计算公式为 $df = \frac{(s_1^2/n_1+s_2^2/n_2)^2}{(s_1^2/n_1)^2/n_1+(s_2^2/n_2)^2/n_2}$ 的数值表。

例 4-6 具有风险的公司债券的预期收益率是如何决定的?两个重要的考虑因素为预期违约概率和在违约发生的情况下预期能够回收的金额(即回收率)。奥特曼和基肖尔(Altman and Kishore,1996)首次记录了行业和信用等级进行分层的违约债券的平均回收率。对于他们的研究区间 1971—1995 年,奥特曼和基肖尔发现公共事业公司、化工类公司、石油公司及塑胶制造公司的违约债券的回收率明显要高于其他行业。这一差别是否能够通过在作回收率行业中的高信用债券比较来解释?他们通过检验以信用等级分层的回收率来对此进行研究。这里,我们仅讨论他们对于高信用担保债券的结果。其中,μ_1 表示公共事业公司的高信用担保债券的总体平均回收率,而 μ_2 表示其他行业(非公共事业)公司的高信用担保债券的总体平均回收率,假设如下:

$$H_0: \mu_1 = \mu_2, \quad H_a: \mu_1 \neq \mu_2$$

表 4-4 摘自他们的部分结果:

表 4-4 高信用债券的回收率 单位:美元

行业类别	公共事业样本			非公共事业样本		
	观测数	违约时的平均价格	标准差	观测数	违约时的平均价格	标准差
公共事业高信用担保	21	64.42	14.03	64	55.75	25.17

根据他们的研究假设,总体服从正态分布,并且样本是独立的。根据表 4-4 中的数据,回答下列问题:

(1) 讨论为什么奥特曼和基肖尔会选择 $t = \dfrac{(\bar{x}_1 - \bar{x}_2) - (\mu_1 - \mu_2)}{\sqrt{\dfrac{s_1^2}{n_1} + \dfrac{s_2^2}{n_2}}}$，而不是 $t_{n_1+n_2-2} = \dfrac{(\bar{x}_1 - \bar{x}_2) - (\mu_1 - \mu_2)}{\sqrt{\dfrac{s_p^2}{n_1} + \dfrac{s_p^2}{n_2}}}$ 的检验方法；

(2) 计算检验上述给出的原假设的检验统计量；

(3) 计算该检验的修正自由度的数值；

(4) 确定在 0.10 显著性水平下是否应该拒绝原假设。

解 (1) 高信用担保的公共事业公司回收率的样本标准差 14.03 要比非公共事业公司回收率的样本标准差 25.17 更小。故不假设它们的均值相等的选择是恰当的，所以二者采用 $t = \dfrac{(\bar{x}_1 - \bar{x}_2) - (\mu_1 - \mu_2)}{\sqrt{\dfrac{s_1^2}{n_1} + \dfrac{s_2^2}{n_2}}}$ 的检验。

(2) 检验统计量为 $t = \dfrac{(\bar{x}_1 - \bar{x}_2) - (\mu_1 - \mu_2)}{\sqrt{\dfrac{s_1^2}{n_1} + \dfrac{s_2^2}{n_2}}}$。

式中，$\bar{x}_1$ 表示公共事业公司的样本平均回收率 = 64.42，$\bar{x}_2$ 表示非公共事业公司的样本平均回收率 = 55.75，$s_1^2 = 14.03^2 = 196.8409$，$s_2^2 = 25.17^2 = 633.5289$，$n_1 = 21$，$n_2 = 64$。

因此，$t = \dfrac{(\bar{x}_1 - \bar{x}_2) - (\mu_1 - \mu_2)}{\sqrt{\dfrac{s_1^2}{n_1} + \dfrac{s_2^2}{n_2}}} = \dfrac{64.42 - 55.75}{[196.8409/21 + 633.5289/64]^{1/2}} = 1.975$。

(3) $\mathrm{d}f = \dfrac{(s_1^2/n_1 + s_2^2/n_2)^2}{(s_1^2/n_1)^2/n_1 + (s_2^2/n_2)^2/n_2}$

$= \dfrac{(196.8409/21 + 633.5289/64)^2}{(196.8409/21)^2/21 + (633.5289/64)^2/64} = 64.99$

即该检验的修正自由度为 65。

(4) 在 t 分布表的数值表中最接近 $\mathrm{d}f = 65$ 的一栏是 $\mathrm{d}f = 60$。对于 $\alpha = 0.10$，我们找到 $t_{\alpha/2} = 1.671$。因此，如果 $t < -1.671$ 或 $t > 1.671$，我们就会拒绝原假设。基于所计算的值 $t = 1.975$，我们在显著性水平 0.10 下拒绝原假设。因而存在一些公共事业公司和非公共事业公司回收率不同的证据。

6. 成对比较检验

上面我们讲的是两个相互独立的正态分布总体的均值检验，两个样本是相互独立的。如果两个样本相互不独立，我们进行均值检验时要使用成对比较检验。成对比较检验也使用 t 检验来完成，双尾和单尾检验的原假设和备择假设如下：

$$H_0: \mu_d = \mu_0, \quad H_\alpha: \mu_d \neq \mu_0$$
$$H_0: \mu_d \geq \mu_0, \quad H_\alpha: \mu_d < \mu_0$$
$$H_0: \mu_d \leq \mu_0, \quad H_\alpha: \mu_d > \mu_0$$

其中的 μ_d 表示两个样本均值之差，为常数，μ_0 通常等于 0。t 统计量的自由度为 $n-1$，计

算公式如下:

$$t = \frac{\bar{d} - \mu_0}{s_{\bar{d}}} \tag{4-8}$$

其中,$\bar{d}$是样本差的均值。我们取得两个成对的样本之后,对应相减,就得到一组样本差的数据,求这一组数据的均值,就是$\bar{d}$。$s_{\bar{d}}$是$\bar{d}$的标准误,即$s_{\bar{d}} = s_d/\sqrt{n}$。

下面的例子说明了对于竞争的投资策略进行评估的这个检验的应用。

例 4-7 麦奎因、谢尔德斯和索利(Mcqueen,Shields and Thorley,1997)检验了一个流行的投资策略(该策略投资于道·琼斯工业平均指数中收益率最高的 10 只股票)与一个买入并持有的策略(该策略投资于道·琼斯工业平均指数中所有的 30 只股票)之间的业绩比较。他们研究的区间段是 1946—1995 年的 50 年区间,如表 4-5 所示。

表 4-5 道-10 和道-30 投资组合年度收益率汇总(1946—1995)(n = 50)

策略	平均收益率	标准差
道-10	16.77%	19.10
道-30	13.71%	16.64
差别	3.06%	6.62[①]

注:① 差别的样本标准差。

(1) 给出道-10 和道-30 策略间收益率差别的均值等于 0 这个双尾检验相一致的原假设和备择假设;

(2) 找出对于问题(1)中假设进行检验的检验统计量;

(3) 求出在显著性水平 0.01 下问题(1)中所检验的假设的拒绝点;

(4) 确定在显著性水平 0.01 下是否应该拒绝原假设;

(5) 讨论为什么选择成对比较检验。

解 (1) 令 μ_d 为道-10 和道-30 策略间收益率差别的均值,我们有

$$H_0: \mu_d = 0, \quad H_\alpha: \mu_d \neq 0。$$

(2) 因为总体方差未知,所有检验统计量为一个自由度为 50 - 1 = 49 的 t 检验。

(3) 在 t 分布表中,我们查阅自由度为 49 的行,显著性水平为 0.05 的列,从而可得 2.68。如果我们发现 $t > 2.68$ 或 $t < -2.68$,我们将拒绝原假设。

(4) 将数据代入式(4-8),可得 $t = \dfrac{3.06}{6.62/\sqrt{50}} = 3.2685$ 或 3.27。

由 3.27 > 2.68,我们拒绝原假设;从而平均收益率的差别在统计上是显著的。

(5) 道-30 包含道-10,因此它们不是相互独立的样本;通常,道-10 和道-30 策略间收益率的相关系数为正。因为样本是相互依赖的,成对比较检验是恰当的。

7. 单个总体方差的假设检验

首先是关于单个总体方差是否等于(或大于等于、小于等于)某个常数的假设检验。我们要使用卡方检验。

双尾检验和单尾检验的原假设和备择假设如下:

$$H_0: \sigma^2 = \sigma_0^2, \quad H_\alpha: \sigma^2 \neq \sigma_0^2$$

$$H_0: \sigma^2 \geq \sigma_0^2, \quad H_\alpha: \sigma^2 < \sigma_0^2$$

$$H_0: \sigma^2 \leq \sigma_0^2, \quad H_\alpha: \sigma^2 > \sigma_0^2$$

卡方统计量的自由度为 $n-1$，计算方法如下：

$$\chi^2 = \frac{(n-1)s^2}{\sigma_0^2} \tag{4-9}$$

其中，s^2 为样本方差。

例 4-8 某股票的历史月收益率的标准差为 5%，这一数据是基于 2011 年以前的历史数据测定的。现在，我们选取 2012—2014 年这 36 个月的月收益率数据，来检验其标准差是否还为 5%。我们测得这 36 个月的月收益率标准差为 6%。以显著性水平为 0.05，检验其标准差是否仍为 5%？

解 首先，写出原假设和备择假设

$$H_0: \sigma^2 = (5\%)^2, \quad H_\alpha: \sigma^2 \neq (5\%)^2$$

使用卡方检验：$\chi^2 = \dfrac{(n-1)s^2}{\sigma_0^2} = (36-1) \times (6\%)^2 / (5\%)^2 = 50.4$。

对于显著性水平 0.05，由于是双尾检验，两边的拒绝区域面积都为 0.025，自由度为 35，查表得到卡方关键值为 20.569 和 53.203。

由于 50.4 < 53.203，卡方统计量没有落在拒绝区域，因此我们不能拒绝原假设。

最后我们陈述结论：该股票的标准差显著地等于 5%。

8. 两个总体方差的假设检验

双尾检验和单尾检验的原假设和备择假设如下：

$$H_0: \sigma_1^2 = \sigma_2^2, \quad H_\alpha: \sigma_1^2 \neq \sigma_2^2$$
$$H_0: \sigma_1^2 \geq \sigma_2^2, \quad H_\alpha: \sigma_1^2 < \sigma_2^2$$
$$H_0: \sigma_1^2 \leq \sigma_2^2, \quad H_\alpha: \sigma_1^2 > \sigma_2^2$$

F 统计量的自由度为 n_1-1 和 n_2-1，F 表达式为：

$$F = s_1^2 / s_2^2 \tag{4-10}$$

注意，永远把较大的一个样本方差放在分子上，即 F 统计量大于 1。如果这样，我们只需考虑右边的拒绝区域，而不管 F 检验是单尾检验还是双尾检验。

例 4-9 我们想检验 I 股票和 H 股票的月收益率的标准差是否相等。我们选取 2012—2014 年这 36 个月的月收益率数据，来检验其标准差是否仍为 5%。我们测得这 36 个月它们的月收益率标准差分别为 5% 和 6%。以显著性水平为 0.05，假设检验的结果如何？

解 首先，写出原假设和备择假设

$$H_0: \sigma_1^2 = \sigma_2^2, \quad H_\alpha: \sigma_1^2 \neq \sigma_2^2$$

使用 F 检验，计算 F 统计量：$F = s_1^2 / s_2^2 = 0.0036 / 0.0025 = 1.44$。

查 F 分布表得到 F 关键值为 2.07。

由于 1.44 < 2.07，F 统计量没有落在拒绝区域，因此我们不能拒绝原假设。

最后我们陈述结论：I 股票和 H 股票的标准差没有显著地不相等。

4.2 单个样本 t 检验应用

单个样本 t 检验是假设检验中最基本也是最常用的方法之一。与所有的假设检验一样，其依据的基本原理也是统计学中的"小概率反证法"原理。通过单个样本 t 检验，可以实现样本均值和总体均值的比较。检验的基本步骤是：首先提出原假设和备择假设，规定好检验的显著性水平;然后确定适当的检验统计量,并计算检验统计量的值;最后依据计算值和临界值的比较作出统计决策。

例 4-10 某电脑公司销售经理人均月销售 500 台电脑,现采取新的广告政策,半年后,随机抽取该公司 20 名销售经理的人均月销售量数据,具体数据如表 4-6 所示。试问新广告策略是否能够影响销售经理的人均月销售量?

表 4-6 人均月销售量

编号	人均月销售量/台	编号	人均月销售量/台
1	506	11	510
2	503	12	504
3	489	13	512
4	501	14	499
5	498	15	487
6	497	16	507
7	491	17	503
8	502	18	488
9	490	19	521
10	511	20	517

使用 Stata 12.0 打开在目录"E:\stata12\zsq\chap04"中的"al4-1.dta"数据文件,命令如下:
use "E:\stata12\zsq\chap04\al4-1.dta", clear
browse
数据如图 4-5 所示。

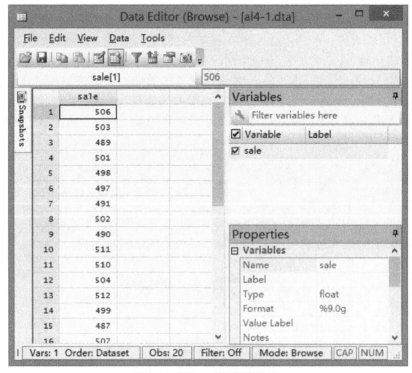

图 4-5 例 4-10 涉及的数据

在主界面的 Command 文本框中输入命令：

ttest sale = 500

输入完后，按回车键，得到如图 4-6 所示的分析结果。

```
One-sample t test

Variable |   Obs      Mean    Std. Err.   Std. Dev.   [95% Conf. Interval]
---------+------------------------------------------------------------------
    sale |    20     501.8    2.166248    9.687757    497.266    506.334

    mean = mean(sale)                                       t =   0.8309
Ho: mean = 500                               degrees of freedom =      19

  Ha: mean < 500              Ha: mean != 500              Ha: mean > 500
  Pr(T < t) = 0.7918        Pr(|T| > |t|) = 0.4163       Pr(T > t) = 0.2082
```

图 4-6　例 4-10 分析结果(1)

通过观察图 4-6 的分析结果，可以看出共有 20 个有效样本参与了假设检验，样本均值是 501.8，标准差是 2.166248，方差的标准误是 9.687757，95% 的置信区间是 [497.266, 506.334]，样本的 t 值为 0.8309，自由度为 19，$Pr(|T|>|t|)=0.4163$，远大于 0.05，因此不能拒绝原假设，也就是说，广告策略不能影响销售经理的人均月销售量。

上面的 Stata 命令比较简单，分析过程及结果已经达到解决实际问题的要求。但 Stata 12.0 的强大之处在于，它同样提供了更加复杂的命令格式以满足用户更加个性化的需求。

例如，我们要把显著性水平调到 1%，也就是说置信水平为 99%，那么操作命令为：

ttest sale = 500,level(99)

输入完后，按回车键确认，得到如图 4-7 所示的结果。

```
One-sample t test

Variable |   Obs      Mean    Std. Err.   Std. Dev.   [99% Conf. Interval]
---------+------------------------------------------------------------------
    sale |    20     501.8    2.166248    9.687757    495.6025   507.9975

    mean = mean(sale)                                       t =   0.8309
Ho: mean = 500                               degrees of freedom =      19

  Ha: mean < 500              Ha: mean != 500              Ha: mean > 500
  Pr(T < t) = 0.7918        Pr(|T| > |t|) = 0.4163       Pr(T > t) = 0.2082
```

图 4-7　例 4-10 分析结果(2)

从上面的分析结果中可以看出，与 95% 的置信水平不同的地方在于置信区间得到了进一步的放大，这是正常的结果，因为这是要取得更高置信水平所必须付出的代价。

4.3　两个独立样本 t 检验应用

Stata 的独立样本 t 检验是假设检验中最基本也是最常用的方法之一。与所有的假设检验一样，其依据的基本原理也是统计学中的"小概率反证法"原理。通过独立样本 t 检验，可以实现两个独立样本的均值比较。两个独立样本 t 检验的基本步骤是:首先提出原假设和备择假设,规定好检验的显著性水平;然后确定适当的检验统计量,并计算检验统计量的值;最后依据计算值和临界值的比较作出统计决策。

例 4-11 表 4-7 给出了 a、b 两个基金公司各管理 40 只基金的价格。试用独立样本 t 检验方法研究两个基金公司所管理的基金价格之间有无明显的差别(设定显著性水平为 5%)。

表 4-7 a、b 两个基金公司各管理基金的价格

编号	基金 a 价格/元	基金 b 价格/元
1	145	101
2	147	98
3	139	87
4	138	106
5	145	101
…	…	…
38	138	105
39	144	99
40	102	108

虽然这里两个基金公司的样本相同,但要注意的是,两个独立样本 t 检验并不需要其样本数量相同。

使用 Stata 12.0 打开在目录"E:\stata12\zsq\chap04"中的"al4-2.dta"数据文件,命令如下:
use "E:\stata12\zsq\chap04\al4-2.dta", clear
browse
数据如图 4-8 所示。

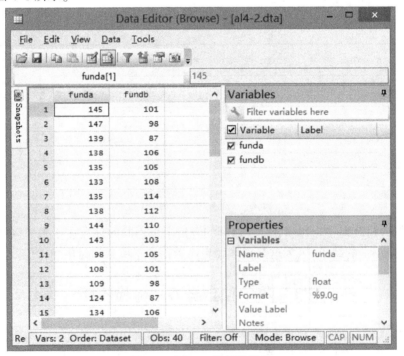

图 4-8 例 4-11 涉及的数据

在主界面的 Command 文本框中输入命令:

ttest funda = fundb,unpaired

输入完后,按回车键,得到如图 4-9 所示的分析结果。

```
Two-sample t test with equal variances

  Variable |     Obs        Mean    Std. Err.   Std. Dev.   [95% Conf. Interval]
-----------+--------------------------------------------------------------------
     funda |      40     135.175    1.850463    11.70336    131.4321    138.9179
     fundb |      40      104.95     1.09717    6.939112    102.7308    107.1692
-----------+--------------------------------------------------------------------
  combined |      80    120.0625    2.008317    17.96293     116.065     124.06
-----------+--------------------------------------------------------------------
      diff |              30.225    2.151278                25.94213    34.50787
--------------------------------------------------------------------------------
    diff = mean(funda) - mean(fundb)                              t =  14.0498
Ho: diff = 0                                     degrees of freedom =       78

    Ha: diff < 0                 Ha: diff != 0                 Ha: diff > 0
 Pr(T < t) = 1.0000          Pr(|T| > |t|) = 0.0000          Pr(T > t) = 0.0000
```

图 4-9 例 4-11 分析结果(1)

通过观察图 4-9 的分析结果,可以看出共有 80 个有效样本参与了假设检验,自由度为 78,其中变量 $fund_a$ 包括 40 个样本,样本均值是 135.175,标准差是 11.70336,标准误是 1.850463, 95% 的置信区间是 [131.4321,138.9179];变量 $fund_b$ 包括 40 个样本,样本均值是 104.95,标准差是 6.939112,标准误是 1.09717,95% 的置信区间是 [102.7308,107.1692]。$Pr(|T| > |t|) = 0.0000$,远小于 0.05,因此需要拒绝原假设,也就是说,两家基金公司被调查的基金价格之间存在明显的差别。

上面的分析过程及结果已经达到解决实际问题的要求。但 Stata 12.0 还提供了更加复杂的命令格式以满足用户更加个性化的需求。

1. 改变置信水平

与单一样本 t 检验类似,如我们要把显著性水平调到 1%,也就是说置信水平为 99%,那么操作命令为:

ttest funda = fundb,unpaired level(99)

输入完后,按回车键确认,得到如图 4-10 所示的结果。

```
Two-sample t test with equal variances

Variable |   Obs  |    Mean   | Std. Err. | Std. Dev. | [99% Conf. Interval]
---------|--------|-----------|-----------|-----------|----------------------
funda    |   40   |  135.175  | 1.850463  | 11.70336  | 130.1641    140.1859
fundb    |   40   |  104.95   | 1.09717   |  6.939112 | 101.979     107.921
combined |   80   |  120.0625 | 2.008317  | 17.96293  | 114.7615    125.3635
diff     |        |  30.225   | 2.151278  |           |  24.54489    35.90511

    diff = mean(funda) - mean(fundb)                          t =  14.0498
Ho: diff = 0                                 degrees of freedom =       78

    Ha: diff < 0              Ha: diff != 0              Ha: diff > 0
 Pr(T < t) = 1.0000    Pr(|T| > |t|) = 0.0000       Pr(T > t) = 0.0000
```

图 4-10 例 4-11 分析结果（2）

从上面的分析结果中可以看出，与 95% 的置信水平不同的地方在于置信区间得到了进一步的放大，这是正常的结果，因为这是要取得更高置信水平所必须付出的代价。

2. 在异方差假设条件下进行假设检验

上面的检验过程是假设两个样本代表的总体之间存在相同的方差，如果假设两个样本之间代表的总体之间的方差并不相同，那么操作命令可以相应地修改为：

ttest funda = fundb, unpaired level(99) unequal

在命令窗口输入命令并按回车键进行确认，结果如图 4-11 所示。

```
Two-sample t test with unequal variances

Variable |   Obs  |    Mean   | Std. Err. | Std. Dev. | [99% Conf. Interval]
---------|--------|-----------|-----------|-----------|----------------------
funda    |   40   |  135.175  | 1.850463  | 11.70336  | 130.1641    140.1859
fundb    |   40   |  104.95   | 1.09717   |  6.939112 | 101.979     107.921
combined |   80   |  120.0625 | 2.008317  | 17.96293  | 114.7615    125.3635
diff     |        |  30.225   | 2.151278  |           |  24.51203    35.93797

    diff = mean(funda) - mean(fundb)                          t =  14.0498
Ho: diff = 0               Satterthwaite's degrees of freedom =  63.4048

    Ha: diff < 0              Ha: diff != 0              Ha: diff > 0
 Pr(T < t) = 1.0000    Pr(|T| > |t|) = 0.0000       Pr(T > t) = 0.0000
```

图 4-11 例 4-11 分析结果（3）

4.4 配对样本 t 检验应用

Stata 的配对样本 t 检验过程也是假设检验中的方法之一。与所有的假设检验一样，其依据的基本原理也是统计学中的"小概率反证法"原理。通过配对样本 t 检验，可以实现对称成对数据的样本均值比较。与独立样本 t 检验的区别是:两个样本来自于同一总体,而且数据的顺序不能调换。配对样本 t 检验的基本步骤是:首先提出原假设和备择假设,规定好检验的显著性水平;然后确定适当的检验统计量,并计算检验统计量的值;最后依据计算值和临界值的比较作出统计决策。

例 4-12　为了研究一种政策的效果,特抽取了 50 只股票进行了试验,实施政策前后股票的价格如表 4-8 所示。试用配对样本 t 检验方法判断该政策能否引起研究股票价格的明显变化(设定显著性水平为 5%)。

表 4-8　政策实施前后的股票价格

编号	政策前价格/元	政策后价格/元
1	88.60	75.60
2	85.20	76.50
3	75.20	68.20
…	…	…
48	82.70	78.10
49	82.40	75.30
50	75.60	69.90

使用 Stata 12.0 打开在目录"E:\stata12\zsq\chap04"中的"al4-3.dta"数据文件,命令如下:

use "E:\stata12\zsq\chap04\al4-3.dta", clear
browse

数据如图 4-12 所示。

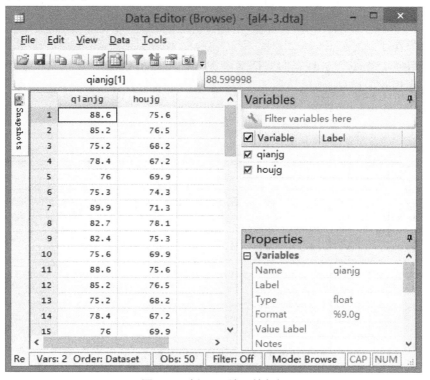

图 4-12　例 4-12 涉及的数据

在主界面的 Command 文本框中输入命令:

ttest qianjg = houjg

输入完后,按回车键,得到如图 4-13 所示的分析结果。

```
Paired t test

Variable |   Obs        Mean     Std. Err.    Std. Dev.   [95% Conf. Interval]
---------+--------------------------------------------------------------------
  qianjg |    50       80.93    .7646007     5.406543     79.39348    82.46652
   houjg |    50       72.63    .5139305     3.634037     71.59722    73.66278
---------+--------------------------------------------------------------------
    diff |    50    8.299999    .6677101     4.721423     6.958186    9.641813
------------------------------------------------------------------------------
     mean(diff) = mean(qianjg - houjg)                      t =    12.4305
 Ho: mean(diff) = 0                          degrees of freedom =        49

 Ha: mean(diff) < 0            Ha: mean(diff) != 0           Ha: mean(diff) > 0
  Pr(T < t) = 1.0000         Pr(|T| > |t|) = 0.0000         Pr(T > t) = 0.0000
```

图 4-13 例 4-12 分析结果(1)

通过观察图 4-13 的分析结果,可以看出共有 50 对有效样本参与了假设检验,自由度为 49,其中变量 qianjg 包括 50 个样本,样本均值是 80.93,标准差是 5.406543,标准误是 0.7646007,95% 的置信区间是[79.39348,82.46652];变量 houjg 包括 50 个样本,样本均值是 72.63,标准差是 3.634037,标准误是 0.5139305,95% 的置信区间是[71.59722,73.66278]。 $Pr(|T|>|t|)=0.0000$,远小于 0.05,因此需要拒绝原假设。也就是说,该政策能引起股票价格的明显变化。

上面的 Stata 命令比较简单,分析过程及结果已经达到解决实际问题的要求。但 Stata 12.0 还提供了更加复杂的命令格式以满足用户更加个性化的需求。

改变置信水平

与单一样本 t 检验类似,如我们要把显著性水平调到 1%,也就是说置信水平为 99%,那么操作命令可以相应地修改为:

ttest qianjg = houjg,level(99)

输入完后,按回车键确认,得到如图 4-14 所示的结果。

```
Paired t test

Variable |   Obs        Mean     Std. Err.    Std. Dev.   [99% Conf. Interval]
---------+--------------------------------------------------------------------
  qianjg |    50       80.93    .7646007     5.406543     78.88091    82.97909
   houjg |    50       72.63    .5139305     3.634037     71.25269    74.00731
---------+--------------------------------------------------------------------
    diff |    50    8.299999    .6677101     4.721423     6.510568    10.08943
------------------------------------------------------------------------------
     mean(diff) = mean(qianjg - houjg)                      t =    12.4305
 Ho: mean(diff) = 0                          degrees of freedom =        49

 Ha: mean(diff) < 0            Ha: mean(diff) != 0           Ha: mean(diff) > 0
  Pr(T < t) = 1.0000         Pr(|T| > |t|) = 0.0000         Pr(T > t) = 0.0000
```

图 4-14 例 4-12 分析结果(2)

从上面的分析结果中可以看出,与 95% 的置信水平不同的地方在于置信区间得到了进一步的放大,这是正常的结果,因为这是要取得更高置信水平所必须付出的代价。

4.5 单一样本方差的假设检验应用

方差经常用在金融市场波动等情形用以反映波动情况。单一总体方差的假设检验的基本步骤是:首先提出原假设和备择假设,规定好检验的显著性水平;然后确定适当的检验统计量,并计算检验统计量的值;最后依据计算值和临界值的比较作出统计决策。

例 4-13 为了研究某只基金的收益率波动情况,某课题组对该只基金的连续 50 天的收益率情况进行了调查研究,调查得到的数据经整理后如表 4-9 所示。试检验其方差是否等于 1 (设定显著性水平为 5%)。

表 4-9 某只基金的收益率波动情况

编号	收益率
1	0.564409196
2	0.264802098
3	0.947742641
4	0.276915401
5	0.118015848
…	…
48	-0.967873454
49	0.582328379
50	0.795299947

使用 Stata 12.0 打开在目录"E:\stata12\zsq\chap04"中的"al4-4.dta"数据文件,命令如下:

use "E:\stata12\zsq\chap04\al4-4.dta", clear
browse

数据如图 4-15 所示。

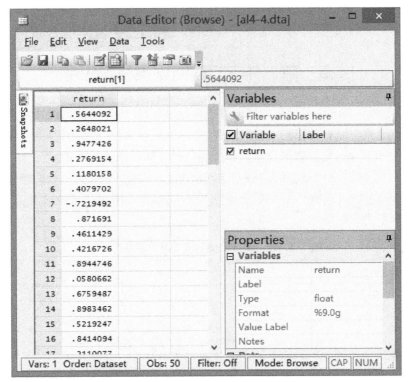

图 4-15 例 4-13 涉及的数据

在主界面的 Command 文本框中输入命令：

sdtest return = 1

输入完后，按回车键，得到如图 4-16 所示的分析结果。

```
One-sample test of variance
```

Variable	Obs	Mean	Std. Err.	Std. Dev.	[95% Conf. Interval]
return	50	.3528605	.0669111	.473133	.2183976 .4873234

```
        sd = sd(return)                                c = chi2 =   10.9689
Ho: sd = 1                                    degrees of freedom =       49

     Ha: sd < 1                 Ha: sd != 1                Ha: sd > 1
 Pr(C < c) = 0.0000        2*Pr(C < c) = 0.0000        Pr(C > c) = 1.0000
```

图 4-16 例 4-13 分析结果（1）

通过观察图 4-16 的分析结果，可以看出共有 50 对有效样本参与了假设检验，自由度为 49，样本均值是 0.3528605，标准差是 0.473133，标准误是 0.0669111，95% 的置信区间是 [0.2183976, 0.4873234]。$2*\Pr(C<c)=0.0000$，远小于 0.05，因此需要拒绝原假设，也就是说，该股票的收益率方差不显著等于 1。

上面的分析过程及结果已经达到解决实际问题的要求。但 Stata 12.0 还提供了更加复杂的命令格式以满足用户更加个性化的需求。

改变置信水平

与单一样本 t 检验类似,如我们要把显著性水平调到1%,也就是说置信水平为99%,那么操作命令可以相应地修改为:

sdtest return = 1, level(99)

输入完后,按回车键确认,得到如图 4-17 所示的结果。

```
One-sample test of variance

Variable      Obs      Mean      Std. Err.    Std. Dev.   [99% Conf. Interval]

  return      50     .3528605    .0669111     .473133     .173542     .5321791

    sd = sd(return)                                    c = chi2 =   10.9689
Ho: sd = 1                                   degrees of freedom =      49

    Ha: sd < 1                Ha: sd != 1                 Ha: sd > 1
Pr(C < c) = 0.0000      2*Pr(C < c) = 0.0000        Pr(C > c) = 1.0000
```

图 4-17 例 4-13 分析结果(2)

从上面的分析结果中可以看出,与95%的置信水平不同的地方在于置信区间也得到了进一步的放大。

4.6 双样本方差的假设检验应用

双样本方差的假设检验是用来判断两个样本的波动情况是否相同,在金融市场领域的应用相当广泛。其基本步骤也是:首先提出原假设和备择假设,规定好检验的显著性水平,然后确定适当的检验统计量,并计算检验统计量的值;最后依据计算值和临界值的比较作出统计决策。

例 4-14 为了研究某两只基金的收益率波动情况是否相同,某课题组对该两只基金的连续20天的收益率情况进行了调查研究,调查得到的数据经整理后如表 4-10 所示。试使用Stata 12.0 对该数据资料进行假设检验,检验其方差是否相同(设定显著性水平为5%)。

表 4-10 某两只基金的收益率波动情况

编号	基金 A 收益率	基金 B 收益率
1	0.424156	0.261075
2	0.898346	0.165021
3	0.521925	0.760604
4	0.841409	0.37138
5	0.211008	0.379541
…	…	
18	0.564409	0.967873
19	0.264802	0.582328
20	0.947743	0.7953

使用 Stata 12.0 打开在目录"E:\stata12\zsq\chap04"中的"al4-5.dta"数据文件,命令如下:

use "E:\stata12\zsq\chap04\al4-5.dta", clear
browse

数据如图 4-18 所示。

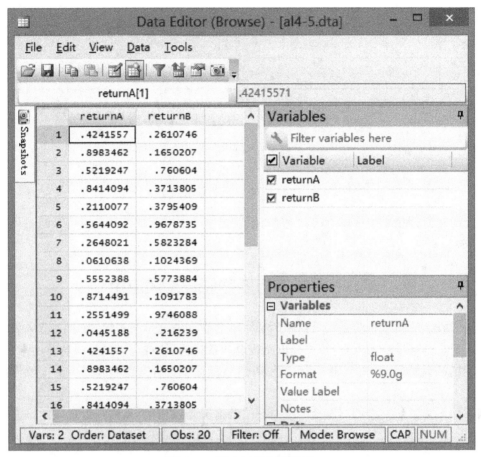

图 4-18 例 4-14 涉及的数据

在主界面的 Command 文本框中输入命令:

sdtest returnA = returnB

输入完后,按回车键,得到如图 4-19 所示的分析结果。

```
Variance ratio test

Variable  |  Obs  |    Mean    |  Std. Err. |  Std. Dev.  | [95% Conf. Interval]
returnA   |   20  |  .5093637  |  .0658694  |  .2945771   | .3714973    .64723
returnB   |   20  |  .4875398  |  .0667784  |  .298642    | .3477711    .6273086

combined  |   40  |  .4984517  |  .046327   |  .2929975   | .4047466    .5921569

    ratio = sd(returnA) / sd(returnB)                          f =   0.9730
Ho: ratio = 1                                    degrees of freedom =   19, 19

    Ha: ratio < 1              Ha: ratio != 1              Ha: ratio > 1
 Pr(F < f) = 0.4765        2*Pr(F < f) = 0.9530         Pr(F > f) = 0.5235
```

图 4-19 例 4-14 分析结果(1)

通过观察图 4-19 的分析结果，可以看出共有 20 对有效样本参与了假设检验，自由度为 19，其中变量 return$_A$ 包括 20 个样本，均值是 0.5093637，标准差是 0.2945771，标准误是 0.0658694，95% 的置信区间是 [0.3714973, 0.64723]；变量 return$_B$ 包括 20 个样本，均值是 0.4875398，标准差是 0.298642，标准误是 0.0667784，95% 的置信区间是 [0.3477711, 0.6273086]。所有样本共 40 个，均值是 0.4984517，标准差是 0.2929975，标准误是 0.046327，95% 的置信区间是 [0.4047466, 0.5921569]；$2*\Pr(F < f) = 0.9530$，远大于 0.05，因此需要接受原假设，也就是说，两只股票的收益率方差(波动)显著相同。

上面的分析过程及结果已经达到解决实际问题的要求。但 Stata 12.0 还提供了更加复杂的命令格式以满足用户更加个性化的需求。

改变置信水平

与单一样本 t 检验类似，如我们要把显著性水平调到 1%，也就是说置信水平为 99%，那么操作命令可以相应地修改为：

sdtest returnA = returnB, level(99)

输入完后，按回车键确认，得到如图 4-20 所示的结果。

```
Variance ratio test

Variable  |  Obs  |    Mean    |  Std. Err. |  Std. Dev.  | [99% Conf. Interval]
returnA   |   20  |  .5093637  |  .0658694  |  .2945771   | .3209155    .6978118
returnB   |   20  |  .4875398  |  .0667784  |  .298642    | .2964913    .6785884

combined  |   40  |  .4984517  |  .046327   |  .2929975   | .3730023    .6239012

    ratio = sd(returnA) / sd(returnB)                          f =   0.9730
Ho: ratio = 1                                    degrees of freedom =   19, 19

    Ha: ratio < 1              Ha: ratio != 1              Ha: ratio > 1
 Pr(F < f) = 0.4765        2*Pr(F < f) = 0.9530         Pr(F > f) = 0.5235
```

图 4-20 例 4-14 分析结果(2)

从上面的分析结果中可以看出，与 95% 的置信水平不同的地方在于置信区间得到了进一步的放大。

第5章 Stata相关分析

在得到相关数据资料后,我们要对这些数据进行分析,研究各个变量之间的关系。相关分析是应用非常广泛的一种方法。它是不考虑变量之间的因果关系而只研究变量之间的相关关系的一种统计分析方法,常用的相关分析包括简单相关分析、偏相关分析等。本章主要介绍简单相关分析、偏相关分析的基本理论及具体实例应用。

5.1 简单相关分析的基本理论

简单相关分析是最简单也是最常用的一种相关分析方法,其基本功能是可以研究变量之间的线性相关程度并用适当的统计指标表示出来。

1. 简单相关系数的计算

两个随机变量(X,Y)的n个观测值为(x_i,y_i),$i=1,2,\cdots,n$,则(X,Y)之间的相关系数计算公式如下:

$$r = \frac{\sum (x_i - \bar{x})(y_i - \bar{y})}{\sqrt{\sum (x_i - \bar{x})^2 \sum (y_i - \bar{y})^2}} \qquad (5-1)$$

其中,$\bar{x} = \frac{1}{n}\sum_{i=1}^{n} x_i$,$\bar{y} = \frac{1}{n}\sum_{i=1}^{n} y_i$分别为随机变量$X$和$Y$的均值。

可以证明: $-1 \leq r \leq 1$,即$|r| \leq 1$,于是有:

当$|r|=1$时,实际y_i完全落在回归直线上,y与x完全线性相关;

当$0 < r < 1$时,y与x有一定的正线性相关,r值越接近1则相关性越好;

当$-1 < r < 0$时,y与x有一定的负线性相关,r值越接近-1则相关性越好。

2. 简单相关系数的显著性检验

由于抽样误差的存在,当相关系数不为0时,并不能说明两个随机变量X和Y之间的相关系数不为0,而需要对相关系数是否为0进行检验,即检验相关系数的显著性。

按照假设检验的步骤,简单相关系数的显著性检验过程如下:

(1) 先建立原假设H_0和备择假设H_1:

$$H_0: r = 0, 相关系数为0$$
$$H_1: r \neq 0, 相关系数不为0$$

(2) 建立统计量$t = r\sqrt{n-2}/\sqrt{1-r^2}$,其中$r$为相关系数,$n$为样本容量。

(3) 给定显著水平,一般为 0.05。

(4) 计算统计量的值,在 H_0 成立的条件下:

$t = r\sqrt{n-2}/\sqrt{1-r^2}$,否定域 $\theta = \{|t| > t_{\alpha/2}(n-2)\}$;

(5) 统计决策。对于给定的显著性水平 α,查 t 分布表得临界值 $t_{\alpha/2}(n-2)$,将 t 值与临界值进行比较:

当 $|t| < t_{\alpha/2}(n-2)$,接受 H_0,表示总体的两变量之间的线性相关性不显著;

当 $|t| \geq t_{\alpha/2}(n-2)$,拒绝 H_0,表示总体的两变量之间的线性相关性显著(即样本相关系数的绝对值接近1,并不是由于偶然机会所致)。

5.2 简单相关分析的基本应用

例 5-1 在研究广告费和销售额之间的关系时,我们搜集了某厂1月到12月各月的广告费和销售额数据,如表 5-1 所示。试分析广告费和销售额之间的相关关系。

表 5-1 广告费和销售额数据

月份	广告费/万元	销售额/万元
1	35	50
2	50	100
3	56	120
4	68	180
5	70	175
6	100	203
7	130	230
8	180	300
9	200	310
10	230	325
11	240	330
12	250	340

使用 Stata 12.0 打开在目录"E:\stata12\zsq\chap05"中的"al5-1.dta"数据文件,命令如下:

use "E:\stata12\zsq\chap05\al5-1.dta", clear

browse

数据如图 5-1 所示。

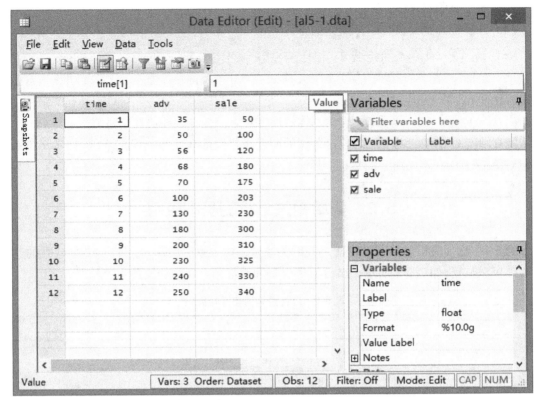

图 5-1 例 5-1 涉及的数据

在主界面的 Command 文本框中输入命令：

correlate time adv sale

输入完后，按回车键，得到如图 5-2 所示的分析结果。

```
(obs=12)

             |     time       adv      sale
        -----+------------------------------
        time |   1.0000
         adv |   0.9773    1.0000
        sale |   0.9798    0.9637    1.0000
```

图 5-2 例 5-1 的分析结果

通过观察图 5-2 的结果，可以看出共有 12 个有效样本参与了分析(obs = 12)，然后可以看到变量两两之间的相关系数，其中 time 与 adv 之间的相关系数为 0.9773，time 和 sale 之间的相关系数为 0.9798，adv 和 sale 之间的相关系数为 0.9637，也就是说，本例中变量之间的相关性很高。

上面的分析过程及结果已经达到解决实际问题的要求。但 Stata 12.0 还提供了更加复杂的命令格式以满足用户更加个性化的需求。

1. 获得变量的方差—协方差矩阵

我们在进行数据分析时,很多时候需要使用变量的方差—协方差矩阵,操作命令可以相应地修改为:

correlate time adv sale,covariance

输入完后,按回车键确认,得到如图 5-3 所示的结果。

```
(obs=12)

             |    time      adv      sale
        time |      13
         adv | 286.955  6631.36
        sale | 352.136  7822.37   9935.9
```

图 5-3　方差—协方差矩阵分析结果

从上面的分析结果中可以看到变量的方差—协方差矩阵,其中 time 的方差是 13,adv 的方差是 6 631.36,sale 的方差是 9 935.9,time 与 adv 的协方差为 286.955,time 和 sale 的协方差为 352.136,adv 和 sale 的协方差为 7 822.37。

2. 获得相关性的显著性检验

我们在进行数据分析时,若要获得相关性的显著性检验,那么操作命令可以相应地修改为:

pwcorr time adv sale,sig

输入完后,按回车键确认,得到如图 5-4 所示的结果。

```
             |    time      adv      sale

        time |  1.0000


         adv |  0.9773   1.0000
             |  0.0000


        sale |  0.9798   0.9637   1.0000
             |  0.0000   0.0000
```

图 5-4　显著性检验分析结果

从上面的分析结果中可以看到变量的相关性的显著性检验结果,其中 time 与 adv 之间的相关性显著性 p 值是 0.0000,time 和 sale 之间的相关性显著性 p 值是 0.0000,adv 和 sale 之间的相关性显著性 p 值是 0.0000。

3. 获得相关性的显著性检验,并进行标注

很多时候,我们希望能够一目了然地看出变量相关性在不同的置信水平下是否显著,如置信水平为 99% 时,对应的 Stata 命令为:

pwcorr time adv sale,sidak sig star(0.01)

输入完后,按回车键确认,得到如图 5-5 所示的结果。

	time	adv	sale
time	1.0000		
adv	0.9773* 0.0000	1.0000	
sale	0.9798* 0.0000	0.9637* 0.0000	1.0000

图 5-5　不同置信水平下显著性检验分析结果

从上面的分析结果中可以看到所有变量之间的相关关系显著。

5.3　偏相关分析的基本理论

很多情况下,需要进行相关分析的变量的取值会同时受到其他变量的影响,这时就需要控制其他变量,然后输出控制其他变量影响后的相关系数。Stata 12.0 的偏相关分析过程就是为解决这一问题而设计的。

偏相关系数的计算如下:

随机变量$(X,Y,Z_1,Z_2,\cdots,Z_m)$,扣除变量Z_1影响后,两个随机变量 X 和 Y 之间偏相关系数的计算公式如下:

$$r_{xy,z_1} = \frac{r_{xy} - r_{xz_1}r_{yz_1}}{\sqrt{(1-r_{xz_1}^2)(1-r_{yz_1}^2)}} \tag{5-2}$$

其中,r_{xy}为变量 X 和 Y 之间的简单相关系数,r_{xz_1}为变量 X 和 Z_1 之间的简单相关系数,r_{yz_1}为变量 y 和 z_1 之间的简单相关系数。

扣除变量 Z_1 和 Z_2 影响后,两个随机变量 X 和 Y 之间偏相关系数的计算公式如下:

$$r_{xy,z_1z_2} = \frac{r_{xy,z_2} - r_{xy,z_1}r_{yz_2,z_1}}{\sqrt{(1-r_{xy,z_1})(1-r_{yz_2,z_1})}} \tag{5-3}$$

可逐次使用这样的递归公式,就可以得到任意阶的偏相关系数。

偏相关系数的显著性检验过程与简单相关系数的显著性检验过程一致,只是统计量选择

$$t = \frac{r\sqrt{n-k-2}}{\sqrt{1-r^2}}$$

在原假设为真的情况下,该统计量服从自由度为$(n-k-2)$的 t 分布,其中 n 为样本数,r 为相应的偏相关系数,k 为控制变量数。

5.4　偏相关分析的基本应用

例 5-2　某公司下设 15 家分公司,每家分公司在一年中的销售额、广告费和销售员数量数据如表 5-2 所示。试在控制销售员数量这一变量的情况下,研究广告费与销售额之间的偏相

关关系。

表 5-2　某公司 15 家分公司的销售额、广告费和销售员数量情况

编号	销售额/万元	广告费/万元	销售员/人
1	7 800	21	19
2	8 400	19	20
3	6 100	18	20
4	5 200	15	15
5	9 700	21	21
6	8 900	20	19
7	10 000	22	22
8	9 300	24	24
9	6 500	15	15
10	7 300	19	18
11	4 800	13	12
12	4 500	11	12
13	6 700	18	18
14	7 500	20	19
15	9 500	15	25

使用 Stata 12.0 打开在目录"E:\stata12\zsq\chap05"中的"al5-2.dta"数据文件,命令如下:
use "E:\stata12\zsq\chap05\al5-2.dta", clear
browse

数据如图 5-6 所示。

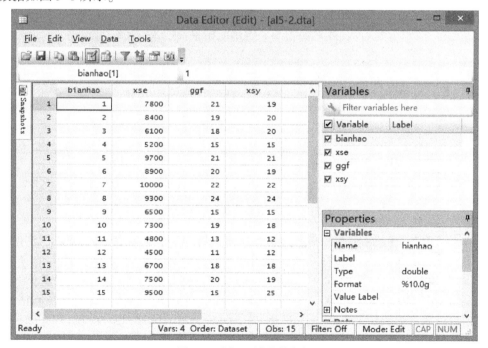

图 5-6　例 5-2 涉及的数据

在主界面的 Command 文本框中输入命令:

pcorr xse ggf xsy

输入完后,按回车键,得到如图 5-7 所示的分析结果。

```
(obs=15)

Partial and semipartial correlations of xse with

                 Partial    Semipartial     Partial    Semipartial    Significance
    Variable |    Corr.         Corr.       Corr.^2      Corr.^2         Value

         ggf |   0.4052        0.1892       0.1642       0.0358         0.1506
         xsy |   0.7475        0.4802       0.5587       0.2306         0.0021
```

图 5-7 例 5-2 的分析结果

通过观察图 5-7 的结果,可以看出共有 15 个有效样本参与了分析(obs = 15),在控制销售员数量(xsy)这一变量的情况下,广告费(ggf)与销售额(xse)之间的偏相关系数是 0.4052,显著性水平为 0.1506,也就是说,在扣除销售员数量的影响后,销售额和广告费之间没有显著的相关关系(因为显著性水平 0.1506 > 0.05)。此外,该结果还给出了在控制广告费变量的情况下,销售额与销售员数量的偏相关系数为 0.7475,显著性水平为 0.0021,也就是说,在扣除广告费的影响后,销售额与销售员数量之间有显著的相关关系(因为显著性水平 0.0021 < 0.05)。

上面的 Stata 命令比较简单,分析过程及结果已经达到解决实际问题的要求。但 Stata 12.0 还提供了更加复杂的命令格式以满足用户更加个性化的需求。

假设我们仅用偏相关分析研究销售员人数在 20 以下的销售额和广告费之间的相关关系,那么操作命令可以相应地修改为:

pcorr xse ggf xsy if xsy < 20

输入完后,按回车键确认,得到如图 5-8 所示的结果。

```
(obs=9)

Partial and semipartial correlations of xse with

                 Partial    Semipartial     Partial    Semipartial    Significance
    Variable |    Corr.         Corr.       Corr.^2      Corr.^2         Value

         ggf |   0.2822        0.1089       0.0796       0.0119         0.4983
         xsy |   0.2076        0.0786       0.0431       0.0062         0.6218
```

图 5-8 控制销售员数量的分析结果

通过观察图 5-8 的结果,可以看出共有 9 个有效样本参与了分析(obs =9),在控制销售员数量这一变量的情况下,广告费与销售额之间的偏相关系数是 0.2822,显著性水平为 0.4983,也就是说,在扣除小于 20 的销售员数量的影响后,销售额和广告费之间没有显著的相关关系(因为显著性水平 0.4983 > 0.05)。此外,该结果还给出了在控制住广告费变量的情况下,销售额与销售员数量的偏相关系数为 0.2076,显著性水平为 0.6218,也就是说,在扣除广告费的影响后,销售额与人数在 20 以下的销售员数量之间也没有显著的相关关系(因为显著性水平 0.6218 > 0.05)。

第6章 Stata最小二乘线性回归分析

回归分析是经典的数据分析方法之一,应用范围非常广泛。它是研究分析某一变量受到其他变量影响的分析方法,其基本思想是以被影响变量为因变量,以影响变量为自变量,研究因变量与自变量之间的因果关系。本章主要介绍最简单也最常用的最小二乘线性回归分析方法(包括简单线性回归分析、多元线性回归分析等)的基本理论及其具体实例应用。

6.1 一元线性回归分析基本理论

6.1.1 一元线性回归分析模型

一元线性回归分析模型如下:

$$Y_i = b_0 + b_1 X_i + \varepsilon_i$$

其中,X 称为自变量,Y 称为因变量,ε 称为残差项或误差项。

给定若干的样本点 (X_i, Y_i),利用最小二乘法可以找到这样一条直线,它的截距为 $\hat{b}_0$,斜率为 $\hat{b}_1$,符号上面的"^"表示估计值。因此我们可得到如下回归结果:

$$\hat{Y}_i = \hat{b}_0 + \hat{b}_1 X_i$$

进行回归的目的是预测因变量 Y。已知截距和斜率的估计值,如果得到了自变量 X 的预测值,我们就很容易求得因变量 Y 的预测值。

例6-1 某公司的分析师根据历史数据,作了公司销售额增长率关于 GDP 增长率的线性回归分析,得到截距为 -3.2%,斜率为 2,国家统计局预测当年 GDP 增长率为 9%,则该公司当年销售额增长率预计为多少?

解 $Y = -3.2\% + 2X = -3.2\% + 2 \times 9\% = 14.8\%$

6.1.2 一元线性回归的假设

任何模型都有假设前提,一元线性回归模型有以下六条假设:

(1) 自变量 X 和因变量 Y 之间存在线性关系。

(2) 残差项的期望值为0。残差为真实的 Y 值与预测的 Y 值之间的差,即预测的误差。期望值为0意味着有些点在回归线的上方,有些点在回归线的下方,且均匀围绕回归线。

(3) 自变量 X 与残差项不相关。残差项本身就是 Y 的变动中不能被 X 的变动所解释的部分。

(4) 残差项的方差为常数,这称为同方差性;如果残差项的方差不恒定,称为异方差性。

(5)残差项与残差项之间不相关。如果残差项与残差项之间相关,则称为自相关或序列相关。

(6)残差项为正态分布的随机变量。

6.1.3 方差分析

做完了一个一元线性回归模型之后,我们通常想要知道回归模型拟合得好不好。方差分析就可以用来评价回归模型的好坏。方差分析的结果如表 6-1 所示。

表 6-1 方差分析结果

	自由度	平方和	均方和(MS)
回归	$k = 1$	回归平方和(RSS)	回归均方和 MSR = RSS/k
误差	$n - 2$	误差平方和(SSE)	误差均方和 MSE = SSE/$(n-2)$
总和	$n - 1$	总平方和(SST)	

我们可以从表 6-1 里求得决定系数和估计的标准误,用以评价回归模型的好坏:

(1)回归的自由度为 k,k 为自变量的个数。我们在一元线性回归模型,所以自变量的个数为 1。误差的自由度为 $n-2$,n 是样本量。总自由度为以上两个自由度之和。

(2)总平方和 SST 代表总的变动,回归平方和代表可以被回归方程解释(即可以被自变量解释)的变动,误差平方和代表不被回归方程解释(即被残差解释)的变动。总平方和为以上两个平方和之和,即 SST = RSS + SSE。

(3)均方和等于各自的平方和除以各自的自由度。

几乎所有的统计软件都能输出方差分析表。有了方差分析表,就能很容易求得决定系数和估计的标准误。

6.1.4 决定系数

决定系数等于回归平方和除以总平方和,公式为:

$$R^2 = \frac{\text{RSS}}{\text{SST}} = 1 - \frac{\text{SSE}}{\text{SST}} \tag{6-1}$$

决定系数的含义是:X 的变动可以解释多少比例的 Y 的变动。

所以通俗地说,$R^2 = \frac{\text{可以被解释的变动}}{\text{总的变动}} = 1 - \frac{\text{不可以被解释的变动}}{\text{总的变动}}$。

显然,决定系数越大,表示回归模型拟合得越好。

另外,对于一元线性回归,决定系数还等于自变量和因变量的样本相关系数的平方,即 $R^2 = r^2$。

6.1.5 估计的标准误

估计的标准误 SEE 等于残差均方和的平方根,公式为:

$$\text{SEE} = \sqrt{\text{SSE}/(n-2)} = \sqrt{\text{MSE}} \tag{6-2}$$

SSE 是残差的平方和,MSE 就相当于残差的方差,而 SEE 就相当于残差的标准差。显然,估计的标准误越小,表示回归模型拟合得越好。

例 6-2 我们做了一个线性回归模型,得到如表 6-2 所示的方差分析表。

表 6-2 例 6-2 方差分析表

	自由度	平方和	均方和(MS)
回归	1	8 000	8 000
误差	50	2 000	40
总和	51	10 000	

则决定系数和估计的标准误分别为多少?

解 $R^2 = \dfrac{\text{RSS}}{\text{SST}} = \dfrac{8\,000}{10\,000} = 0.8$

$\text{SEE} = \sqrt{\text{SSE}/(n-2)} = \sqrt{2\,000/50} \doteq 6.32$

6.1.6 回归系数的假设检验

回归系数的假设检验是指检验回归系数(截距和斜率)是否等于某个常数。通常要检验斜率系数是否等于 0($H_0: b_1 = 0$),这称为斜率系数的显著性检验。如果不能拒绝原假设,即斜率系数没有显著地不等于 0,那就说明自变量 X 和因变量 Y 的线性相关性不大,回归模型的建立是失败的。

回归系数的假设检验是一个 t 检验,t 统计量自由度为 $n-2$,计算公式为:

$$t = \dfrac{\hat{b}_1}{s_{\hat{b}_1}} \tag{6-3}$$

其中,$s_{\hat{b}_1}$ 为斜率系数的标准误。

例 6-3 我们做了一个线性回归模型,得到 $Y = 0.2 + 1.4X$。截距系数的标准误为 0.4,斜率系数的标准误为 0.2,问截距和斜率系数的显著性检验结果如何?设显著性水平为 5%。

解 (1)截距系数的显著性检验:
$t = 0.2/0.4 = 0.5 < 2$(t 检验的临界点)
因此我们不能拒绝原假设,即认为截距系数没有显著地不等于 0。
(2)斜率系数的显著性检验:
$t = 1.4/0.2 = 7 > 2$(t 检验的临界点)
因此我们拒绝原假设,即认为斜率系数显著不等于 0。
综合(1)(2),我们的回归模型拟合得不错。

6.1.7 回归系数的置信区间

置信区间估计与假设检验本质上是一样的,一般公式为:点估计 ± 关键值 * 点估计的标准差。回归系数的置信区间也是如此。

斜率系数的置信区间为:$\hat{b}_1 \pm t_c s_{\hat{b}_1}$,其中,$t_c$ 是自由度为 $n-2$ 的 t 关键值。

例 6-4 我们做了一个线性回归模型,得到 $Y = 0.2 + 1.4X$。截距系数的标准误为 0.4,斜率系数的标准误为 0.2,求截距和斜率系数的置信度为 95% 的置信区间。

解 截距系数的置信区间,假设 n 充分大,5% 的显著性水平的 t 关键值一般近似为 2,所以我们得到置信区间为:$0.2 \pm 2 \times 0.4$,即 $[-0.6, 1.0]$。

斜率系数的置信区间:$1.4 \pm 2 \times 0.2$,即 $[1.0, 1.8]$。

6.2 一元线性回归分析的应用

Stata 简单线性回归分析也称一元线性回归分析,是最简单也是最基本的一种回归分析方法。简单线性回归分析的特色只涉及一个自变量,它主要用来处理一个因变量与一个自变量之间的线性关系,建立变量之间的线性模型并根据模型进行评价和预测。

例 6-5 菲利普斯曲线表明,失业率和通货膨胀率之间存在替代关系。表 6-3 给出我国 1998—2014 年的通货膨胀率和城镇登记失业率。试用简单回归分析方法研究这种替代关系在我国是否存在?

表 6-3　1998—2014 年的通货膨胀率和城镇登记失业率　　　　　　　　单位:%

年份	通货膨胀率	失业率
1998	−0.84	3.1
1999	−1.41	3.1
2000	0.26	3.1
2001	0.46	3.6
2002	−0.77	4
2003	1.16	4.3
2004	3.89	4.2
2005	1.82	4.2
2006	1.46	4.1
2007	4.75	4
2008	5.9	4.2
2009	−0.7	4.3
2010	3.3	4.1
2011	5.4	4.1
2012	2.6	4.1
2013	4	4.05
2014	2	4.09

在目录 E:\stata12\zsq\chap06 中的 al6-1.dta 数据文件使用 Stata12.0 中打开,命令如下:
use "E:\stata12\zsq\chap06\al6-1.dta", clear
browse

数据如图 6-1 所示。

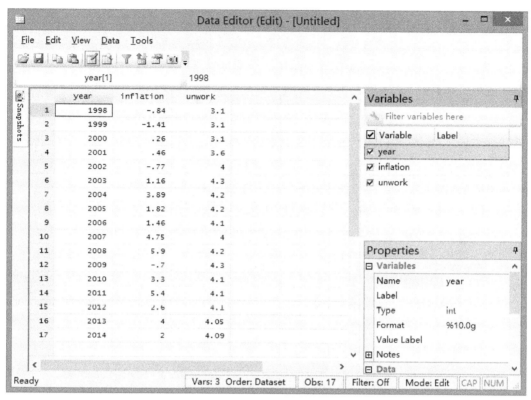

图 6-1 例 6-5 涉及的数据

1. 对数据进行描述性分析

在主界面的 Command 文本框中输入命令：

summarize year inflation unwork,detail

本命令的含义是对年份、通货膨胀率、失业率等变量进行详细的描述性分析。

输入完后，按回车键，得到如图 6-2 所示的分析结果。

```
                            year

         Percentiles    Smallest
  1%        1998          1998
  5%        1998          1999
 10%        1999          2000         Obs                   17
 25%        2002          2001         Sum of Wgt.           17

 50%        2006                       Mean                2006
                         Largest       Std. Dev.       5.049752
 75%        2010          2011
 90%        2013          2012         Variance            25.5
 95%        2014          2013         Skewness               0
 99%        2014          2014         Kurtosis        1.791667

                          inflation

         Percentiles    Smallest
  1%       -1.41         -1.41
  5%       -1.41          -.84
 10%        -.84          -.77         Obs                   17
 25%         .26          -.7          Sum of Wgt.           17

 50%        1.82                       Mean            1.957647
                         Largest       Std. Dev.       2.305015
 75%        3.89           4
 90%        5.4           4.75         Variance        5.313094
 95%        5.9           5.4          Skewness         .179988
 99%        5.9           5.9          Kurtosis        1.850069

                           unwork

         Percentiles    Smallest
  1%        3.1           3.1
  5%        3.1           3.1
 10%        3.1           3.1          Obs                   17
 25%         4            3.6          Sum of Wgt.           17

 50%        4.1                        Mean                3.92
                         Largest       Std. Dev.        .4206988
 75%        4.2           4.2
 90%        4.3           4.2          Variance         .1769875
 95%        4.3           4.3          Skewness        -1.280373
 99%        4.3           4.3          Kurtosis         3.036593
```

图 6-2 对数据进行描述性分析的分析结果

通过观察图 6-2 的结果，可以得到很多信息，包括百分位数、4 个最小值、4 个最大值、平均值、标准差、偏度、峰度等。

从上面的分析结果中可以得到更多信息。

（1）百分位数。可以看出变量 year 的第 1 个四分位数（25%）是 2002，第 2 个四分位数（50%）是 2006，第 3 个四分位数（75%）是 2010。变量 inflation 的第 1 个四分位数（25%）是

0.26,第2个四分位数(50%)是1.82,第3个四分位数(75%)是3.89。变量unwork的第1个四分位数(25%)是4,第2个四分位数(50%)是4.1,第3个四分位数(75%)是4.2。

(2) 4个最小值。变量year最小的4个数据值分别是1998、1999、2000、2001;变量inflation最小的4个数据值分别是-1.41、-0.84、-0.77、-0.7;变量unwork最小的4个数据值分别是3.1、3.1、3.1、3.6。

(3) 4个最大值。变量year最大的4个数据值分别是2011、2012、2013、2014;变量inflation最大的4个数据值分别是4、4.75、5.4、5.9;变量unwork最大的4个数据值分别是4.2、4.2、4.3、4.3。

(4) 平均值和标准差。变量year平均值的数据值分别是2006,标准差是5.049752;变量inflation平均值的数据值分别是1.957647,标准差是2.305015;变量unwork平均值的数据值分别是3.92,标准差是0.4206988。

(5) 偏度和峰度。变量year的偏度为0,无偏度;变量inflation的偏度为0.179988,为正偏度但不大;变量unwork的偏度为-1.280373,为负偏度但不大。

变量year的峰度为1.791667,有一个比正态分布更短的尾巴;变量inflation的峰度为1.850069,有一个比正态分布更短的尾巴;变量unwork的峰度为3.036593,有一个比正态分布更长的尾巴。

综上所述,数据总体质量还是可以的,没有极端异常值,变量之间的量纲差距、变量的偏度、峰度也是可以接受的,可以进入下一步分析。

2. 对数据进行相关分析

在主界面的Command文本框中输入命令:

correlate year inflation unwork

本命令的含义是对年份、通货膨胀率、失业率等变量进行相关性分析。

输入完后,按回车键,得到如图6-3所示的分析结果。

```
. correlate year inflation unwork
(obs=17)
```

	year	inflat~n	unwork
year	1.0000		
inflation	0.6281	1.0000	
unwork	0.6846	0.5405	1.0000

图6-3 对数据进行相关分析的分析结果

通过观察图6-3的结果,可以看到变量通货膨胀率和失业率之间的相关系数是0.5405,这说明两个变量之间存在比较强的正相关关系,所以我们可以进行回归分析。

3. 对数据进行回归分析

在主界面的Command文本框中输入命令:

regress unwork inflation

本命令的含义是对通货膨胀率、失业率等变量进行简单回归分析。

输入完后,按回车键,得到如图6-4所示的分析结果。

```
. regress unwork inflation

      Source |       SS       df       MS              Number of obs =      17
-------------+------------------------------           F(  1,    15) =    6.19
       Model |  .827142005     1   .827142005          Prob > F      =  0.0251
    Residual |  2.00465799    15   .133643866          R-squared     =  0.2921
-------------+------------------------------           Adj R-squared =  0.2449
       Total |  2.8318        16   .1769875            Root MSE      =  .36557

------------------------------------------------------------------------------
      unwork |      Coef.   Std. Err.      t    P>|t|     [95% Conf. Interval]
-------------+----------------------------------------------------------------
   inflation |   .0986407   .0396498     2.49   0.025     .0141292    .1831522
       _cons |   3.726896   .1178402    31.63   0.000     3.475726    3.978067
------------------------------------------------------------------------------
```

图6-4 对数据进行回归分析的分析结果

通过观察图6-4的结果,可以看出共有17个样本参与了分析,模型的F值$F(1,15) = 6.19$,P值(Prob $> F = 0.0251$),说明该模型整体上是非常显著的。模型的可决系数$R^2 = 0.2921$,修正的可决系数$\text{Adj } R^2 = 0.2449$,说明模型的解释能力还是差强人意的。

模型的回归方程是:

$$\text{umwork} = 0.0986407 \times \text{inflation} + 3.726896$$

变量inflation的系数标准误是0.0396498,t值为2.49,P值为0.025,系数是非常显著的,95%的置信区间为[0.0141292,0.1831522]。常数项的系数标准误是0.1178402,t值为31.63,P值为0.000,系数是非常显著的,95%的置信区间为[3.475726,3.978067]。

4. 变量的方差协方差矩阵

在主界面的Command文本框中输入命令:

vce

本命令的含义是获得参与回归的各自变量的系数以及常数项的方差协方差矩阵。

输入完后,按回车键,得到如图6-5所示的分析结果。

```
Covariance matrix of coefficients of regress model

        e(V) |   inflation        _cons
-------------+------------------------
   inflation |   .0015721
       _cons |  -.00307763     .01388631
```

图6-5 变量的方差协方差矩阵分析结果图

从图6-5的结果中可以看到变量的方差协方差矩阵都不是很大。

5. 对变量系数的假设检验

在主界面的Command文本框中输入命令:

test inflation = 0

本命令的含义是检验变量通货膨胀率的系数是否显著。

输入完后,按回车键,得到如图 6-6 所示的分析结果。

```
 ( 1)  inflation = 0

       F(1,    15) =      6.19
            Prob > F =    0.0251
```

图 6-6　对变量系数的假设检验的分析结果

从图 6-6 的结果中可以看出,通货膨胀率的系数非常显著,在 5% 的显著性水平上通过了检验。

6. 对因变量的拟合值进行预测

在主界面的 Command 文本框中输入命令:

predict yhat

本命令的含义是对因变量的拟合值进行预测。

输入完后,按回车键,则在 Data Editors(Browse))窗口得到如图 6-7 所示的分析结果。

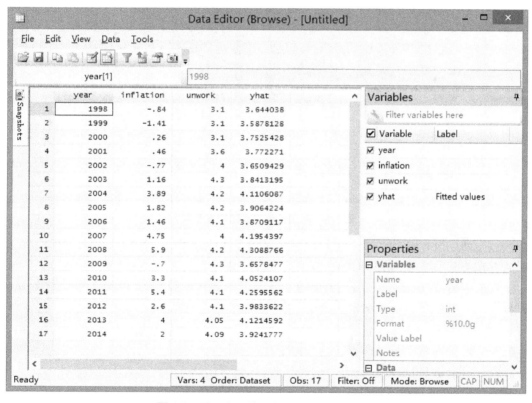

图 6-7　对因变量的拟合值进行预测的结果

因变量预测拟合值是根据自变量的值和得到的回归方程计算出来的,主要用于预测未来。在图 6-7 中,可以看到 yhat 的值与 unwork 的值是比较接近的,所以拟合的回归模型还是不错的。

7. 回归分析得到的残差序列

在主界面的 Command 文本框中输入命令：

predict e,resid

本命令的含义是获得回归后的残差序列。

输入完后，按回车键，则在 Data Editors(Browse))窗口得到如图 6-8 所示的分析结果。

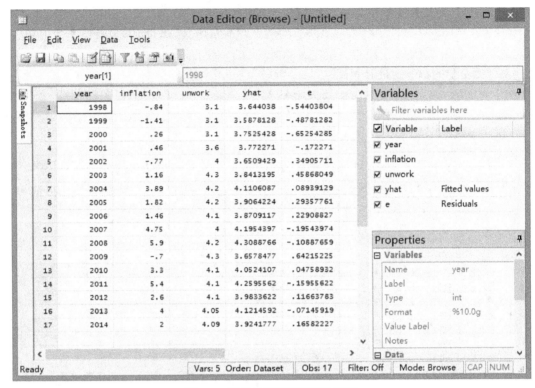

图 6-8　回归分析得到的残差序列

残差序列是很有用处的，例如它可以用来检验变量是否存在异方差，也可以用来检验变量间是否存在协整关系等。在后面的章节中我们将做说明。

上面的分析过程及结果已经达到解决实际问题的要求。但 Stata 12.0 的强大之处在于，它同样提供了更加复杂的命令格式以满足用户更加个性化的需求。

1. 在回归方程中不包含常数项

在主界面的 Command 文本框中输入命令：

regress unwork inflation,nocon

输入完后，按回车键，得到如图 6-9 所示的分析结果。

Source	SS	df	MS		
Model	128.37892	1	128.37892	Number of obs =	17
Residual	135.68168	16	8.48010499	F(1, 16) =	15.14
				Prob > F =	0.0013
				R-squared =	0.4862
				Adj R-squared =	0.4541
Total	264.0606	17	15.5329765	Root MSE =	2.9121

unwork	Coef.	Std. Err.	t	P>|t|	[95% Conf. Interval]
inflation	.9246337	.2376422	3.89	0.001	.4208549 1.428413

图6-9 不包含常数项的回归分析结果

通过观察图6-9的结果，可以看出模型的F值从原来的6.19升为为15.14，P值从原来的0.0251上升为0.0013，说明该模型整体的显著程度提高了。模型的可决系数$R^2=0.4962$，修正的可决系数 Adj $R^2=0.4541$。

模型的回归方程是：

$$\text{unwork} = 0.9246337 \times \text{inflation}$$

变量inflation的系数标准误是0.2376422，t值为3.89，P值为0.001，系数的显著程度有提高，95%的置信区间为$[0.4208549, 1.428413]$。

从上面的分析可以看出不包括常数项的回归方程不论是模型整体的显著程度、变量系数的显著程度还是模型的解释能力都较包含常数项的回归方程有所提高。

2. 限定参与回归的样本范围

以例6-5为例，例如我们只对2000年以后的样本进行回归分析，那么操作命令可以相应地修改为：

regress unwork inflation if year >= 2000

输入完后，按回车键，得到如图6-10所示的分析结果。

Source	SS	df	MS		
Model	.111411676	1	.111411676	Number of obs =	15
Residual	1.19628166	13	.092021666	F(1, 13) =	1.21
				Prob > F =	0.2911
				R-squared =	0.0852
				Adj R-squared =	0.0148
Total	1.30769333	14	.093406667	Root MSE =	.30335

unwork	Coef.	Std. Err.	t	P>|t|	[95% Conf. Interval]
inflation	.0419505	.0381256	1.10	0.291	-.0404149 .124316
_cons	3.929966	.1195413	32.88	0.000	3.671713 4.10022

图6-10 限定参与回归的样本范围的分析结果

关于结果分析与前面类似，这里不做赘述。

3. 回归预测

以例6-5为例，例如我们将年份扩展到2015年，假设该年的通货膨胀率为5%，把样本数

据输入到数据文件中,然后进行预测,操作命令为:

predict yyhat

输入完后,按回车键,得到如图 6-11 所示的分析结果。

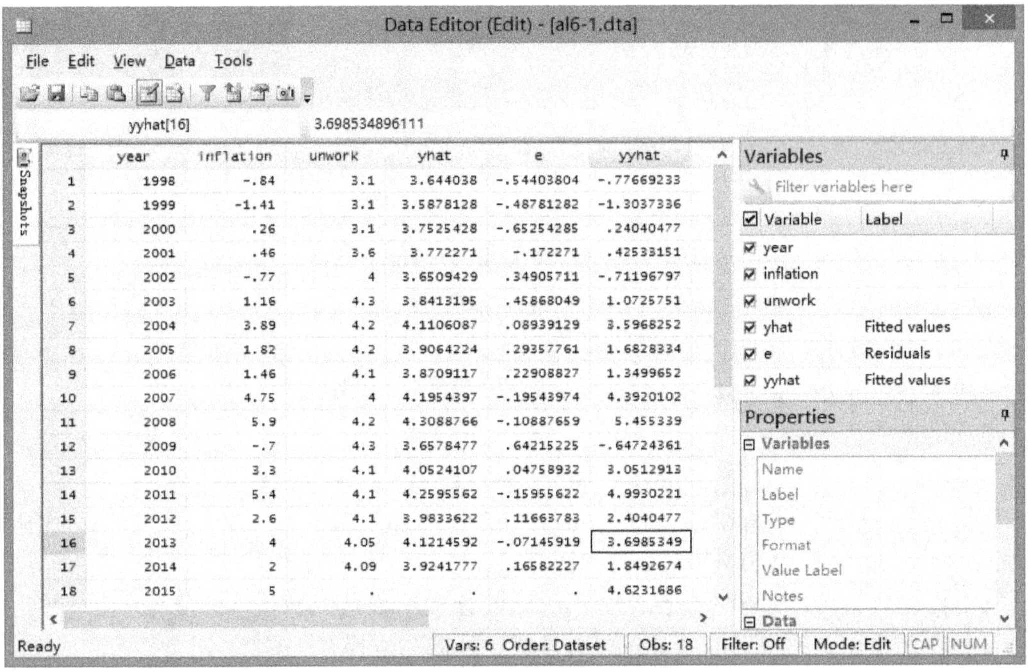

图 6-11 回归预测的分析结果

可以看到在图 6-11 中出现了预测的因变量 yyhat 数据。

6.3 多元线性回归分析基本理论

多元线性回归分析也叫作多重线性回归分析,是最为常用的一种回归分析方法。多元线性回归分析涉及多个自变量,它用来处理一个因变量与多个自变量之间的线性关系,建立变量之间的线性模型并根据模型进行评价和预测。

6.3.1 多元线性回归模型

多元线性回归就是用多个自变量来解释因变量。多元线性回归模型如下:

$$Y_i = b_0 + b_1 X_{1i} + b_2 X_{2i} + \cdots + b_k X_{ki} + \varepsilon_i$$

利用最小二乘法可以找到这样一条直线:

$$\hat{Y}_i = \hat{b}_0 + \hat{b}_1 X_1 + \hat{b}_2 X_2 + \cdots + \hat{b}_k X_k$$

如果我们得到 $\hat{b}_0$ 和多个 $\hat{b}_j (j=1,\cdots,k)$,又得到了所有自变量 $X_j (j=1,\cdots,k)$ 的预测值,我们就可求得因变量 Y 的值。

例 6-6 某公司的分析师根据历史数据,作了公司销售额增长率关于 GDP 增长率和公司销售人员增长率的线性回归分析,得到截距为 -3.2%,关于 GDP 增长率的斜率为 2,关于公司销售人员增长率的斜率为 1.2,国家统计局预测当年 GDP 增长率为 9%,公司销售部门预计公司销售人员当年将减少20%。问该公司今年销售额增长率预计为多少?

解 $Y = -3.2\% + 2X_1 + 1.2X_2 = -3.2\% + 2 \times 9\% + 1.2 \times (-20\%) = -9.2\%$

6.3.2 方差分析

与一元线性回归类似,多元线性回归的方差分析表如表6-4所示。

表6-4 多元线性回归的方差分析表

	自由度	平方和	均方和
回归	k	回归平方和(RSS)	回归均方和 MSR = RSS/k
误差	$n-k-1$	误差平方和(SSE)	误差均方和 MSE = SSE/($n-k-1$)
总和	$n-1$	总平方和(SST)	

我们可以从方差分析表里求得决定系数和估计的标准误,用来评价回归模型的好坏。

回归的自由度为 k,k 为自变量的个数。误差的自由度为 $n-k-1$,n 是样本量。总自由度为以上两个自由度之和。

总平方和 SST 依然为回归平方和与误差平方和之和,即 SST = RSS + SSE。

均方和等于各自的平方和除以各自的自由度。

6.3.3 决定系数

决定系数等于回归平方和除以总平方和,公式为:

$$R^2 = \frac{\text{RSS}}{\text{SST}} = 1 - \frac{\text{SSE}}{\text{SST}}$$

和一元线性回归一样,多元线性回归的决定系数的含义仍然是:所有自变量 X 的变动可以解释多少比例的 Y 的变动。决定系数越大,表示回归模型越好。但是对于多元线性回归,随着自变量个数 k 的增加,决定系数总是变大,无论新增的自变量是否对因变量有解释作用。因此,我们就要调整决定系数如下:

$$\overline{R}^2 = 1 - \frac{n-1}{n-k-1}(1 - R^2)$$

调整后的决定系数不一定随着自变量个数 k 的增加而增大。因此调整后的决定系数能有效地比较不同自变量个数的回归模型的优劣。

关于调整后的决定系数,还有以下两点:

(1) 调整后的决定系数总是小于或等于未调整的决定系数;

(2) 调整后的决定系数有可能小于0。

6.3.4 估计的标准误

估计的标准误 SEE 等于残差均方和的平方根,公式为:

$$\text{SEE} = \sqrt{\text{SSE}/(n-k-1)} = \sqrt{\text{MSE}}$$

显然,估计的标准误越小,表示回归模型越好。

6.3.5 回归系数的 t 检验和置信区间

与一元线性回归类似,回归系数的 t 检验是指检验回归系数是否等于某个常数。通常要检验斜率系数是否等于 $0(H_0:b_j=0)$,这称为斜率系数的显著性检验。如果不能拒绝原假设,即斜率系数没有显著地不等于 0,那就说明自变量 X_j 和因变量 Y 的线性相关性不大,回归是失败的。

这是一个 t 检验,t 统计量自由度为 $n-k-1$,计算公式为:$t = \dfrac{\hat{b}_j}{s_{\hat{b}_j}}$。

其中,$s_{\hat{b}_j}$ 为斜率系数的标准误。

斜率系数的置信区间为:$\hat{b}_j \pm t_c s_{\hat{b}_j}$,其中 t_c 是自由度为 $n-k-1$ 的 t 关键值。

例 6-7 我们作了一个二元线性回归模型,得到的结果如表 6-5 所示。

表 6-5 二元线性回归变量系数表

变量	系数	统计量
B_0	0.5	1.28
B_1	1.2	2.40
B_2	-0.3	0.92

求解斜率系数 b_1 的置信度为 95% 的置信区间为多少?

解 由于统计量 $= 2.4 = t = \dfrac{\hat{b}_1}{s_{\hat{b}_1}} = \dfrac{1.2}{s_{\hat{b}_1}}$

$s_{\hat{b}_1} = 1.2/2.4 = 0.5$

斜率系数 b_1 在置信度为 95% 的置信区间为:$[1.2 - 2 \times 0.5, 1.2 + 2 \times 0.5] = [0.2, 2.2]$

进一步,由于 0 没有包含在置信区间中,因此斜率系数 b_1 显著地不等于 0。

6.3.6 回归系数的 F 检验

回归系数的 F 检验就用来检验斜率系数是否全部都等于 0。其原假设是所有斜率系数都等于 0,备择假设是至少有一个斜率系数不等于 0。

$$H_0: b_1 = b_2 = \cdots = b_k = 0 \qquad H_\alpha: 至少有一个 b_j \neq 0$$

F 统计量的分子自由度和分母自由度分别为 k 和 $n-k-1$,统计量的计算公式如下:

$$F = \frac{\mathrm{MSR}}{\mathrm{MSE}} = \frac{\mathrm{RSS}/k}{\mathrm{SSE}/(n-k-1)}$$

注意:F 检验看上去是双尾检验,但请当作单尾检验来进行,其拒绝区域只在分布的右边。

回归系数的 t 检验是对单个斜率系数做检验,而回归系数的 F 检验是对全部斜率系数的检验。如果我们没有拒绝原假设,说明所有的斜率系数都没有显著地不等于 0,即所有自变量和因变量 Y 的线性相关性都不大,回归模型做得不好。如果我们能够拒绝原假设,说明至少有一个斜率系数显著地不等于 0,即至少有一个自变量可以解释 Y,回归模型做得不错。

例 6-8 我们抽取了一个样本量为 43 的样本,作了一个三元线性回归,得到 RSS = 4 500,SSE = 1 500,以显著性水平为 0.05 检验是否至少有一个斜率系数显著地不等于 0。假设检验的结果如何?

解 MSR = RSS/k = 4 500/3 = 1 500

MSE = SSE/$(n-k-1)$ = 1 500/(43-3-1) = 38.46

$F = \text{MSR}/\text{MSE} = 1\,500/38.46 = 39$

查 F 统计表得关键值为 2.84。

由于 $2.84 < 39$，F 统计量落在拒绝区域，因此我们要拒绝原假设。

最后得出结论，至少有一个斜率系数显著地不等于 0。

6.3.7 虚拟变量

在某些回归分析中，需要定性地使用自变量，这些自变量称为虚拟变量。使用虚拟变量的目的是考察不同类别之间是否存在显著差异。

虚拟变量的取值为 0 或 1，虚拟变量的个数为 $n-1$。

例如，在研究工资水平同学历和工作年限的关系时，我们以 Y 表示工作水平，以 X_1 表示学历，以 X_2 表示工作年限，同时引进虚拟变量 D，其取值如下：

$$D = \begin{cases} 1, 男性 \\ 0, 女性 \end{cases}$$

则可构造如下回归模型：

$$Y = \beta_0 + \beta_1 X_1 + \beta_2 X_2 + \beta_3 D + \varepsilon$$

又如，为了模拟某商品销售量的时间序列的季节影响，我们需要引入 3 个虚拟变量，具体如下：

$$Q_1 = \begin{cases} 1, 如果为第一季度 \\ 0, 其他情况 \end{cases}, Q_2 = \begin{cases} 1, 如果为第二季度 \\ 0, 其他情况 \end{cases}, Q_3 = \begin{cases} 1, 如果为第三季度 \\ 0, 其他情况 \end{cases}$$

则可构造如下回归模型：

$$Y = \beta_0 + \beta_1 Q_1 + \beta_2 Q_2 + \beta_3 Q_3 + \varepsilon$$

6.4 多元线性回归分析的应用

例 6-9 为了检验美国电力行业是否存在规模经济，Nerlove(1963) 搜集了 1955 年 145 家美国电力企业的总成本(TC)、产量(Q)、工资率(PL)、燃料价格(PF)及资本租赁价格(PK)的数据，如表 6-6 所示。试以 TC 为因变量，以 Q、PL、PF 和 PK 为自变量，利用多元线性回归分析方法研究它们之间的关系。

表 6-6　1955 年 145 家美国电力企业数据

编号	TC(百万美元)	Q(千瓦时)	PL(美元/千瓦时)	PF(美元/千瓦时)	PK(美元/千瓦时)
1	0.082	2	2.09	17.9	183
2	0.661	3	2.05	35.1	174
3	0.99	4	2.05	35.1	171
4	0.315	4	1.83	32.2	166
5	0.197	5	2.12	28.6	233
6	0.098	9	2.12	28.6	195
…	…	…	…	…	…
143	73.050	11 796	2.12	28.6	148
144	139.422	14 359	2.31	33.5	212
145	119.939	16 719	2.30	23.6	162

使用 Stata 12.0 打开在目录"E:\stata12\zsq\chap06"中的"al6-2.dta"数据文件,命令如下:

use "E:\stata12\zsq\chap06\al6-2.dta", clear

browse

数据如图 6-12 所示。

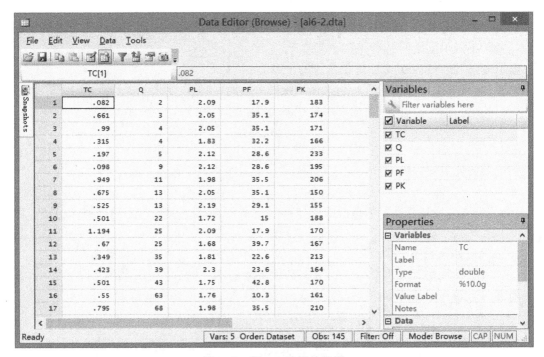

图 6-12　例 6-9 涉及的数据

1. 对数据进行描述性分析

在主界面的 Command 文本框中输入命令:

summarize TC Q PL PF PK,detail

本命令的含义是对各变量进行详细的描述性分析。

输入完命令后,按回车键,得到如图 6-13 所示的分析结果。

```
                              TC
      Percentiles    Smallest
 1%      .098          .082
 5%      .501          .098
10%      .705          .197      Obs                 145
25%     2.382          .315      Sum of Wgt.         145

50%     6.754                    Mean            12.9761
                      Largest    Std. Dev.       19.79458
75%    14.132         69.878
90%    32.318         73.05      Variance        391.8253
95%    44.894        119.939     Skewness        3.636095
99%   119.939        139.422     Kurtosis        19.66927
```

图 6-13　对数据进行描述性分析的结果

```
                                            Q

           Percentiles       Smallest
    1%          3                2
    5%         13                3
   10%         43                4             Obs                 145
   25%        279                4             Sum of Wgt.         145

   50%       1109                               Mean           2133.083
                              Largest           Std. Dev.      2931.942
   75%       2507            11477
   90%       5819            11796              Variance        8596285
   95%       8642            14359              Skewness       2.398202
   99%      14359            16719              Kurtosis       9.474916
                                            PL

           Percentiles       Smallest
    1%        1.45             1.45
    5%        1.55             1.45
   10%        1.68             1.52             Obs                 145
   25%        1.76             1.52             Sum of Wgt.         145

   50%        2.04                               Mean           1.972069
                              Largest            Std. Dev.      .2368072
   75%        2.19             2.32
   90%        2.3              2.32              Variance       .0560776
   95%        2.31             2.32              Skewness      -.2539563
   99%        2.32             2.32              Kurtosis       1.974824
                                            PF

           Percentiles       Smallest
    1%       10.3             10.3
    5%       10.3             10.3
   10%       12.9             10.3              Obs                 145
   25%       21.3             10.3              Sum of Wgt.         145

   50%       26.9                                Mean           26.17655
                              Largest            Std. Dev.      7.876071
   75%       32.2             39.7
   90%       35.1             42.8               Variance        62.0325
   95%       36.2             42.8               Skewness      -.3328658
   99%       42.8             42.8               Kurtosis       2.641048
                                            PK

           Percentiles       Smallest
    1%        143              138
    5%        155              143
   10%        157              144              Obs                 145
   25%        162              148              Sum of Wgt.         145

   50%        170                                Mean           174.4966
                              Largest            Std. Dev.      18.20948
   75%        183              225
   90%        202              225               Variance       331.5851
   95%        212              227               Skewness       .9992943
   99%        227              233               Kurtosis       3.772226
```

图 6-13 对数据进行描述性分析的结果(续)

通过观察图6-13的结果,可以得到很多直观的信息,包括百分位数、4个最小值、4个最大值、平均值、标准差、偏度、峰度等。进一步分析可以得到更多信息。

(1) 百分位数。可以看出变量TC的第1个四分位数(25%)是2.382,第2个四分位数(50%)是6.754,第3个四分位数(75%)是14.132。变量Q的第1个四分位数(25%)是279,第2个四分位数(50%)是1109,第3个四分位数(75%)是2507。变量PL的第1个四分位数(25%)是1.76,第2个四分位数(50%)是2.04,第3个四分位数(75%)是2.19。变量PF的第1个四分位数(25%)是21.3,第2个四分位数(50%)是26.9,第3个四分位数(75%)是32.2。变量PK的第1个四分位数(25%)是162,第2个四分位数(50%)是170,第3个四分位数(75%)是183。

(2) 4个最小值。变量TC最小的4个数据值分别是0.082、0.098、0.197、0.315;变量Q最小的4个数据值分别是2、3、4、4;变量PL最小的4个数据值分别是1.45、1.45、1.52、1.52;变量PF最小的4个数据值分别是10.3、10.3、10.3、10.3;变量PK最小的4个数据值分别是138、143、144、148。

(3) 4个最大值。变量TC最大的4个数据值分别是69.878、73.05、119.939、139.422;变量Q最大的4个数据值分别是11477、11796、14359、16719;变量PL最大的4个数据值分别是2.32、2.32、2.32、2.32;变量PF最大的4个数据值分别是39.7、42.8、42.8、42.8;变量PK最大的4个数据值分别是225、225、227、233。

(4) 平均值和标准差。变量TC的平均值是12.9761,标准差是19.79458;变量Q平均值是2133.083,标准差是2931.942;变量PL平均值是1.972069,标准差是0.2368072;变量PF的平均值是26.17655,标准差是7.876071;变量PK的平均值是174.4966,标准差是18.20948。

(5) 偏度和峰度。变量TC的偏度是3.636095,为正偏度但不大;变量Q的偏度是2.398202,为正偏度但不大;变量PL的偏度是-0.2539563,为负偏度但不大;变量PF的偏度是-0.3328658,为负偏度但不大;变量PK的偏度是0.9992943,为正偏度但不大。

变量TC的峰度是19.66927,有一个比正态分布更长的尾巴;变量Q的峰度是9.474916,有一个比正态分布更长的尾巴;变量PL的峰度是1.974824,有一个比正态分布更短的尾巴;变量PF的峰度是2.641048,有一个比正态分布更短的尾巴;变量PK的峰度是3.772226,有一个比正态分布略长的尾巴。

综上所述,数据总体质量还是可以的,没有极端异常值,变量之间的量纲差距及变量的偏度、峰度也是可以接受的,可以进入下一步分析。

2. 对数据进行相关分析

在主界面的Command文本框中输入命令:

correlate TC Q PL PF PK

本命令的含义是对各变量进行相关性分析。

输入完命令后,按回车键,得到如图6-14所示的分析结果。

```
(obs=145)

              |    TC        Q         PL        PF        PK
         -----+--------------------------------------------------
         TC   |  1.0000
         Q    |  0.9525    1.0000
         PL   |  0.2513    0.1714    1.0000
         PF   |  0.0339   -0.0773    0.3137    1.0000
         PK   |  0.0272    0.0029   -0.1781    0.1254    1.0000
```

图6-14 对数据进行相关分析的结果

通过观察图6-14的结果,可以看到变量 TC 与变量 Q 之间的相关关系是比较大的,可以进行下面的回归分析过程。

3. 对数据进行回归分析

在主界面的 Command 文本框中输入命令:

regress TC Q PL PF PK

本命令的含义是对各变量进行多元回归分析。

输入完命令后,按回车键,得到如图6-15所示的分析结果。

```
      Source |       SS       df       MS              Number of obs =     145
-------------+------------------------------           F(  4,   140) =  418.12
       Model |  52064.6433     4   13016.1608          Prob > F      =  0.0000
    Residual |  4358.19481   140   31.129963           R-squared     =  0.9228
-------------+------------------------------           Adj R-squared =  0.9206
       Total |  56422.8381   144   391.825265          Root MSE      =  5.5794

------------------------------------------------------------------------------
          TC |      Coef.   Std. Err.      t    P>|t|     [95% Conf. Interval]
-------------+----------------------------------------------------------------
           Q |   .0063951   .0001629    39.26   0.000     .006073    .0067171
          PL |   5.655183    2.17636     2.60   0.010    1.352402    9.957964
          PF |    .20784    .0640999     3.24   0.001     .081111    .334569
          PK |   .0284415   .0265049     1.07   0.285   -.0239601    .0808431
       _cons |  -22.22098    6.58745    -3.37   0.001   -35.24472   -9.197235
------------------------------------------------------------------------------
```

图6-15 对数据进行回归分析的结果

通过观察图6-15的结果,可以看出共有145个样本参与了分析,模型的 F 值 $F(4,140)$ = 418.12,P 值(Prob > F = 0.0000),这说明模型整体上是非常显著的。模型的可决系数 R^2 = 0.9228,修正的可决系数 Adj R^2 = 0.9206,这说明模型的解释能力是可以的。

模型的回归方程是:

$$TC = 0.0063951 \times Q + 5.655183 \times PL + 0.20784 \times PF + 0.0284415 \times PK - 22.22098$$

变量 Q 系数的标准误是00001629,t 值为39.26,P 值为0.000,系数是非常显著的,95%的置信区间为[0.006073,0.0067171]。变量 PL 系数的标准误是2.17636,t 值为2.6,P 值为0.010,系数是非常显著的,95%的置信区间为[1.352402,9.957964]。变量 PF 系数的标准误是0.0640999,t 值为3.24,P 值为0.001,系数是非常显著的,95%的置信区间为[0.081111,

0.334569]。变量 PK 系数的标准误是 0.0265049，t 值为 -3.37，P 值为 0.285，系数是非常不显著的，95%的置信区间为[-0.0239601,0.0808431]。常数项系数的标准误差是 -22.22098，t 值为 -3.37，P 值为 0.001，系数是非常显著的，95%的置信区间为[-35.24472,-9.197235]。

从上面的分析可以看出美国电力企业的总成本(TC)受到产量(Q)、工资率(PL)、燃料价格(PF)、资本租赁价格(PK)的影响，美国电力行业存在规模经济。

4. 变量的方差协方差矩阵

在主界面的 Command 文本框中输入命令：

vce

本命令的含义是获得参与回归的各自变量的系数及常数项的方差协方差矩阵。

输入完后，按回车键，得到如图 6-16 所示的分析结果。

```
Covariance matrix of coefficients of regress model
```

e(V)	Q	PL	PF	PK	_cons
Q	2.654e-08				
PL	-.0000764	4.7365431			
PF	1.564e-06	-.0508677	.0041088		
PK	-2.741e-07	.01376813	-.00034147	.00070251	
_cons	.00010096	-10.248761	.04900993	-.14021374	43.394499

图 6-16 变量的方差协方差矩阵的分析结果

从图 6-16 的结果中可以看到变量的方差协方差矩阵都不是很大。

5. 对变量系数的假设检验

在主界面的 Command 文本框中输入命令：

test Q PL PF PK

本命令的含义是检验四个变量的系数是否显著。

输入完后，按回车键，得到如图 6-17 所示的分析结果。

```
( 1)   Q = 0
( 2)   PL = 0
( 3)   PF = 0
( 4)   PK = 0

       F(  4,   140) =   418.12
            Prob > F =   0.0000
```

图 6-17 对变量系数的假设检验的分析结果

从图 6-17 的结果中可以看出，模型非常显著，在 5% 的显著性水平上通过了检验。

6. 对因变量的拟合值进行预测

在主界面的 Command 文本框中输入命令：

predict yhat

本命令的含义是对因变量的拟合值进行预测。

输入完后，按回车键，则在 Data Editors(Browse) 窗口得到如图 6-18 所示的分析结果。

关于因变量预测拟合值的意义已在上节讨论过，此处不再赘述。

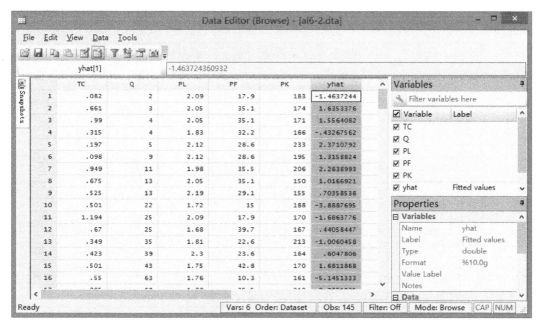

图 6-18 对因变量的拟合值进行预测的分析结果

7. 回归分析得到的残差序列

在主界面的 Command 文本框中输入命令：

predict e,residuals

本命令的含义是获得回归后的残差序列。

输入完命令后，按回车键，则在 Data Editors(Browse)窗口得到如图 6-19 所示的分析结果。

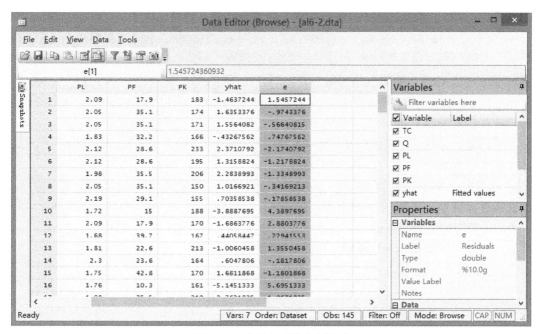

图 6-19 残差序列的分析结果

残差序列是很有用处的,它可以用来检验变量是否存在异方差,也可以用来检验变量间是否存在协整关系。在后面的章节中我们将作进一步说明。

读者应注意上面的模型中,PK 的系数是不显著的,下面把该变量剔除后重新进行回归分析,操作命令如下:

regress TC Q PL PF

输入完命令后,按回车键,则在 Data Editors(Browse)窗口得到如图 6-20 所示的分析结果。

Source	SS	df	MS		Number of obs	=	145
					F(3, 141)	=	556.52
Model	52028.7981	3	17342.9327		Prob > F	=	0.0000
Residual	4394.04007	141	31.1634048		R-squared	=	0.9221
					Adj R-squared	=	0.9205
Total	56422.8381	144	391.825265		Root MSE	=	5.5824

TC	Coef.	Std. Err.	t	P>|t|	[95% Conf. Interval]	
Q	.0064062	.0001627	39.38	0.000	.0060846	.0067277
PL	5.097772	2.114594	2.41	0.017	.9173653	9.278179
PF	.2216648	.0628256	3.53	0.001	.0974629	.3458667
_cons	-16.54434	3.92757	-4.21	0.000	-24.30888	-8.779805

图 6-20　剔除 PK 变量的回归分析结果

从图 6-20 的分析结果可见,模型整体依旧是非常显著的。模型的可决系数及修正的可决系数变化不大,说明模型的解释能力几乎没有变化。其他变量(含常数项的系数)都非常显著,模型接近完美。可以把回归结果作为最终的回归模型方程,即

$$TC = 0.0064062 \times Q + 5.097772 \times PL + 0.2216648 \times PF - 16.54434$$

从上面的分析可以看出美国电力企业的总成本(TC)受到产量(Q)、工资率(PL)和燃料价格(PF)的影响。总成本随着这些变量的升高而升高、降低而降低。

值得注意的是,产量的增加引起总成本的相对变化是很小的,所以从经济意义上说,美国电力行业存在规模经济。

上面的分析过程及结果已经达到解决实际问题的要求。但 Stata 12.0 还提供了更加复杂的命令格式以满足用户更加个性化的需求。

1. 在回归方程中不包含常数项

在主界面的 Command 文本框中输入命令:

regress TC Q PL PF,nocon

输入完命令后,按回车键,得到如图 6-21 所示的分析结果。

Source	SS	df	MS		Number of obs	=	145
					F(3, 142)	=	726.13
Model	75890.8019	3	25296.934		Prob > F	=	0.0000
Residual	4947.00303	142	34.8380495		R-squared	=	0.9388
					Adj R squared	=	0.9375
Total	80837.805	145	557.502103		Root MSE	=	5.9024

TC	Coef.	Std. Err.	t	P>|t|	[95% Conf. Interval]	
Q	.0064558	.0001715	37.64	0.000	.0061167	.0067949
PL	-2.955539	.9553464	-3.09	0.002	-4.844079	-1.067
PF	.2011095	.0662258	3.04	0.003	.0701937	.3320253

图 6-21　不包含常数项的回归分析结果

通过观察图 6-21 的结果,可以看出模型整体的显著程度依旧非常高,模型的可决系数 R^2 和修正的可决系数 Adj R^2 略有上升。

模型的回归方程是:

$$TC = 0.0064558 \times Q - 2.955539 \times PL + 0.2011095 \times PF$$

值得注意的是,PL 的系数值竟然变成了负值,这说明 PL 的升高反而会带来总成本的降低,显然是不符合生活常识的,所以该模型不可接受。

2. 限定参与回归的样本范围

围绕例 6-9,如果我们只对产量高于 100 的样本进行回归分析,那么操作命令可以相应地修改为:

regress TC Q PL PF if Q >=100

输入完命令后,按回车键,得到如图 6-22 所示的分析结果。

Source	SS	df	MS		Number of obs	=	124
					F(3, 120)	=	450.85
Model	48385.1545	3	16128.3848		Prob > F	=	0.0000
Residual	4292.77683	120	35.7731402		R-squared	=	0.9185
					Adj R-squared	=	0.9165
Total	52677.9313	123	428.275864		Root MSE	=	5.9811

TC	Coef.	Std. Err.	t	P>|t|	[95% Conf. Interval]	
Q	.0064214	.000183	35.08	0.000	.006059	.0067839
PL	4.94541	2.457119	2.01	0.046	.0804852	9.810335
PF	.2674785	.0774243	3.45	0.001	.1141838	.4207732
_cons	-17.48977	4.418223	-3.96	0.000	-26.23755	-8.741999

图 6-22　限定样本范围的回归分析结果

关于结果分析与前面类似,这里不再赘述。

3. 自动剔除不显著变量

在前面的分析过程中我们是采取逐步手动剔除不显著变量的方式得到了最终的回归模

型,但是如果变量很多而且存在很多不显著的变量时,这个过程就显得非常复杂。那么有没有一种自动剔除不显著变量,直接得到最终模型的 Stata 操作方法呢?答案是肯定的。Stata 12.0 提供了"sw regress"命令来满足这一需要。这一命令的操作原理是不断迭代,最终使得所有变量系数的显著性达到设定的显著性水平。在首次迭代时,所有变量都进入模型参与分析,然后每一步迭代都去掉 P 值最高或者显著性最弱的变量。最终使得所有保留下来的变量的概率值都处于保留概率之下。围绕例6-9,如果设定显著性水平为0.05,那么操作命令应该为:

　　sw regress TC Q PL PF PK,pr(0.05)

输入完命令后,按回车键,得到如图 6-23 所示的分析结果。

```
. sw regress TC Q PL PF PK,pr(0.05)
                      begin with full model
p = 0.2851 >= 0.0500  removing PK

      Source |       SS       df       MS              Number of obs =     145
             |                                         F(  3,   141) =  556.52
       Model |  52028.7981      3   17342.9327         Prob > F      =  0.0000
    Residual |  4394.04007    141   31.1634048         R-squared     =  0.9221
             |                                         Adj R-squared =  0.9205
       Total |  56422.8381    144   391.825265         Root MSE      =  5.5824

          TC |      Coef.   Std. Err.      t    P>|t|     [95% Conf. Interval]
           Q |   .0064062   .0001627    39.38   0.000     .0060846    .0067277
          PL |   5.097772   2.114594     2.41   0.017     .9173653    9.278179
          PF |   .2216648   .0628256     3.53   0.001     .0974629    .3458667
       _cons |  -16.54434    3.92757    -4.21   0.000    -24.30888   -8.779805
```

图 6-23　剔除不显著变量的回归分析结果

可以看到在图 6-23 中出现的结果与前面逐步手动操作后的图 6-20 中的结果完全一致。结果的解读与前面类似,这里不再赘述。

第7章 Stata因变量受限回归分析

前面我们介绍的回归分析方法都要求因变量或连续或离散。但很多时候因变量观测样本会受到各种各样的限制,只能观测到满足一定条件的样本。如在统计工人的劳动时间时,失业工人的劳动时间一定只取0,而不论失业的程度有多深。根据因变量的受限特征,常用的因变量受限回归分析方法有两种:(1)断尾回归分析;(2)截取回归分析。下面通过实例的方式来介绍这两种方法的应用。

7.1 断尾回归分析

7.1.1 断尾回归分析的概念

断尾回归分析是针对因变量只有大于一定数值或者小于一定数值时才能被观测到的一种回归分析方法。或者说,因变量的取值范围是受到限制的,是不可能取到范围之外的数值的,通过一般的最小二乘回归分析得到的结论是不完美的。举例来说,如果研究某单位的薪酬情况,把年薪作为因变量,那么该因变量的取值范围就是大于0的,小于0是不可能的,是没有意义的。

7.1.2 在简单线性回归分析中的应用

例7-1 表7-1给出了某单位88名在岗职工的工龄、职称级别、月工作收入及月工作时间情况。已知该单位的保底工资是3 000元/月。试构建回归分析模型研究该单位职工的月工资收入受工龄、职称级别(1表示初级,2表示中级,3表示高级)、月工作时间等变量的影响情况。

表7-1 某单位在岗职工的工龄、职称级别、月工资收入及月工作时间情况

编号	月工资收入/元	月工作时间/时	工龄/年	职称级别
1	6 389	110	9	1
2	5 327	108	8	1
3	4 529	88	4	1
4	8 723	135	10	2
5	10 213	164	15	3
6	4 596	86	6	1
…	…	…	…	…

(续表)

编号	月工资收入/元	月工作时间/时	工龄/年	职称级别
83	8 537	135	11	2
84	8 123	120	10	2
85	7 565	113	9	1
86	10 330	165	16	3
87	7 429	119	9	2
88	7 625	123	9	2

使用 Stata 12.0 打开在目录"E:\stata12\zsq\chap07"中的"al7-1.dta"数据文件,命令如下:

use "E:\stata12\zsq\chap07\al7-1.dta", clear
browse

数据如图 7-1 所示。

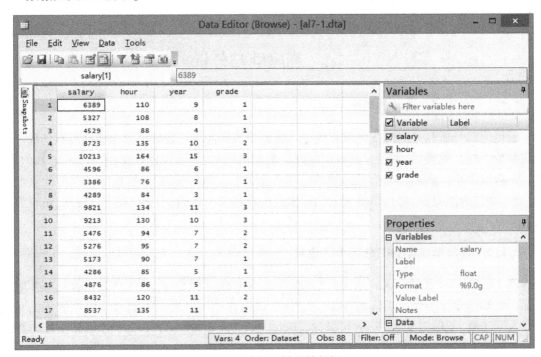

图 7-1 例 7-1 涉及的数据

1. 对数据进行展示

在主界面的 Command 文本框中输入命令:

list salary hour year grade

本命令的含义是对四个变量所包含的样本数据进行一一展示,以便直观地观测出数据的具体特征,为深入分析作准备。

输入完命令后,按回车键,得到如图 7-2 所示的分析结果。

	salary	hour	year	grade
1.	6389	110	9	1
2.	5327	108	8	1
3.	4529	88	4	1
4.	8723	135	10	2
5.	10213	164	15	3
6.	4596	86	6	1
7.	3386	76	2	1
8.	4289	84	3	1
9.	9821	134	11	3
10.	9213	130	10	3
11.	5476	94	7	2
12.	5276	95	7	2
13.	5173	90	7	1
14.	4286	85	5	1
15.	4876	86	5	1
16.	8432	120	11	2
17.	8537	135	11	2
18.	8123	120	10	2
19.	7565	113	9	1
20.	10330	165	16	3
21.	7429	119	9	2
22.	7625	123	9	2
23.	6389	110	9	1
24.	5327	108	8	1
25.	4529	88	4	1
26.	8723	135	10	2
27.	10213	164	15	3
28.	4596	86	6	1
29.	3386	76	2	1
30.	4289	84	3	1
31.	9821	134	11	3
32.	9213	130	10	3
33.	5476	94	7	2
34.	5276	95	7	2
35.	5173	90	7	1
36.	4286	85	5	1
37.	4876	86	5	1
38.	8432	120	11	2
39.	8537	135	11	2
40.	8123	120	10	2
41.	7565	113	9	1
42.	10330	165	16	3
43.	7429	119	9	2
44.	7625	123	9	2
45.	6389	110	9	1
46.	5327	108	8	1
47.	4529	88	4	1
48.	8723	135	10	2
49.	10213	164	15	3
50.	4596	86	6	1
51.	3386	76	2	1
52.	4289	84	3	1
53.	9821	134	11	3
54.	9213	130	10	3
55.	5476	94	7	2
56.	5276	95	7	2
57.	5173	90	7	1
58.	4286	85	5	1
59.	4876	86	5	1
60.	8432	120	11	2
61.	8537	135	11	2
62.	8123	120	10	2
63.	7565	113	9	1
64.	10330	165	16	3
65.	7429	119	9	2
66.	7625	123	9	2
67.	6389	110	9	1
68.	5327	108	8	1
69.	4529	88	4	1
70.	8723	135	10	2
71.	10213	164	15	3
72.	4596	86	6	1
73.	3386	76	2	1
74.	4289	84	3	1
75.	9821	134	11	3
76.	9213	130	10	3
77.	5476	94	7	2
78.	5276	95	7	2
79.	5173	90	7	1
80.	4286	85	5	1
81.	4876	86	5	1
82.	8432	120	11	2
83.	8537	135	11	2
84.	8123	120	10	2
85.	7565	113	9	1
86.	10330	165	16	3
87.	7429	119	9	2
88.	7625	123	9	2

图 7-2　对数据进行展示的分析结果

通过观察图7-2的结果可以看到,数据的总体质量是好的,没有极端异常值,变量之间的量纲差距也是可以的,可进入下一步分析。

2. 对数据进行回归分析

在主界面的Command文本框中输入命令:

regress salary hour year grade

本命令的含义是以salary为因变量,以hour、year、grade为自变量,进行最小二乘回归分析,研究变量之间的因果影响关系。

输入完命令后,按回车键,得到如图7-3所示的分析结果。

Source	SS	df	MS		Number of obs	=	88
					F(3, 84)	=	430.16
Model	371452125	3	123817375		Prob > F	=	0.0000
Residual	24178631.5	84	287840.851		R-squared	=	0.9389
					Adj R-squared	=	0.9367
Total	395630756	87	4547479.96		Root MSE	=	536.51

salary	Coef.	Std. Err.	t	P>|t|	[95% Conf. Interval]	
hour	51.93677	9.024075	5.76	0.000	33.9914	69.88213
year	120.8774	59.99078	2.01	0.047	1.57913	240.1756
grade	572.1885	135.5076	4.22	0.000	302.7168	841.6602
_cons	-1006.138	491.17	-2.05	0.044	-1982.884	-29.393

图7-3 对数据进行回归分析的结果

通过观察图7-3的结果,可以看出共有88个样本参与了分析,模型的F值$F(3,84)=430.16$,P值(Prob > F = 0.0000),说明该模型整体上是非常显著的。模型的可决系数$R^2=0.9389$,修正的可决系数Adj $R^2=0.9367$,说明模型的解释能力也是非常好的。

变量hour的系数标准误是9.024075,t值为5.76,P值为0.000,系数是非常显著的,95%的置信区间为[33.9914,69.88213]。变量year的系数标准误是59.99078,t值为2.01,P值为0.047,系数是比较显著的,95%的置信区间为[1.57913,240.1756]。变量grade的系数标准误是135.5076,t值为4.22,P值为0.000,系数是非常显著的,95%的置信区间为[302.7168,841.6602]。常数项的系数标准误是491.17,t值为-2.05,P值为0.044,系数是比较显著的,95%的置信区间为[-1982.884,-29.393]。

模型的回归方程是:

salary = 51.93677 × hour + 120.8774 × year + 572.1885 × grade - 1 006.138

从上面的分析可以看出最小二乘线性模型的整体显著性、系数显著性及模型的整体解释能力都不错。结论是,该单位工人的月工资是与其工龄、职称、月工作时间级别等都是显著呈正向变化的。

3. 断尾回归分析

在主界面的Command文本框中输入命令:

truncreg salary hour year grade,ll(3000)

本命令的含义是以salary为因变量,以hour、year、grade为自变量,进行断尾回归分析,其中断尾点设置是 3 000。

输入完命令后,按回车键,得到如图 7-4 所示的分析结果。

```
(note: 0 obs. truncated)

Fitting full model:

Iteration 0:    log likelihood = -675.57114
Iteration 1:    log likelihood = -675.52962
Iteration 2:    log likelihood = -675.52953
Iteration 3:    log likelihood = -675.52953

Truncated regression
Limit:   lower =        3000                  Number of obs =        88
         upper =        +inf                  Wald chi2(3)  =   1294.11
Log likelihood = -675.52953                   Prob > chi2   =    0.0000
```

salary	Coef.	Std. Err.	z	P>|z|	[95% Conf. Interval]	
hour	51.17762	8.973677	5.70	0.000	33.58954	68.7657
year	129.2596	60.534	2.14	0.033	10.61518	247.9041
grade	569.4026	133.5357	4.26	0.000	307.6774	831.1278
_cons	-991.5073	484.7357	-2.05	0.041	-1941.572	-41.44282
/sigma	528.295	40.62363	13.00	0.000	448.6741	607.9158

图 7-4 断尾回归的分析结果

从图 7-4 的结果中可以看到断尾回归分析模型相对于最小二乘回归模型得到了很大程度的改进,模型中各个变量系数的显著性程度有不同程度的提高,结果解释与图 7-3 的解释类似,此不赘述。

4. 对断尾回归的变量系数作假设检验

在主界面的 Command 文本框中输入命令:

test hour year grade

本命令的含义是对断尾回归分析估计的各个自变量的系数进行假设检验,检验其显著程度。

输入完命令后,按回车键,得到如图 7-5 所示的分析结果。

```
 (1)  [eq1]hour = 0
 (2)  [eq1]year = 0
 (3)  [eq1]grade = 0

       chi2(3) =   1294.11
     Prob > chi2 =    0.0000
```

图 7-5 对变量系数作假设检验的分析结果

从图 7-5 的结果中可以看出,该模型非常显著,拟合很好。

5. 对因变量的拟合值进行预测

在主界面的 Command 文本框中输入命令：

predict yhat

本命令的含义是对因变量的拟合值进行预测。

输入完命令后，按回车键，则在 Data Editors(Browse) 窗口得到如图 7-6 所示的分析结果。

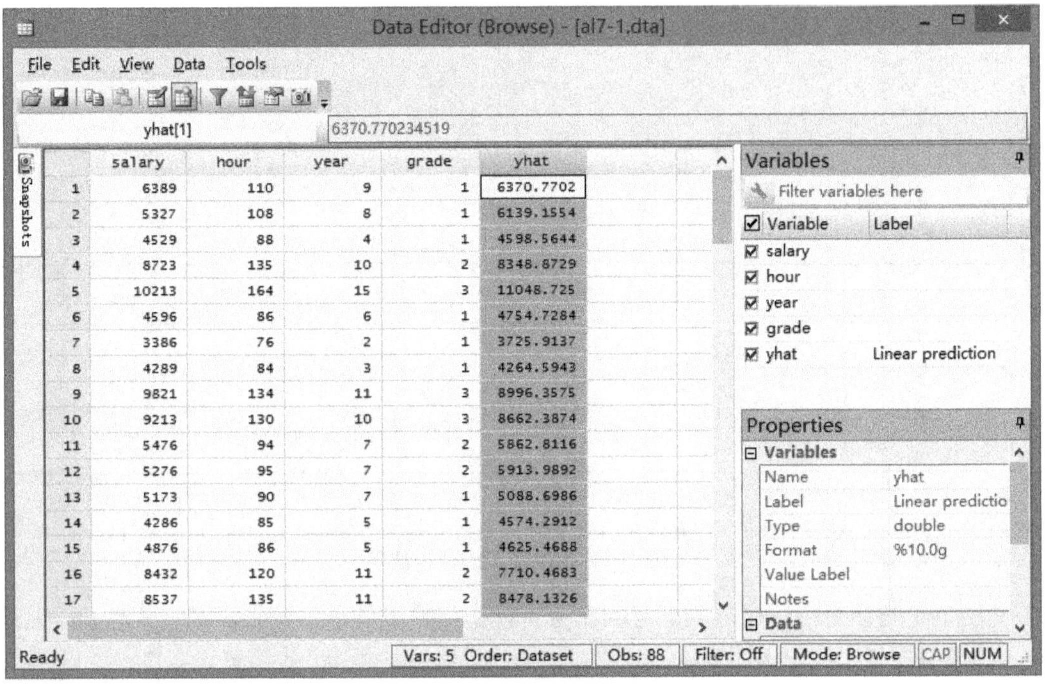

图 7-6 对拟合值进行预测的分析结果

因变量的预测拟合值是根据自变量的值和得到的回归方程计算出来的，主要用于预测未来月工资收入。在图 7-6 中，可以看到 yhat 的值与 salary 的值是比较接近的，所以拟合的回归模型还是不错的。

6. 回归分析得到的残差序列

在主界面的 Command 文本框中输入命令：

predict e, residuals

本命令的含义是获得回归后的残差序列。

输入完命令后，按回车键，则在 Data Editors(Browse) 窗口得到如图 7-7 所示的分析结果。

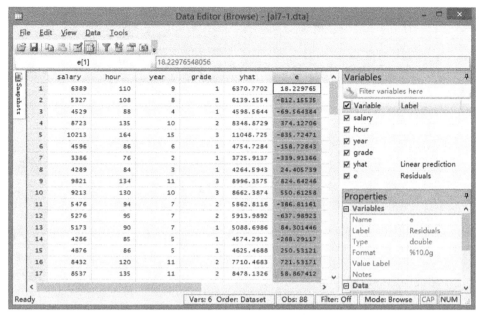

图 7-7 残差序列的分析结果

如果我们要在断尾回归分析中使用稳健的标准差,以克服可能会存在的异方差对模型的整体有效性带来的不利影响,依然以例 7-1 为例,操作命令为:

truncreg salary hour year grade,ll(3000) robust

输入完命令后,按回车键,得到如图 7-8 所示的分析结果。

```
(note: 0 obs. truncated)

Fitting full model:

Iteration 0:   log pseudolikelihood = -675.57114
Iteration 1:   log pseudolikelihood = -675.52962
Iteration 2:   log pseudolikelihood = -675.52953
Iteration 3:   log pseudolikelihood = -675.52953

Truncated regression
Limit:       lower =      3000                   Number of obs  =       88
             upper =      +inf                   Wald chi2(3)   =   905.92
Log pseudolikelihood = -675.52953                Prob > chi2    =   0.0000
```

salary	Coef.	Robust Std. Err.	z	P>|z|	[95% Conf. Interval]	
hour	51.17762	7.476664	6.84	0.000	36.52363	65.83161
year	129.2596	48.99108	2.64	0.008	33.23889	225.2804
grade	569.4026	168.8532	3.37	0.001	238.4564	900.3488
_cons	-991.5073	420.8516	-2.36	0.018	-1816.361	-166.6533
/sigma	528.295	32.93317	16.04	0.000	463.7471	592.8428

图 7-8 使用稳健标准差的回归分析结果

通过观察图 7-8 的结果,可以看出模型中各个变量的系数显著性较没有使用稳健标准差进行断尾回归分析时有了进一步的提高,模型更加完美。

7.2 截取回归分析

7.2.1 截取回归分析的概念

截取回归分析是针对当因变量大于一定数值或者小于一定数值时仅能有一种取值的回归分析方法。或者说,因变量的取值范围是受到限制的,当因变量大于一定值时,不管程度如何,统统被记录为某一特定值。在这种情况下,通过一般的最小二乘回归分析得到的结论是不完美的。举例来说,如果研究某单位的薪酬情况,该单位采取封顶薪酬方式,把年薪作为因变量,那么该因变量的取值范围就低于一定数值。

下面通过实例来说明。

7.2.2 截取回归分析的应用

例 7-2 表 7-2 给出了某单位 78 名在岗职工的工龄、职称级别、月工作时间及月工资收入情况。已知该单位的保底工资是 3 000 元/月。试构建回归分析模型研究一下该单位职工的月工资收入受工龄、职称级别(1 表示初级,2 表示中级,3 表示高级)、月工作时间等变量的影响情况。

表 7-2 某单位在岗职工的工龄、职称级别、月工作时间及月工资收入情况

编号	工龄/年	职称级别	月工作时间/时	月工资收入/元
1	6	1	86	4 596
2	2	1	76	3 386
3	3	1	84	4 289
4	11	3	134	9 821
5	10	3	130	9 213
6	7	2	94	5 476
…	…	…	…	…
73	7	2	95	5 276
74	7	1	90	5 173
75	5	1	85	4 286
76	5	1	86	4 876
77	11	2	120	8 432
78	11	2	135	8 537

使用 Stata 12.0 打开在目录"E:\stata12\zsq\chap07"中的"al7-2.dta"数据文件,命令如下:

use "E:\stata12\zsq\chap07\al7-2.dta", clear

browse

数据如图 7-9 所示。

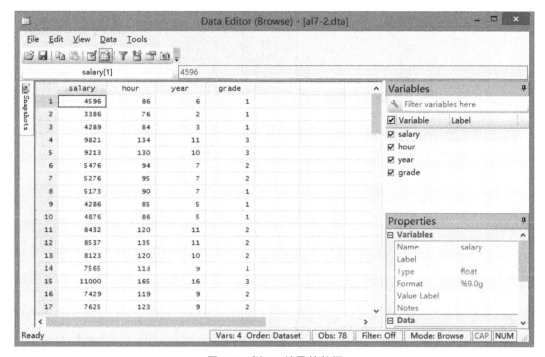

图 7-9　例 7-2 涉及的数据

1. 对数据进行展示

在主界面的 Command 文本框中输入命令:

list salary hour year grade

本命令的含义是对四个变量所包含的样本数据进行一一展示,以便直观地观测出数据的具体特征,为深入分析作准备。

输入完命令后,按回车键,得到如图 7-10 所示的分析结果。

	salary	hour	year	grade
1.	4596	86	6	1
2.	3386	76	2	1
3.	4289	84	3	1
4.	9821	134	11	3
5.	9213	130	10	3
6.	5476	94	7	2
7.	5276	95	7	2
8.	5173	90	7	1
9.	4286	85	5	1
10.	4876	86	5	1
11.	8432	120	11	2
12.	8537	135	11	2
13.	8123	120	10	2
14.	7565	113	9	1
15.	11000	165	16	3
16.	7429	119	9	2
17.	7625	123	9	2
18.	6389	110	9	1
19.	5327	108	8	1
20.	4529	88	4	1
21.	8723	135	10	2
22.	11000	164	15	3
23.	4596	86	6	1
24.	3000	76	2	1
25.	3000	84	3	1
26.	9821	134	11	3
27.	9213	130	10	3
28.	5476	94	7	2
29.	5276	95	7	2
30.	5173	90	7	1
31.	4286	85	5	1
32.	4876	86	5	1
33.	8432	120	11	2
34.	8537	135	11	2
35.	8123	120	10	2
36.	7565	113	9	1
37.	11000	165	16	3
38.	7429	119	9	2
39.	7625	123	9	2
40.	6389	110	9	1
41.	5327	108	8	1
42.	3000	88	4	1
43.	8723	135	10	2
44.	11000	164	15	3
45.	4596	86	6	1
46.	3000	76	2	1
47.	4289	84	3	1
48.	9821	134	11	3
49.	9213	130	10	3
50.	5476	94	7	2
51.	5276	95	7	2
52.	5173	90	7	1
53.	4286	85	5	1
54.	4876	86	5	1
55.	8432	120	11	2
56.	8537	135	11	2
57.	8123	120	10	2
58.	7565	113	9	1
59.	11000	165	16	3
60.	7429	119	9	2
61.	7625	123	9	2
62.	6389	110	9	1
63.	5327	108	8	1
64.	4529	88	4	1
65.	8723	135	10	2
66.	11000	164	15	3
67.	4596	86	6	1
68.	3386	76	2	1
69.	4289	84	3	1
70.	11000	159	11	3
71.	9213	130	10	3
72.	5476	94	7	2
73.	5276	95	7	2
74.	5173	90	7	1
75.	4286	85	5	1
76.	4876	86	5	1
77.	8432	120	11	2
78.	8537	135	11	2

图 7-10　对数据进行展示的分析结果

通过观察图 7-10 的结果可以看到,数据的总体质量是可以的,没有极端异常值,变量之间的量纲差距不大,可进入下一步分析。

2. 对数据进行回归分析

在主界面的 Command 文本框中输入命令:

regress salary hour year grade

本命令的含义是以 salary 为因变量,以 hour、year、grade 为自变量,进行最小二乘回归分析,研究变量之间的因果影响关系。

输入完命令后,按回车键,得到如图 7-11 所示的分析结果。

```
      Source |       SS       df       MS              Number of obs =      78
-------------+------------------------------           F(  3,    74) =  575.78
       Model |  404115911     3   134705304            Prob > F      =  0.0000
    Residual |  17312650.2   74   233954.732           R-squared     =  0.9589
-------------+------------------------------           Adj R-squared =  0.9573
       Total |  421428561    77   5473098.19           Root MSE      =  483.69

------------------------------------------------------------------------------
      salary |      Coef.   Std. Err.      t    P>|t|     [95% Conf. Interval]
-------------+----------------------------------------------------------------
        hour |   53.02997   7.845277     6.76   0.000     37.39791    68.66203
        year |   182.4601   52.15133     3.50   0.001     78.54635    286.3739
       grade |   554.3572   131.2952     4.22   0.000     292.7458    815.9686
       _cons |  -1582.902    424.996    -3.72   0.000    -2429.725   -736.0785
------------------------------------------------------------------------------
```

图 7-11 对数据进行回归的分析结果

通过观察图 7-11 的结果,可以看出共有 78 个样本参与了分析,模型的 F 值 $F(3,74) = 575.78$,P 值($Prob > F = 0.0000$),说明该模型整体上是非常显著的。模型的可决系数 $R^2 = 0.9589$,修正的可决系数 $Adj\ R^2 = 0.9573$,说明模型的解释能力也是非常好的。

变量 hour 的系数标准误是 7.845277,t 值为 6.76,P 值为 0.000,系数是非常显著的,95% 的置信区间为 [37.39791,68.66203]。变量 year 的系数标准误是 52.15133,t 值为 3.50,P 值为 0.001,系数是比较显著的,95% 的置信区间为 [78.54635,286.3739]。变量 grade 的系数标准误是 131.2952,t 值为 4.22,P 值为 0.000,系数是非常显著的,95% 的置信区间为 [292.7458,815.9686]。常数项的系数标准误是 424.996,t 值为 -3.72,P 值为 0.000,系数是比较显著的,95% 的置信区间为 [-2429.725,-736.0785]。

模型的回归方程是:

salary = 53.02997 × hour + 182.4601 × year + 554.3572 × grade - 1582.902

从上面的分析可以看出,最小二乘线性模型的整体显著性、系数显著性及模型的整体解释能力都不错。得到的结论是,该单位工人的月工资是与其工龄、职称级别、月工作时间等都是显著且呈正向变化的。

3. 截取回归分析

在主界面的 Command 文本框中输入命令:

tobit salary hour year grade,ul(11000)

本命令的含义是以 salary 为因变量,以 hour、year、grade 为自变量,进行截取回归分析。

输入完命令后,按回车键,得到如图 7-12 所示的分析结果。

```
Tobit regression                              Number of obs   =         78
                                              LR chi2(3)      =     269.28
                                              Prob > chi2     =     0.0000
Log likelihood = -531.46024                   Pseudo R2       =     0.2021
```

salary	Coef.	Std. Err.	t	P>|t|	[95% Conf. Interval]	
hour	58.72234	7.167127	8.19	0.000	44.44469	72.99999
year	207.5801	47.64429	4.36	0.000	112.6678	302.4924
grade	525.3432	115.7347	4.54	0.000	294.7878	755.8987
_cons	-2272.016	404.3246	-5.62	0.000	-3077.472	-1466.56
/sigma	425.8502	35.61834			354.8948	496.8056

```
Obs. summary:          0  left-censored observations
                      71  uncensored observations
                       7  right-censored observations at salary>=11000
```

图 7-12　截取回归的分析结果

从图 7-12 的结果中可以看到,截取回归分析模型相对于最小二乘回归模型得到了很大程度的改进,模型中各个变量系数的显著性有不同程度的提高,结果解释与图 7-11 的解释类似,此不赘述。

4. 对截取回归的变量系数作假设检验

在主界面的 Command 文本框中输入命令:

test hour year grade

本命令的含义是对截取回归分析估计的各个自变量的系数进行假设检验,检验其显著程度。

输入完命令后,按回车键,得到如图 7-13 所示的分析结果。

```
 (1)  [model]hour = 0
 (2)  [model]year = 0
 (3)  [model]grade = 0

       F(3,75) =  535.57
         Prob>F =  0.0000
```

图 7-13　假设检验的分析结果

从图 7-13 的结果中可以看出,P 值小,该模型非常显著,拟合很好。

5. 对因变量的拟合值进行预测

在主界面的 Command 文本框中输入命令:

predict yhat

本命令的含义是对因变量的拟合值进行预测。

输入完命令后,按回车键,则在 Data Editors(Browse)窗口得到如图 7-14 所示的分析结果。

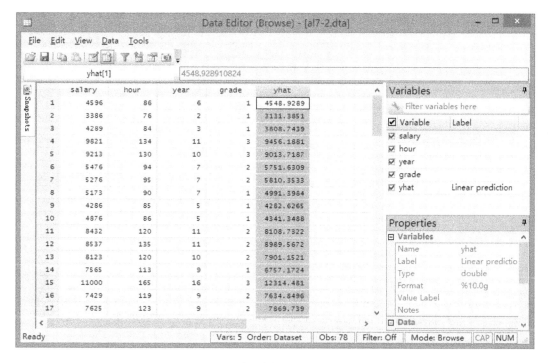

图 7-14 对拟合值进行预测的结果

因变量拟合的预测是根据自变量的值和得到的回归方程计算出来的,主要用于预测未来。在图 7-14 中,可以看到 yhat 的值与 salary 的值是比较接近的,所以拟合的回归模型还是不错的。

6. 使用稳健性标准差进行截取回归分析

若我们要在截取回归分析中使用稳健的标准差,以克服可能会有的异方差的存在对模型的整体有效性带来的不利影响,以例 7-2 为例,操作命令为:

tobit salary hour year grade,ul(11000) robust

输入完命令后,按回车键,得到如图 7-15 所示的分析结果。

```
Tobit regression                                  Number of obs  =        78
                                                  F(3,75)        =    770.49
                                                  Prob > F       =    0.0000
Log pseudolikelihood = -531.46024                 Pseudo R2      =    0.2021
```

		Robust			
salary	Coef.	Std. Err.	t	P>|t|	[95% Conf. Interval]	
hour	58.72234	6.686075	8.78	0.000	45.40299	72.04168
year	207.5801	45.05987	4.61	0.000	117.8162	297.344
grade	525.3432	139.3285	3.77	0.000	247.7866	802.8998
_cons	-2272.016	331.9853	-6.84	0.000	-2933.365	-1610.667
/sigma	425.8502	37.64919			350.8492	500.8513

```
Obs. summary:        0 left-censored observations
                    71 uncensored observations
                     7 right-censored observations at salary>=11000
```

图 7-15 使用稳健性标准差进行截取回归的分析结果

通过观察图 7-15 的结果,可以看出模型中各个变量的系数显著性较没有使用稳健标准差进行截取回归分析时有了进一步的提高,模型更加完美。

7. 设置下限进行截取回归分析

与设置上限类似,也可以设置截取回归的下限进行分析,围绕例 7-2,如果设置保底工资为 3 000,而不设置封顶工资,那么操作命令为:

tobit salary hour year grade,ll(3000)

输入完命令后,按回车键,得到如图 7-16 所示的分析结果。

```
Tobit regression                                  Number of obs  =        78
                                                  LR chi2(3)     =    236.73
                                                  Prob > chi2    =    0.0000
Log likelihood = -568.55468                       Pseudo R2      =    0.1723
```

salary	Coef.	Std. Err.	t	P>|t|	[95% Conf. Interval]	
hour	51.33354	8.021806	6.40	0.000	35.35329	67.3138
year	200.7987	53.76625	3.73	0.000	93.69078	307.9065
grade	552.1327	133.658	4.13	0.000	285.8723	818.3932
_cons	-1553.493	432.7089	-3.59	0.001	-2415.493	-691.4923
/sigma	492.2026	41.01325			410.5	573.9051

```
Obs. summary:        4 left-censored observations at salary<=3000
                    74 uncensored observations
                     0 right-censored observations
```

图 7-16 设置下限进行截取回归的分析结果

模型的结果解读与前面类似,此不赘述。

8. 同时设置上限和下限进行截取回归分析

围绕例7-2,如果设置保底工资为3 000,同时设置封顶工资为11 000,那么操作命令为:

tobit salary hour year grade,ll(3000) ul(11000)

输入完命令后,按回车键,得到如图7-17所示的分析结果。

```
Tobit regression                                  Number of obs   =         78
                                                  LR chi2(3)      =     256.61
                                                  Prob > chi2     =     0.0000
Log likelihood = -508.94234                       Pseudo R2       =     0.2013
```

salary	Coef.	Std. Err.	t	P>|t|	[95% Conf. Interval]	
hour	57.14519	7.517156	7.60	0.000	42.17025	72.12013
year	228.6658	50.69766	4.51	0.000	127.6709	329.6607
grade	520.8632	121.0532	4.30	0.000	279.7128	762.0137
_cons	-2270.666	422.2223	-5.38	0.000	-3111.776	-1429.556
/sigma	445.1417	38.79441			367.8593	522.4241

```
Obs. summary:          4  left-censored observations at salary<=3000
                      67  uncensored observations
                       7  right-censored observations at salary>=11000
```

图7-17 同时设置上、下限进行截取回归的分析结果

模型的结果解读参见图7-11下的解释,此不赘述。

第 3 篇
Stata 计量经济应用

第8章 Stata异方差计量检验与应用

在第6章,我们介绍了最小二乘线性回归分析方法,这种方法可以满足大部分的研究需要。但是这种分析方法的有效性是建立在变量无异方差、无自相关、无多重共线性的基础之上的。实际上很多数据是不满足这些条件的,那就需要用到异方差、自相关、多重共线性的检验与解决办法,从本章开始的后面三章我们通过实例来说明。

8.1 回归模型的异方差计量检验基本理论

在标准的线性回归模型中,有一个基本假设:整个总体同方差(也就是因变量的变异)不随自身预测值及其他自变量的值的变化而变化。然而,在实际问题中这一假设条件往往不被满足,会出现异方差的情况,如果继续采用标准的线性回归模型,就会使结果偏向于变异较大的数据,从而产生较大的偏差,所以在进行回归分析时往往需要检验变量的异方差,从而提出有针对性的解决方案。常用的用于判断数据是否存在异方差的检验方法有:绘制残差序列图、怀特检验、BP检验,解决异方差的方法有:使用稳健的标准差进行回归、使用加权最小二乘回归分析方法进行回归等。

8.1.1 异方差的概念

例如,储蓄与收入的关系模型: $Y = \beta_1 + \beta_2 X_i + \varepsilon_i$,其中 Y_i 是储蓄, X_i 是收入, ε_i 是随机扰动项,如图8-1所示。

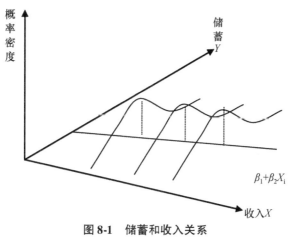

图8-1 储蓄和收入关系

设线性回归模型为

$$y_i = \beta_0 + \beta_1 x_{i1} + \beta_2 x_{i2} + \cdots + \beta_p x_{ip} + \varepsilon_i, i = 1,2,\cdots,N$$

假定模型中的随机误差项序列满足

$$\varepsilon_i = N(0,\sigma^2),且相互独立,i = 1,2,\cdots,N$$

即要求各 ε_i 是同方差的。

但在计量模型中经常会出现违背上述同方差假定的情况,即

$$\varepsilon_i = N(0,\sigma_i^2),且相互独立,i = 1,2,\cdots,N$$

其中各 σ_i^2 不完全相同,此时就称该回归模型具有异方差性,如图8-2 所示。

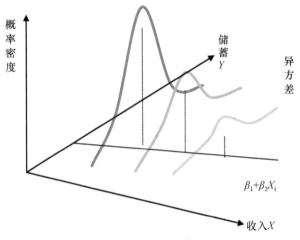

图8-2 储蓄和收入关系模型的异方差性

模型1 使用横截面资料(指同一时期)研究居民家庭的储蓄模型

$$y_i = \beta_0 + \beta_1 x_i + \varepsilon_i, i = 1,2,\cdots,N$$

其中,y_i 为第 i 个家庭的年储蓄额;x_i 为第 i 个家庭的年可支配收入;ε_i 为除收入外影响储蓄的其他因素,如家庭人口及其构成情况、消费观念和偏好、文化背景、过去的收入水平、对将来的收入预期和支出预期、社会的经济景气状况、存款利率、股市状况、社会保险和社会福利状况对储蓄的影响。

显然在这一模型中,关于随机误差项 ε_i 序列是同方差的假定是无法满足的。这是因为对于高收入家庭而言,在满足基本生活费支出后,尚有很大剩余,因此在改善生活质量方面有很大的可选择余地。其中有些家庭倾向于购置高档商品住宅、购买家庭轿车、购买高档家用电器和生活用品,以及出门旅游、出入高档餐厅、听歌剧、音乐会等,也有的热衷于证券投资等。这些高收入家庭的储蓄额占其收入的比例就相对较低,甚至通过贷款进行超前消费。而另一些高收入家庭则或者由于工作繁忙,或者由于文化素质较高、生活上一贯俭朴等原因,因而很少涉足高消费领域,他们的储蓄额就必然较高。由此可见,对于收入越高的家庭,家庭储蓄之间的差异也就必然越大,反映在模型中就是 ε_i 的方差越大。而对于低收入家庭,其收入除去必要的生活开支之外就所剩无几,为了预防或准备今后的特殊需要而进行储蓄,故储蓄较有规律,差异也较小,即 ε_i 的方差较小。

模型2 以某一时间截面上不同地区的数据为样本,研究某行业的产出随投入要素的变化关系,建立如下的生产函数模型

$$y_i = f(K_i, L_i) + \varepsilon_i, i = 1, 2, \cdots, N$$

其中，ε_i 包含了除投资 K 与劳动 L 以外的其他因素对产出 y_i 的影响，如采用的技术水平、管理水平、创新能力、交通条件、市场信息、人才素质及政府的政策因素等。显然，对投资规模 K 大的企业，在采用的工艺装备水平、研究与开发（R&D）的投入及管理水平、营销网络等方面都会存在较大的差异。因而其产出也就必然存在较大的差异性，反映在模型中随机误差项 ε_i 的方差通常就会随 K_i 的增大而增大，从而产生异方差性。

模型 3 在以分组的平均值作为各组的样本数据时，如果对不同的组别的抽样数 $n_i (i = 1, 2, \cdots, N)$ 不完全相同，则由样本均值方差的性质可知，数据量越多的组的平均值的方差就越小。设 y_{ij} 为第 i 组中抽取的第 j 个观察值，并设各 y_{ij} 是同方差的，即 $D(y_{ij}) = \sigma^2, i = 1, 2, \cdots, N, j = 1, 2, \cdots, n$，则

$$D(\bar{y}_i) = D\left(\frac{1}{n} \sum_{i=1}^{n_i} y_{ij}\right) = \frac{\sigma^2}{n_i}$$

故在以组内平均值作为样本数据时，如果各组所含观察值数量不相同，也会导致异方差性。

8.1.2 异方差产生的原因

了解异方差产生的原因，就可以在研究计量经济模型时，有针对性地对样本数据进行检验，发现存在异方差后，采取有效措施消除模型中的异方差，使模型的参数估计更精确，显著性检验结果更具有说服力，预测和控制分析更有使用价值。

异方差产生的原因主要有以下几项：

（1）由问题的经济背景所产生的异方差。

如前面的模型 1 和模型 2 描述的情况，就是产生异方差的最主要的原因。

（2）由于模型中忽略了某些重要的解释变量。

例如，假定实际问题的回归模型应当为

$$y_i = \beta_0 + \beta_1 x_{i1} + \beta_2 x_{i2} + \beta_3 x_{i3} + \beta_i, i = 1, 2, \cdots, N$$

但在建立模型时忽略了对 Y 有重要影响的解释变量 x_3，所建模型为

$$y_i = \beta_0 + \beta_1 x_{i1} + \beta_2 x_{i2} + \varepsilon_i, i = 1, 2, \cdots, N$$

则随机误差项 ε_i 中就含有 x_3 的不同取值 x_{i3} 对 y_i 的影响部分，当对应于各样本数据中的 x_3 呈有规律的变化时，随机误差项 ε_i 也就会呈现相应的有规律性的变化，使 ε_i 出现异方差性。

（3）因模型的函数形式设定不当而产生的异方差。

例如，假定两个变量之间正确的相关关系为指数函数形式，回归模型应设定为

$$y_i = \beta_0 e^{\beta_1 x_i} \varepsilon_i, i = 1, 2, \cdots, N$$

但在建立模型时错误地将其设为线性模型

$$y_i = \beta_0 + \beta_1 x_i + \varepsilon_i, i = 1, 2, \cdots, N$$

则用线性回归方程对样本数据进行拟合时将产生系统性偏差，从而导致异方差现象。

（4）经济结构的变化所引起的异方差。

由于经济结构的变化，使经济变量之间的关系在不同时期有较大差异。例如，设经济变量 y 和 x 在计划经济时期和市场经济时期的关系有所不同，应分别建立两个模型：

$$y_i = \beta_0^{(1)} + \beta_1^{(1)} x_t + \varepsilon_t^{(1)}, 1 \leq t \leq t_0$$
$$y_i = \beta_0^{(2)} + \beta_1^{(2)} x_t + \varepsilon_t^{(2)}, t_0 \leq t \leq T$$

即使两个模型中的随机误差项 $\varepsilon_t^{(1)}$ 和 $\varepsilon_t^{(2)}$ 是同方差的,但若将它们统一在一个模型中处理,也会引起异方差现象。

8.1.3 异方差的后果

当模型存在异方差时,如果仍使用普通最小二乘法(OLS)估计模型中的参数,将会引起以下后果:

(1) 参数的 OLS 估计不再具有最小方差性。

由于在异方差条件下,OLS 不再具有最小方差性,因此也就不是参数 β 的优良估计。如果仍使用 OLS 进行参数估计,也将导致估计的误差增大。

(2) 显著性检验失效。

在建立回归模型时,我们是在所有 $\varepsilon_i \sim N(0, \sigma^2)$,且相互独立的条件下,得到用以检验回归方程的 F 统计量和检验回归系数的 t 统计量的分布。当存在异方差时,在原假设为真时统计量就不再服从原来的分布,从而使假定的显著性检验方法失效。

(3) 预测的精度降低。

由于异方差使 OLS 估计所得到的 $\hat{\beta}_j(j=0,1,2,\cdots,p)$ 的方差增大,估计精度降低,因此在使用由 OLS 方法所得回归方程进行预测时,必然降低点预测和区间预测的精度,使预测结果变得不可靠,也就失去了应用价值。基于同样的原因,在将回归方程应用于控制时,也会产生同样的不良后果。

8.1.4 异方差的识别检验

由于异方差的存在导致上述不良后果,因此对于计量经济模型,在进行参数估计之前就应当对是否存在异方差进行识别。若确实存在异方差,就需要采取措施消除数据中的异方差性。异方差的识别与检验主要有以下几类方法:

1. 根据问题的经济背景,分析是否可能存在异方差

如前面 8.1.1 节的模型 1 和模型 2,就是运用经济常识来判断模型中将会出现异方差的。这通常是判断是否存在异方差的第一个步骤,具体确认还需要进一步借助以下方法。

2. 图示法

通常可以借助以下两种图示法判断是否存在异方差。

(1) 分别对各解释变量 $x_j(j=1,2,\cdots,p)$,作出 (x_j,y_i) 的散点图。这一方法可以分析异方差与哪些解释变量有关。如果 y_i 的离散程度基本上不随 x_j 的取值不同而改变,则说明同方差;如果 y_i 的离散程度随 x_j 的取值不同而呈现有规律性的变化,则说明存在异方差。

(2) 分别作出各解释变量 x_j 与残差平方 (x_j, e_i^2) 的散点图。其中 $e_i^2 = (y_i - \hat{y}_i)^2$ 称为残差平方项,可将残差平方项 e_i^2 视为 σ_i^2 的估计,具体步骤如下:① 用 OLS 对模型进行参数估计,求出回归方程,并计算各残差平方项 $e_i^2 = (y_i - \hat{y}_i)^2$;② 作 (x_j, e_i^2) 的散点图。

如果残差平方项的大小基本上不随 x_j 的取值不同而变化,则说明不存在异方差;如果残差平方项的大小随 x_j 的增减而呈现有规律性的变化,则可以判定存在异方差。

图示法简单直观,在 SPSS 软件中能很方便地根据要求作出各种散点图。但图示法也有其局限性,在多元回归模型中,在考察 σ_i^2 是否随某一解释变量 x_j 而变化的上述图示法中,当 x_j 取不同值时,其他解释变量的取值也会变化,因而显示的异方差性并不一定就是该 x_j 所引起的。此外图示法也难以反映由两个或多个解释变量的共同作用所产生的异方差。

3. 统计检验方法

检验是否存在异方差最有效的方法是统计检验方法,以下介绍的两种检验方法的基本思想都是相同的。所谓的异方差,是指对不同的样本观察值,ε_i 具有不同的方差 σ_i^2,也即随机误差项 ε_i 与某些解释变量之间存在着相关性。所有统计检验方法,都是检验 σ_i^2 与解释变量是否存在显著的相关性。由于 σ_i^2 未知,故都采用其点估计残差平方项 e_i^2 近似替代 σ_i^2 进行检验。

(1) 帕克(Park)检验。

Park 认为,如果存在异方差,则 σ_i^2 应是某个解释变量的函数,因而可以假定

$$\sigma_i^2 = \sigma^2 x_{ij}^\beta e^{V_i}, i = 1,2,\cdots,N \tag{8-1}$$

将其线性化后,可得

$$\ln\sigma_i^2 = \ln\sigma^2 + \beta\ln x_{ij} + V_i, i = 1,2,\cdots,N \tag{8-2}$$

由于 σ_i^2 未知,可用其估计值 e_i^2 代替。具体检验步骤如下:

首先用 OLS 对原模型进行回归,并求得各 e_i^2(统计软件都有返回残差 e_i 的功能)。

其次将 e_i^2 对各解释变量分别进行如下 元回归:

$$\ln e_i^2 = \ln\sigma^2 + \beta\ln x_{ij} + V_i = \alpha + \beta x_{ij}, i = 1,2,\cdots,N \tag{8-3}$$

最后检验假设 $H_0: \beta = 0$。若结果为显著的,则判定存在异方差;如果有多个显著的回归方程,则取临界显著性水平最高的作为 σ_i^2 与解释变量之间的相关关系,并由此得到 σ_i^2 的具体形式。

由式(8-1)可知,Park 检验所采取的函数形式可以是解释变量的任意次幂,因此适应性很广,同时还可得到 σ_i^2 的具体形式

$$\sigma_i^2 = \sigma^2 f(x_{ij}) \tag{8-4}$$

这对消除异方差将是十分有用的。

(2) 怀特(White)检验。

这一方法是由 H. White 在 1980 年提出的,其步骤为:

首先用 OLS 对原模型进行回归,并求得各 e_i^2。

其次将 e_i^2 对各解释变量、它们的平方项及交叉乘积项进行一元线性回归,并检验各回归方程的显著性。

最后若存在显著的回归方程,则认为存在异方差,并取临界显著水平最高的回归方程检验 σ_i^2 与解释变量之间的相关关系。

例如,设原模型为

$$y_i = \beta_0 + \beta_1 x_{i1} + \beta_2 x_{i2} + \beta_3 x_{i3} + \varepsilon_i$$

则将 e_i^2 分别对 $x_{i1}, x_{i2}, x_{i3}, x_{i1}^2, x_{i2}^2, x_{i3}^2, x_{i1}x_{i2}, x_{i1}x_{i3}, x_{i2}x_{i3}$ 进行一元回归。White 检验可适用于 σ_i^2 与两个解释变量同时相关的情况。

除了以上介绍的检验方法外,还有格里瑟(Gleiser)检验等多种检验异方差的方法,在此不

作一一介绍。

8.1.5 消除异方差的方法

当使用某种方法确定存在异方差后,就不能简单地采用 OLS 进行参数估计了,否则将产生严重的后果。

如果是由于模型设定不当而产生的异方差现象,则应根据问题的经济背景和有关经济学理论,重新建立更为合理的回归模型,否则即使采用了以下介绍的方法进行处理,从表面上对现有的样本数据消除了异方差,但由于模型自身存在的缺陷,所得到的回归方程仍不可能正确反映经济变量之间的关系,用它来进行预测和控制,仍会产生较大的误差。以下介绍的消除异方差的方法,是以模型设定正确为前提的。

1. 模型(数据)变换法

设原模型存在异方差,为

$$y_i = \beta_0 + \beta_1 x_{i1} + \beta_2 x_{i2} + \cdots + \beta_p x_{ip} + \varepsilon_i \tag{8-5}$$

$\varepsilon_i \sim N(0, \sigma_i^2)$,且相互独立,$i = 1, 2, \cdots, N$。

如果经由 Park 检验或其他方法,已经得到 σ_i^2 随解释变量变化的基本关系:

$$\sigma_i^2 = \sigma^2 f(x_{i1}, x_{i2}, \cdots, x_{ip}) = \sigma^2 z_i \tag{8-6}$$

其中 $z_i = f(x_{i1}, x_{i2}, \cdots, x_{ip}) > 0$,$\sigma^2$ 为常数。用 $\sqrt{z_i}$ 去除式(8-5)的两边,得

$$\frac{y_i}{\sqrt{z_i}} = \beta_0 \frac{1}{\sqrt{z_i}} + \beta_1 \frac{x_{i1}}{\sqrt{z_i}} + \beta_2 \frac{x_{i2}}{\sqrt{z_i}} + \cdots + \beta_p \frac{x_{ip}}{\sqrt{z_i}} + \frac{\varepsilon_i}{\sqrt{z_i}} \tag{8-7}$$

显然式(8-6)与式(8-4)是等价的。令

$$\begin{cases} y_i' = y_i / \sqrt{z_i}, x_{i0}' = 1 / \sqrt{z_i} \\ x_{ij}' = x_{ij} / \sqrt{z_i}, j = 1, 2, \cdots, p \\ V_i = \varepsilon_i / \sqrt{z_i} \end{cases} \tag{8-8}$$

则式(8-7)可以表示为

$$y_i' = \beta_0 x_{i0}' + \beta_1 x_{i1}' + \beta_2 x_{i2}' + \cdots + \beta_p x_{ip}' + V_i, i = 1, 2, \cdots, N \tag{8-9}$$

此时

$$D(V_i) = D(\varepsilon_i / \sqrt{Z_i}) = \frac{1}{Z_i} D(\varepsilon_i) = \frac{1}{Z_i} \sigma^2 Z_i = \sigma^2, i = 1, 2, \cdots, N \tag{8-10}$$

式(8-10)说明式(8-7)和式(8-9)已是同方差的,因此可以用 OLS 进行参数估计,得到线性回归方程

$$\hat{y}_i' = \hat{\beta}_0 x_0' + \hat{\beta}_1 x_1' + \hat{\beta}_2 x_2' + \cdots + \hat{\beta}_p x_p' \tag{8-11}$$

若对式(8-11)的回归方程和回归系数显著性检验结果都是显著的,就可以用来进行预测和控制。但要指出的是,在进行预测和控制时,必须将数据按式(8-8)进行变换后使用式(8-11)的回归方程,得到预测或控制结论后再由式(8-8)的关系变换为原来的数值。

2. 加权最小二乘法(WLS)

OLS 的参数估计为

$$\hat{\boldsymbol{\beta}} = (\boldsymbol{X}^T \boldsymbol{X})^{-1} \boldsymbol{X}^T \boldsymbol{Y}$$

上式中对样本中的所有样本数值数据都是一视同仁的,即都赋予了相同的权数,这在同方差的情况下是合理的。当存在异方差时,方差 σ_i^2 大的样本点中 y_i 取值的离散程度大,说明该样本点数据的精确度较差;反之 σ_i^2 小的样本点数据的精度较高。因此自然会想到在运用最小二乘法估计未知参数时,应当对不同精度的样本点数据区别对待,赋予不同的权数。对 σ_i^2 小的观察值应赋予较大的权数,反之则赋予较小的权数,这样可使精度较高的观察值在最小二乘法中起较大的作用,使估计结果更合理。这种对不同观察值赋予不同权数的最小二乘法,就称为加权最小二乘法,记为 WLS。

实际上,前面介绍的模型变换法也就是运用了 WLS 方法。在模型变换法中,对第 i 个样本点数据所赋予的权数为

$$1/\sqrt{z_i} = 1/\sqrt{\sigma_i^2/\sigma^2} = \sigma/\sigma_i, i = 1,2,\cdots,N$$

一般地,设原模型为

$$Y = X\beta + \varepsilon \tag{8-12}$$

满足 $E(\varepsilon) = 0, E(\varepsilon^T \varepsilon) = \sigma^2 W$

$$W = \begin{bmatrix} w_1 & & & \\ & w_2 & & \\ & & \ddots & \\ & & & w_N \end{bmatrix}$$

其中 $w_i > 0$ 且不完全相同,即式(8-12)存在异方差,设

$$W = DD^T \tag{8-13}$$

其中

$$D = \begin{bmatrix} \sqrt{w_1} & & & \\ & \sqrt{w_2} & & \\ & & \ddots & \\ & & & \sqrt{w_N} \end{bmatrix}, D^{-1} = \begin{bmatrix} \frac{1}{\sqrt{w_1}} & & & \\ & \frac{1}{\sqrt{w_2}} & & \\ & & \ddots & \\ & & & \frac{1}{\sqrt{w_N}} \end{bmatrix}$$

用 D^{-1} 左乘式(8-12)两边,得

$$D^{-1}Y = D^{-1}X\beta + D^{-1}\varepsilon \tag{8-14}$$

令 $Y^* = D^{-1}Y, X^* = D^{-1}X, \varepsilon^* = D^{-1}\varepsilon$,则式(8-14)可改写为

$$Y^* = X^*\beta + \varepsilon^* \tag{8-15}$$

由于

$$\begin{aligned} E(\varepsilon^* \varepsilon^{*T}) &= E(D^{-1}\varepsilon\varepsilon^T (D^{-1})^T) = D^{-1} E(\varepsilon\varepsilon^T)(D^{-1})^T \\ &= D^{-1}\sigma^2 W (D^{-1})^T = \sigma^2 D^{-1} DD^T (D^{-1})^T = \sigma^2 I \end{aligned} \tag{8-16}$$

即说明模型式(8-15)已是同方差的,可以使用 OLS 进行估计,其参数估计为

$$\begin{aligned}
\hat{\beta} &= (X^{*T}X^*)^{-1}X^{*T}Y^* \\
&= (X^T(D^{-1})^T D^{-1}X)^{-1}X^T(D^{-1})^T D^{-1}Y \\
&= (X^T W^{-1}X)^{-1}X^T W^{-1}Y
\end{aligned} \qquad (8\text{-}17)$$

称式(8-17)为式(8-12)的加权最小二乘法估计,记为 WLSE。其中

$$W^{-1} = \begin{bmatrix} 1/w_1 & & & \\ & 1/w_2 & & \\ & & \ddots & \\ & & & 1/w_N \end{bmatrix}$$

矩阵 W 可以通过以下途径确定:

(1) 若已由 Park 检验或其他检验方法得到 σ_i^2 与解释变量之间的关系,则可令

$$w_i = f(x_{i1}, x_{i2}, \cdots, x_{ip}), i = 1, 2, \cdots, N \qquad (8\text{-}18)$$

(2) 先用 OLS 求得各残差平方项 e_i^2,用 e_i^2 代替 σ_i^2,令 $w_i = e_i^2$,即得

$$W = \begin{bmatrix} e_1^2 & & & \\ & e_2^2 & & \\ & & \ddots & \\ & & & e_N^2 \end{bmatrix} \qquad (8\text{-}19)$$

8.2 回归模型的异方差计量检验的应用

例 8-1 某著名跨国公司拥有自己的一套职员评价体系,搜集并整理了公司内部 133 名职员的相关数据,如表 8-1 所示。表中的内容包括职员的年薪 V_1、工作年限 V_2、学历职称 V_3、工作能力 V_4、敬业精神 V_5 等五部分数据,试使用 V_1 作为因变量,以 V_2、V_3、V_4、V_5 等作为自变量,对这些数据使用最小二乘回归分析方法进行研究,并进行异方差检验,最终建立合适的回归方程模型用于描述变量之间的关系。

表 8-1 某著名跨国公司搜集并整理的职员相关数据

编号	年薪 V_1	工作年限 V_2	学历职称 V_3	工作能力 V_4	敬业精神 V_5
1	6.855409	2.397895	5.288267	5.872118	5.327876
2	6.514713	2.564949	5.32301	5.860786	5.010635
3	6.263398	2.564949	5.389072	5.673323	5.043425
4	6.216606	3.091042	5.147494	5.010635	5.236442
5	7.085064	3.218876	5.342334	5.187386	5.135798
6	6.507278	3.218876	5.123964	5.983936	5.117994
…	…	…	…	…	…
130	10.41493	8.972844	5.081404	5.181784	5.181784
131	11.07507	9.038246	5.446737	5.765191	5.293305
132	10.62712	9.064389	5.411646	5.57973	5.204007
133	10.77881	9.081029	5.442418	5.814131	5.247024

使用 Stata 12.0 打开在目录"E:\stata12\zsq\chap08"中的"al8-1.dta"数据文件,命令如下:

use "E:\stata12\zsq\chap08\al8-1.dta", clear

browse

数据如图 8-3 所示。

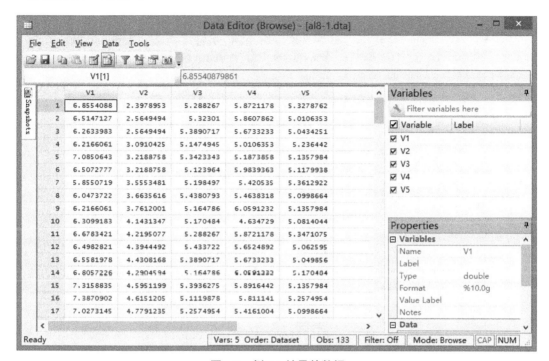

图 8-3 例 8-1 涉及的数据

1. 对数据进行描述性分析

在主界面的 Command 文本框中输入命令:

summarize V_1 V_2 V_3 V_4 V_5, detail

本命令的含义是对数据进行详细的描述性分析。

输入完后,按回车键,得到如图 8-4 所示的分析结果。

```
                              V1

             Percentiles      Smallest
      1%      6.047372        5.855072
      5%      6.498282        6.047372
     10%      6.855409        6.216606       Obs                  133
     25%      7.862882        6.216606       Sum of Wgt.          133

     50%      8.81789                        Mean            8.650843
                              Largest        Std. Dev.       1.188828
     75%      9.46537         10.61138
     90%     10.14753         10.62712       Variance        1.413312
     95%     10.41493         10.77881       Skewness          -.3608
     99%     10.77881         11.07507       Kurtosis        2.480934

                              V2

             Percentiles      Smallest
      1%      2.564949        2.397895
      5%      3.555348        2.564949
     10%      4.430817        2.564949       Obs                  133
     25%      5.686975        3.091042       Sum of Wgt.          133

     50%      7.011214                       Mean            6.661354
                              Largest        Std. Dev.        1.54636
     75%      7.769379        8.972844
     90%      8.468843        9.038246       Variance        2.391229
     95%      8.719154        9.064389       Skewness       -.7397229
     99%      9.064389        9.081029       Kurtosis          3.0171

                              V3

             Percentiles      Smallest
      1%      4.976734        4.976734
      5%      5.036953        4.976734
     10%      5.123964        5.023881       Obs                  133
     25%      5.170484        5.023881       Sum of Wgt.          133

     50%      5.298317                       Mean            5.271473
                              Largest        Std. Dev.       .1247646
     75%      5.389072        5.446737
     90%      5.438079        5.446737       Variance        .0155662
     95%      5.442418        5.446737       Skewness         -.36194
     99%      5.446737        5.446737       Kurtosis        2.12083
```

图 8-4 对数据进行描述性分析的结果

V4

	Percentiles	Smallest		
1%	4.634729	4.634729		
5%	4.634729	4.634729		
10%	4.859812	4.634729	Obs	133
25%	5.332719	4.634729	Sum of Wgt.	133
50%	5.594711		Mean	5.499925
		Largest	Std. Dev.	.3685372
75%	5.765191	5.983936		
90%	5.872118	6.059123	Variance	.1358197
95%	5.891644	6.059123	Skewness	-1.058213
99%	6.059123	6.059123	Kurtosis	3.517565

V5

	Percentiles	Smallest		
1%	4.962845	4.927254		
5%	5.043425	4.962845		
10%	5.056246	4.969813	Obs	133
25%	5.081404	5.010635	Sum of Wgt.	133
50%	5.135798		Mean	5.1542
		Largest	Std. Dev.	.0964743
75%	5.209486	5.379897		
90%	5.288267	5.4161	Variance	.0093073
95%	5.347108	5.4161	Skewness	.7176002
99%	5.4161	5.42495	Kurtosis	3.3278

图 8-4　对数据进行描述性分析的结果(续)

通过观察图 8-4 的结果,可以得到很多信息,包括百分位数、4 个最小值、4 个最大值、平均值、标准差、偏度、峰度等。

进一步分析则可以得到更多信息。

(1) 百分位数。可以看出变量 V_1 的第 1 个四分位数(25%)是 7.862882,第 2 个四分位数(50%)是 8.81789,第 3 个四分位数(75%)是 9.46537。变量 V_2 的第 1 个四分位数(25%)是 5.686975,第 2 个四分位数(50%)是 7.011214,第 3 个四分位数(75%)是 7.769379。变量 V_3 的第 1 个四分位数(25%)是 5.170484,第 2 个四分位数(50%)是 5.298317,第 3 个四分位数(75%)是 5.389072。变量 V_4 的第 1 个四分位数(25%)是 5.332719,第 2 个四分位数(50%)是 5.594711,第 3 个四分位数(75%)是 5.765191。变量 V_5 的第 1 个四分位数(25%)是 5.081404,第 2 个四分位数(50%)是 5.135798,第 3 个四分位数(75%)是 5.209486。

(2) 4 个最小值。变量 V_1 最小的 4 个数据值分别是 5.855072、6.047372、6.216606、6.216606;变量 V_2 最小的 4 个数据值分别是 2.397895、2.564949、2.564949、3.091042;变量 V_3 最小的 4 个数据值分别是 4.976734、4.976734、5.023881、5.023881;变量 V_4 最小的 4 个数据值分别是 4.634729、4.634729、4.634729、4.634729;变量 V_5 最小的 4 个数据值分别是

4.927254、4.962845、4.969813、5.010635。

(3) 4个最大值。变量 V_1 最大的 4 个数据值分别是 10.61138、10.62712、10.77881、11.07507;变量 V_2 最大的 4 个数据值分别是 8.972844、9.038246、9.064389、9.081029;变量 V_3 最大的 4 个数据值分别是 5.446737、5.446737、5.446737、5.446737;变量 V_4 最大的 4 个数据值分别是 5.983936、6.059123、6.059123、6.059123;变量 V_5 最大的 4 个数据值分别是 5.379897、5.4161、5.4161、5.42495。

(4) 平均值和标准差。变量 V_1 平均值的数据值是 8.650843,标准差是 1.188828;变量 V_2 平均值的数据值是 6.661354,标准差是 1.54636;变量 V_3 平均值的数据值是 5.271473,标准差是 0.1247646;变量 V_4 平均值的数据值是 5.499925,标准差是 0.3685372;变量 V_5 平均值的数据值是 5.1542,标准差是 0.0964743。

(5) 偏度和峰度。变量 V_1 的偏度为 -0.3608,为负偏度但不大;变量 V_2 的偏度为 -0.7397229,为负偏度但不大;变量 V_3 的偏度为 -0.36194,为负偏度但不大;变量 V_4 的偏度为 -1.058213,为负偏度但不大;变量 V_5 的偏度为 0.7176002,为正偏度但不大。

变量 V_1 的峰度为 2.480934,有一个比正态分布略短的尾巴;变量 V_2 的峰度为 3.0171,有一个比正态分布略长的尾巴;变量 V_3 的峰度为 2.12083,有一个比正态分布略短的尾巴;变量 V_4 的峰度为 3.517565,有一个比正态分布略长的尾巴;变量 V_5 的峰度为 3.3278,有一个比正态分布略长的尾巴。

综上所述,数据总体质量还是可以的,没有极端异常值,变量之间的量纲差距以及变量的偏度、峰度也是可以接受的,可以进入下一步分析。

2. 对数据进行相关分析

在主界面的 Command 文本框中输入命令:

correlate V_1 V_2 V_3 V_4 V_5

本命令的含义是对 V_1、V_2、V_3、V_4、V_5 等变量进行相关性分析。

输入完后,按回车键,得到如图 8-5 所示的分析结果。

```
(obs=133)
```

	V_1	V_2	V_3	V_4	V_5
V_1	1.0000				
V_2	0.9612	1.0000			
V_3	0.1223	0.0541	1.0000		
V_4	-0.0545	-0.1827	0.3382	1.0000	
V_5	-0.0316	-0.0278	-0.2113	0.1265	1.0000

图 8-5 对数据进行相关分析的结果

通过观察图 8-5 的结果,可以看到 V_1 和各个变量之间的相关系数是可以接受的,这就说明可以进行回归分析。

3. 对数据进行回归分析

在主界面的 Command 文本框中输入命令：

regress V_1 V_2 V_3 V_4 V_5

本命令的含义是对 V_1、V_2、V_3、V_4、V_5 等变量进行简单回归分析。

输入完后，按回车键，得到如图 8-6 所示的分析结果。

Source	SS	df	MS		Number of obs	=	133
					F(4, 128)	=	502.32
Model	175.384425	4	43.8461064		Prob > F	=	0.0000
Residual	11.1727506	128	.087287114		R-squared	=	0.9401
					Adj R-squared	=	0.9382
Total	186.557176	132	1.41331194		Root MSE	=	.29544

V_1	Coef.	Std. Err.	t	P>|t|	[95% Conf. Interval]	
V_2	.7540767	.0170565	44.21	0.000	.7203275	.7878259
V_3	.2539988	.2295186	1.11	0.271	-.200143	.7081407
V_4	.3787625	.0777495	4.87	0.000	.2249219	.5326032
V_5	-.1673661	.2793789	-0.60	0.550	-.720165	.3854328
_cons	1.068196	1.997587	0.53	0.594	-2.884371	5.020763

图 8-6 对数据进行回归分析的结果

通过观察图 8-6 的结果，可以看出共有 133 个样本参与了分析，模型的 F 值 $F(4,128)$ = 502.32，P 值(Prob > F = 0.0493)，说明该模型整体上是非常显著的。模型的可决系数 R^2 = 0.9401，修正的可决系数 Adj R^2 = 0.9382，说明模型的解释能力非常不错。

模型的回归方程是：

$V_1 = 0.7540767 \times V_2 + 0.2539988 \times V_3 + 0.3787625 \times V_4 - 0.1673661 \times V_5 + 1.068196$

变量 V_2 的系数标准误是 0.0170565，t 值为 44.21，P 值为 0.000，系数是非常显著的，95% 的置信区间为 [0.7203275, 0.7878259]。变量 V_3 的系数标准误是 0.2295186，t 值为 1.11，P 值为 0.271，系数是非常不显著的，95% 的置信区间为 [-0.200143, 0.7081407]。变量 V_4 的系数标准误是 0.0777495，t 值为 4.87，P 值为 0.000，系数是非常显著的，95% 的置信区间为 [0.2249219, 0.5326032]。变量 V_5 的系数标准误是 0.2793789，t 值为 -0.60，P 值为 0.550，系数是非常不显著的，95% 的置信区间为 [-0.720165, 0.3854328]。常数项的系数标准误是 1.997587，t 值为 0.53，P 值为 0.594，系数是非常不显著的，95% 的置信区间为 [-2.884371, 5.020763]。

从上面的分析可见，职员年薪与工作年限和工作能力之间有一种正向联动的变化关系。但学历职称和敬业精神对职员年薪的显著性很低，且敬业精神与职员年薪是一种负值关系，这可能是因为职员的敬业精神情况本身就很难衡量。

4. 变量的方差协方差矩阵

在主界面的 Command 文本框中输入命令：

vce

本命令的含义是获得参与回归的各自变量的系数及常数项的方差协方差矩阵。

输入完后,按回车键,得到如图 8-7 所示的分析结果。

```
Covariance matrix of coefficients of regress model

       e(V) |         V2          V3          V4          V5       _cons
------------+------------------------------------------------------------
         V2 |   .00029092
         V3 |  -.00050418    .0526788
         V4 |   .00028564   -.00699942   .00604498
         V5 |  -.00014612    .01755113  -.00470612   .07805258
      _cons |  -.00009804   -.32630208   .02600384  -.46796219   3.9903534
```

图 8-7　变量的方差协方差矩阵分析结果

从图 8-7 的结果中可以看到变量的方差协方差矩阵都不是很大。

5. 对变量系数的假设检验

在主界面的 Command 文本框中输入命令:

test V_2 V_3 V_4 V_5

本命令的含义是检验 V_2、V_3、V_4、V_5 各变量的系数是否显著。

输入完后,按回车键,得到如图 8-8 所示的分析结果。

```
        (1)   V2 = 0
        (2)   V3 = 0
        (3)   V4 = 0
        (4)   V5 = 0

             F(4,128) =   502.32
               Prob>F =   0.0000
```

图 8-8　对变量系数的假设检验的分析结果

从图 8-8 的结果中可以看出,模型非常显著,在 5% 的显著性水平上通过了检验。

6. 对因变量的拟合值进行预测

在主界面的 Command 文本框中输入命令:

predict yhat

本命令的含义是对因变量的拟合值进行预测。

输入完后,按回车键,则在 Data Editors(Browse)窗口得到如图 8-9 所示的分析结果。

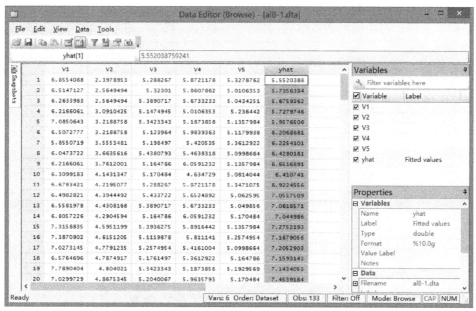

图 8-9 对因变量拟合值进行预测的结果

因变量拟合值是根据自变量的值和得到的回归方程计算出来的,主要用于预测未来。在图 8-9 中,可以看到 yhat 的值与 V_1 的值是比较接近的,所以拟合的回归模型还是不错的。

7. 回归分析得到的残差序列

在主界面的 Command 文本框中输入命令:

predict e,residuals

本命令的含义是获得回归后的残差序列。

输入完后,按回车键,则在 Data Editors(Browse)窗口得到如图 8-10 所示的分析结果。

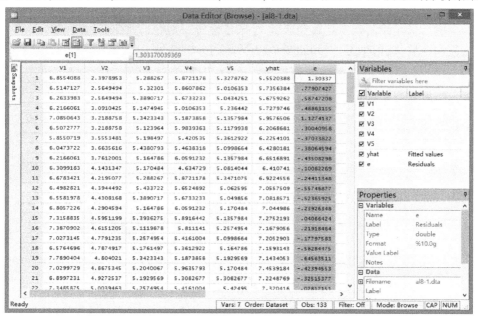

图 8-10 残差序列结果

残差序列是很有用处的,它可以用来检验变量是否存在异方差,也可以用来检验变量间是否存在协整关系等。在后面的章节中我们将作进一步说明。

8. 绘制散点图

在主界面的 Command 文本框中输入命令:

rvfplot

本命令的含义是绘制残差与回归得到的拟合值的散点图,探索是否存在异方差。

输入完命令后,按回车键,得到如图 8-11 所示的分析结果。

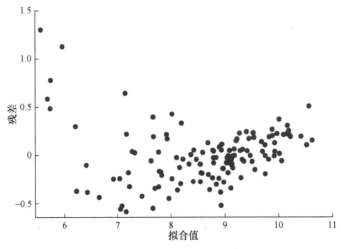

图 8-11　残差与拟合值的散点图

从图 8-11 中可以看出,残差随着拟合值的不同而有所不同,尤其是在拟合值较小(4—8)的时候,残差的波动比较剧烈(并不是在 0 附近),所以数据是存在异方差的。

在主界面的 Command 文本框中输入命令:

rvpplot V_2

本命令的含义是绘制残差与解释变量 V_2 的散点图,探索是否存在异方差。

输入完命令后,按回车键,得到如图 8-12 所示的分析结果。

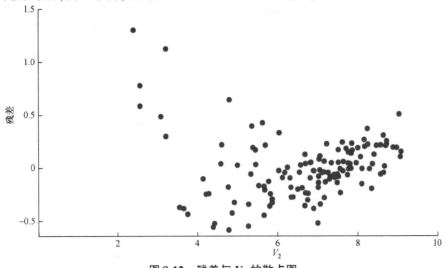

图 8-12　残差与 V_2 的散点图

从图 8-12 中可以看出,残差随着自变量 V_2 的不同而有所不同,尤其是在 V_2 较小(0—4)的时候,残差的波动比较剧烈,所以数据是存在异方差的。

9. 怀特检验

在主界面的 Command 文本框中输入命令:

estat imtest,white

本命令的含义为怀特检验,旨在检验数据是否存在异方差。

输入完命令后,按回车键,得到如图 8-13 所示的分析结果。

```
White's test for Ho: homoskedasticity
        against Ha: unrestricted heteroskedasticity

        chi2(14)     =      72.72
        Prob > chi2  =      0.0000

Cameron & Trivedi's decomposition of IM-test
```

Source	chi2	df	p
Heteroskedasticity	72.72	14	0.0000
Skewness	25.70	4	0.0000
Kurtosis	2.19	1	0.1390
Total	100.61	19	0.0000

图 8-13 怀特检验的检验结果

从图 8-13 中可以看出,怀特检验的原假设为同方差。P 值为 0.0000,非常显著地拒绝原假设,认为存在异方差。

10. BP 检验

在主界面的 Command 文本框中输入命令:

estat hettest,iid

本命令的含义为 BP 检验,旨在检验是否存在异方差。

输入完命令后,按回车键,得到如图 8-14 所示的分析结果。

```
Breusch-Pagan / Cook-Weisberg test for heteroskedasticity
        Ho: Constant variance
        Variables: fitted values of V1

        chi2(1)      =      33.19
        Prob > chi2  =      0.0000
```

图 8-14 BP 检验的检验结果(1)

在主界面的 Command 文本框中输入命令:

estat hettest,rhs iid

本命令的含义为 BP 检验,旨在使用方程右边的解释数据来检验变量是否存在异方差。

输入完命令后,按回车键,得到如图 8-15 所示的分析结果。

```
Breusch-Pagan / Cook-Weisberg test for heteroskedasticity
         Ho: Constant variance
         Variables: V2 V3 V4 V5

         chi2(4)      =      37.48
         Prob > chi2  =     0.0000
```

图 8-15　BP 检验的检验结果(2)

在主界面的 Command 文本框中输入命令:

estat hettest V_2 ,rhs iid

本命令的含义为 BP 检验,旨在使用指定的解释数据来检验变量是否存在异方差。

输入完命令后,按回车键,得到如图 8-16 所示的分析结果。

```
Breusch-Pagan / Cook-Weisberg test for heteroskedasticity
         Ho: Constant variance
         Variables: V2 V3 V4 V5

         chi2(4)      =      37.48
         Prob > chi2  =     0.0000
```

图 8-16　BP 检验的检验结果(3)

从图 8-14、图 8-15、图 8-16 中可以看出,BP 检验的原假设为同方差。P 值均为 0.0000,非常显著地拒绝原假设,认为存在异方差。

11. 采用稳健的标准差进行回归分析

在主界面的 Command 文本框中输入命令:

reg V_1 V_2 V_3 V_4 V_5 ,robust

本命令的含义为采用稳健的标准差对数据进行回归分析,克服数据的异方差对最小二乘回归分析造成的不利影响。

输入完命令后,按回车键,得到如图 8-17 所示的分析结果。

```
Linear regression                          Number of obs =       133
                                           F(  4,    128) =    192.80
                                           Prob > F      =    0.0000
                                           R-squared     =    0.9401
                                           Root MSE      =    .29544
```

	Coef.	Robust Std. Err.	t	P>|t|	[95% Conf.	Interval]
V1						
V2	.7540767	.0310222	24.31	0.000	.692694	.8154594
V3	.2539988	.2284646	1.11	0.268	-.1980574	.706055
V4	.3787625	.0751573	5.04	0.000	.230051	.527474
V5	-.1673661	.3153118	-0.53	0.596	-.7912643	.4565321
_cons	1.068196	2.099026	0.51	0.612	-3.085086	5.221478

图 8-17　采用稳健的标准差对数据进行回归分析

从图 8-17 中可以看出,模型的 F 值 $F(4,128) = 192.80$,P 值 $(\text{Prob} > F = 0.0000)$,说明模型整体上依旧是非常显著的。模型的可决系数 $R^2 = 0.9401$,模型的解释能力依旧很高。

模型的回归方程没有发生变化,依旧是:

$V_1 = 0.7540767 \times V_2 + 0.2539988 \times V_3 + 0.3787625 \times V_4 - 0.1673661 \times V_5 + 1.068196$

V_5 和常数项的显著性有了一定的提高,这说明使用稳健的标准差进行回归分析,使回归模型得到了一定程度的改善。

下面介绍使用加权最小二乘回归分析方法解决数据的异方差问题。

在主界面的 Command 文本框中输入命令:

regress V_1-V_5

本命令的含义以 V_1 为因变量,以 V_2、V_3、V_4、V_5 为自变量,对数据进行最小二乘回归分析。

输入完后,按回车键,得到如图 8-18 所示的分析结果。

Source	SS	df	MS		Number of obs	=	133
					F(4, 128)	=	502.32
Model	175.384425	4	43.8461064		Prob > F	=	0.0000
Residual	11.1727506	128	.087287114		R-squared	=	0.9401
					Adj R-squared	=	0.9382
Total	186.557176	132	1.41331194		Root MSE	=	.29544

V1	Coef.	Std. Err.	t	P>|t|	[95% Conf. Interval]	
V2	.7540767	.0170565	44.21	0.000	.7203275	.7878259
V3	.2539988	.2295186	1.11	0.271	-.200143	.7081407
V4	.3787625	.0777495	4.87	0.000	.2249219	.5326032
V5	-.1673661	.2793789	-0.60	0.550	-.720165	.3854328
_cons	1.068196	1.997587	0.53	0.594	-2.884371	5.020763

图 8-18 回归分析结果

对本结果的解读已在前面表述,此不赘述。

在主界面的 Command 文本框中输入命令:

predict e, residuals

本命令的含义旨在估计上步回归分析得到的残差。

输入完命令后,按回车键,得到如图 8-19 所示的分析结果。

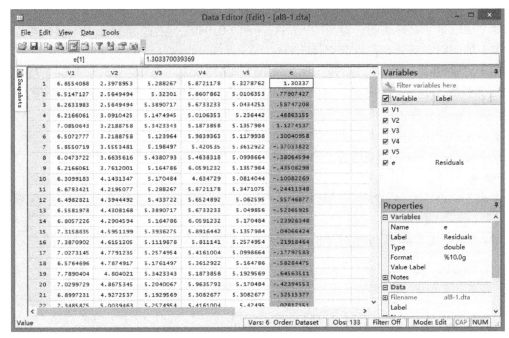

图 8-19　回归分析得到的残差序列

在主界面的 Command 文本框中输入命令：

gen ee = e^2

本命令旨在对残差数据进行平方变换，产生新的变量 ee。

输入完后，按回车键，得到如图 8-20 所示的分析结果。

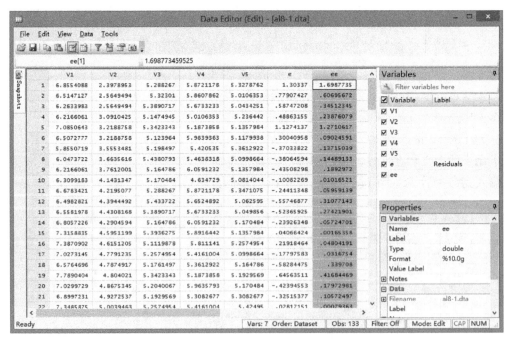

图 8-20　对残差数据进行平方后的结果

在主界面的 Command 文本框中输入命令：

gen lnee = log(ee)

本命令旨在对残差数据进行对数变换，产生新的变量 lnee。

输入完后，按回车键，得到如图 8-21 所示的分析结果。

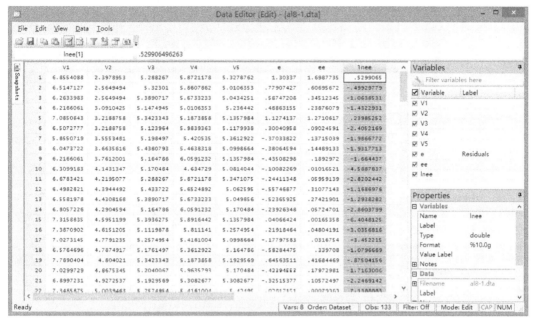

图 8-21　对残差数据进行对数变换后的结果

在主界面的 Command 文本框中输入命令：

reg lnee V_2, nocon

本命令旨在以上一步得到的残差平方对数为因变量，以 V_2 为自变量，进行不包含常数项的回归分析。

输入完命令后，按回车键，得到如图 8-22 所示的分析结果。

```
      Source |       SS           df       MS      Number of obs =     133
-------------+----------------------------------   F(  1,   132) =  462.42
       Model |  2486.81453         1   2486.81453  Prob > F      =  0.0000
    Residual |  709.866196       132   5.37777421  R-squared     =  0.7779
-------------+----------------------------------   Adj R-squared =  0.7763
       Total |  3196.68072       133   24.0351934  Root MSE      =   2.319

        lnee |      Coef.   Std. Err.      t    P>|t|     [95% Conf. Interval]
          V2 |  -.6324403   .0294103   -21.50   0.000    -.6906167   -.5742639
```

图 8-22　未包含常数项的回归分析的结果

在主界面的 Command 文本框中输入命令：

predict yhat

本命令旨在预测上一步进行的最小二乘回归产生的因变量的拟合值。

输入完命令后,按回车键,在 Data Editors(Browse)窗口得到如图 8-23 所示的分析结果。

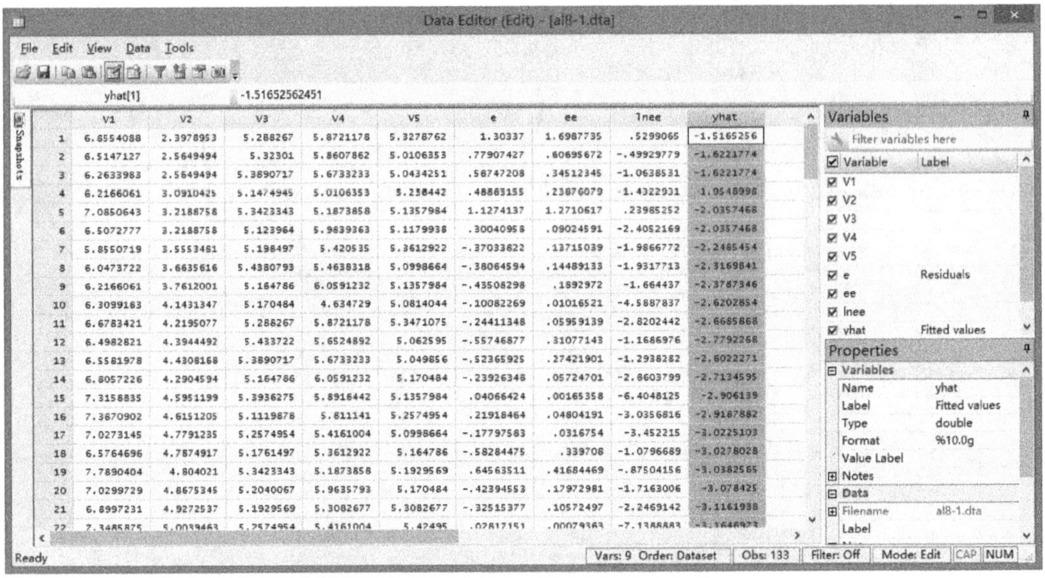

图 8-23 对因变量拟合值进行预测的结果

在主界面的 Command 文本框中输入命令:

gen yhathat = exp(yhat)

本命令旨在对因变量的拟合值进行指数变换,产生的新变量 yhathat 为 yhat 的指数值。

输入完命令后,按回车键,在 Data Editors(Browse)窗口得到如图 8-24 所示的分析结果。

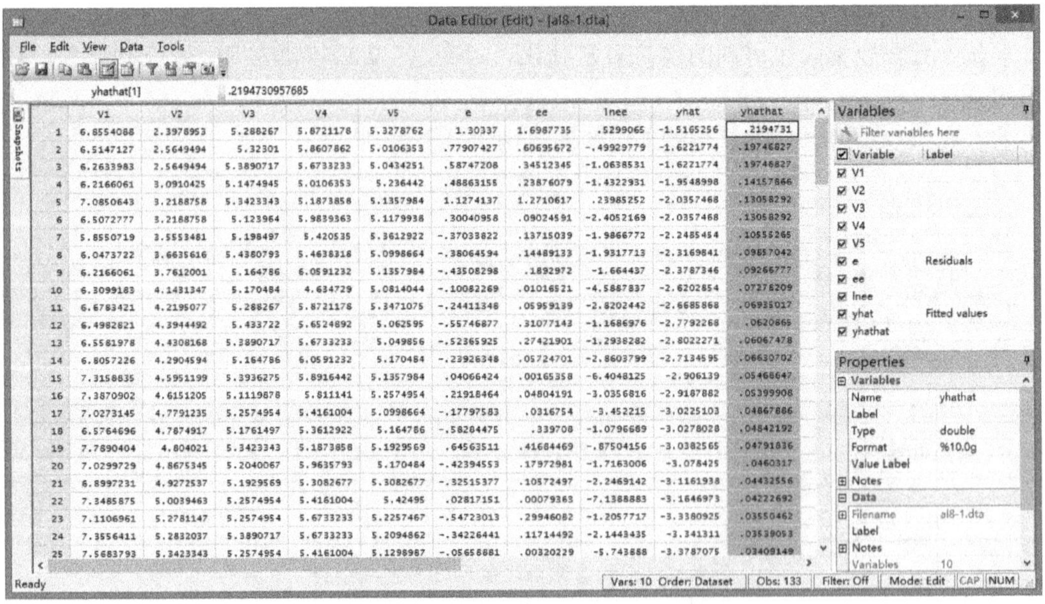

图 8-24 指数变换后的回归分析的结果

在主界面的 Command 文本框中输入命令：

reg V_1 V_2 V_3 V_4 V_5 [aw = 1/yhathat]

本命令旨在对数据进行以 V_1 为因变量，以 V_2、V_3、V_4、V_5 为自变量，以 yhathat 的倒数为权重变量的加权最小二乘回归分析。

输入完命令后，按回车键，得到如图 8-25 所示的分析结果。

```
(sum of wgt is    1.3030e+04)

    Source |       SS       df       MS              Number of obs =     133
-----------+------------------------------           F(  4,   128) =  860.57
     Model |  105.52538        4  26.3813451         Prob > F      =  0.0000
  Residual | 3.92392721      128   .030655681        R-squared     =  0.9641
-----------+------------------------------           Adj R-squared =  0.9630
     Total | 109.449308      132   .829161422        Root MSE      =  .17509

------------------------------------------------------------------------------
        V1 |      Coef.   Std. Err.       t    P>|t|    [95% Conf. Interval]
-----------+------------------------------------------------------------------
        V2 |   .8499225   .0150101    56.62    0.000     .8202225    .8796225
        V3 |   .2665036   .1409032     1.89    0.061    -.0122974    .5453046
        V4 |   .4717817   .0502938     9.38    0.000     .3722669    .5712965
        V5 |   -.208165   .1784329    -1.17    0.246    -.5612249    .1448949
     _cons |   .0144195   1.176804     0.01    0.990    -2.314088    2.342927
------------------------------------------------------------------------------
```

图 8-25 加权最小二乘回归分析的结果

从上面的分析结果中看出，模型的 F 值（代表模型的显著程度）、部分变量的 P 值及 R^2 值、Adj R^2 值（代表模型的解释能力）都较普通最小二乘回归分析有了一定程度的优化，这就是克服异方差带来的改善效果。

第9章 Stata自相关计量检验与应用

从本章我们通过实例来说明自相关的计量检验与应对。

9.1 回归模型的自相关计量检验基本理论

如果线性相关模型中的随机误差的各期望之间存在着相关关系,这时我们就称随机误差项之间存在自相关性。线性回归模型中随机误差项存在序列相关的原因很多,但主要是由经济变量自身特点、数据特点、变量选择及模型函数的形式选择引起的。常见原因包括经济变量惯性的作用、经济行为的滞后性、一些随机因素的干扰或影响、模型设定误差、观测数据处理等。自相关不会影响到最小二乘估计量的线性和无偏性,但会使之失去有效性,使之不再是最优估计量,而且自相关的系数估计量将有相当大的方差,T检验也不再显著,模型的预测功能失效,所以在进行回归分析时往往需要检验数据的自相关性,从而提出有针对性的解决方案。常见的用于判断数据是否存在自相关的检验方法有:绘制残差序列图、Breusch-Godfrey 检验、Box-Pierce Q 检验、杜宾-瓦森检验等,解决自相关的方法有:使用自相关异方差稳健的标准差进行回归,以及使用广义最小二乘回归分析方法进行回归等。

9.1.1 自相关的概念

在经典回归模型中,我们假定随机误差项满足

$$\varepsilon_i \sim N(0,\sigma^2),且相互独立,i = 1,2,\cdots,N$$

但在实际问题中,若各 ε_i 之间不独立,即

$$\text{cov}(\varepsilon_i,\varepsilon_j) \neq 0, i \neq j, i,j = 1,2,\cdots,N \tag{9-1}$$

则称随机误差项 ε_i 序列之间存在自相关,也称为序列相关。

在计量经济模型中,自相关现象是普遍存在的。如果模型中存在自相关,则用普通最小二乘法进行参数估计同样会产生严重的不良后果。因此在研究计量经济模型时必须对自相关现象进行有效的识别,并采取适当方法消除模型中的自相关性。

9.1.2 产生自相关的原因

了解自相关产生的原因,有助于我们在研究计量经济模型时,有针对性地对样本数据进行识别和检验,避免自相关性对分析结果的不良影响。产生自相关的原因主要有以下几个方面:

1. 经济惯性所导致的自相关

由于许多经济变量的发展变化往往在时间上存在一定的趋势性,使某些经济变量在前后

期之间存在明显的相关性,因此在以时间序列数据为样本建立计量经济模型时,就可能存在自相关性。具体如下四种情况:

(1) 在时间序列的消费模型中,由于居民的消费需求与以往的消费水平有很大关系,因此本期的消费量与上期消费量之间会存在正相关性。

(2) 在以时间序列数据研究投资规模的计量经济模型时,由于大量基本建设投资是需要跨年度实施的,因此本期投资规模不仅与本期的市场需求、利率和宏观经济景气指数等因素有关,而且与前期甚至前几期的投资规模有关,这就会导致各期投资规模之间的自相关性。

(3) 在以时间序列数据研究农业生产函数的计量经济模型中,由于当期许多农产品的价格在很大程度上取决于前期这些农产品的产量,从而会影响当期该农产品的播种面积。因此当期农产品产量必然会受到前期农产品产量的负面影响,使某些农产品产量在前后之间出现负相关性。

(4) 在宏观经济领域中,由于社会经济发展过程中不可避免地存在着周期性发展趋势,从而使国民生产总值、价格指数、就业水平等宏观经济指标也就必然存在周期性的前后相关性。因此在时间序列的许多宏观计量经济模型中会产生自相关性。

经济惯性是使时间序列的计量经济模型产生自相关性的最主要的原因。因此对于这类模型要特别注意识别是否存在显著的自相关性。自相关的线性回归模型通常表示为

$$y_t = \beta_0 + \beta_1 x_{t1} + \beta_2 x_{t2} + \cdots + \beta_p x_{tp} + \varepsilon_t$$
$$\text{cov}(\varepsilon_t, \varepsilon_{t-s}) \neq 0, t = 1, 2, \cdots, N, s = 1, 2, \cdots, t-1 \tag{9-2}$$

2. 由于模型设定不当而产生的自相关

(1) 模型中遗漏了重要的解释变量。

例如,在实际问题的正确模型应当为

$$y_t = \beta_0 + \beta_1 x_{t1} + \beta_2 x_{t2} + \varepsilon_t$$
$$\text{cov}(\varepsilon_t, \varepsilon_{t-s}) \neq 0, t = 1, 2, \cdots, N, s = 1, 2, \cdots, t-1$$

但建立模型时仅考虑了一个解释变量:

$$y_t = \beta_0 + \beta_1 x_{t1} + V_t$$

这样 $V_t = \beta_2 x_{t2} + \varepsilon_t$,使解释变量 X_2 对 Y 产生的影响归入了随机误差项 V_t 中,此时如果 X_2 在不同时期之间的值是高度相关的,就会导致上述模型中的 V_t 出现自相关性。假设在时间序列的生产函数模型中,令 X_2 为劳动量的投入,则无论是对单个企业还是多个行业或地区,劳动要素的投入量在相邻年份之间是高度相关的。

(2) 模型的数学形式设定不当。

例如,设正确的模型应当为

$$y_t = \beta_0 + \beta_1 x_t + \beta_2 x_t^2 + \varepsilon_t$$
$$\text{cov}(\varepsilon_t, \varepsilon_{t-s}) \neq 0, t = 1, 2, \cdots, N, s = 1, 2, \cdots, t-1$$

但建立模型时却将 Y 与 X 之间的相关关系表示为线性模型

$$y_t = \beta_0 + \beta_1 x_t + V_t$$

则 $V_t = \beta_2 x_t^2 + \varepsilon_t$,$V_t$ 中含有 x_t^2 项对 y_t 产生的影响,随着 t 的变化,x_t^2 项会引起 V_t 呈现某种系统性的变化趋势,导致该线性回归模型出现自相关现象。

3. 某些重大事件所引起的自相关

通常在建立计量经济模型时,往往将一些难以定量化的环境因素对被解释变量的影响都

归入随机误差项中。但当发生重大自然灾害、战争、地区性或全球性的经济金融危机,以及政府的重大经济政策调整时,这些环境因素对被解释变量的影响通常会在同一方向上延续很长时间。当以时间序列为样本数据的计量经济模型中含有发生重大事件年份中的数据时,就会使随机误差项产生自相关。如20世纪90年代末的亚洲金融危机就对亚洲各国经济产生了长期影响。

9.1.3 自相关的后果

与存在异方差的情况类似,当模型中存在自相关时,若仍使用普通最小二乘法进行参数估计,同样会产生严重的不良后果,主要如下:

(1) 参数的OLS估计不再具有最小方差性,从而不再是参数 β 的有效估计,使估计的精度大大降低。

(2) 显著性检验方法失效。这是由于第1章给出的对回归方程和回归系数的显著性检验的统计量分布时,是以各 $\varepsilon_i \sim N(0, \sigma^2)$,且相互独立为依据的。当存在自相关时,各 ε_i 之间不再独立,因而原来导出的统计量的分布就不再成立。

(3) 预测和控制的精度降低,由于OLS估计不再具有最小方差性,使参数估计的误差增大,就必然导致预测和控制的精度降低,失去应用价值。

9.1.4 自相关的识别和检验

当存在自相关时,就不能再用OLS进行参数估计,否则会产生严重的不良后果。因此,对时间序列的计量经济模型,应特别注意模型中是否存在自相关性。识别和检验自相关性主要有以下方法。

1. 图示法

由于 ε_t 是不可观察的随机误差,与检验异方差类似,可以利用残差序列 e_t 来分析 ε_t 之间是否存在自相关,方法如下:

(1) 用OLS对原模型进行回归,求出残差 $e_t(t=1,2,\cdots,N)$;

(2) 作关于 $(e_{t-1}, e_t), t=2,3,\cdots,N$ 或 $(t, e_t), t=1,2,\cdots,N$ 的散点图。

在 (e_{t-1}, e_t) 的散点图中,如果 (e_{t-1}, e_t) 的大部分点落在一、三象限中,就说明 e_t 与 e_{t-1} 之间存在正相关性;若大部分点落在二、四象限中,则说明 e_t 与 e_{t-1} 之间存在负相关性;若各点比较均匀地散布于四个象限中,则说明不存在自相关。

在 (t, e_t) 的散点图中,如果 e_t 随时间 t 呈某种周期性的变化趋势,则说明存在正相关;若呈现锯齿形的振荡变化规律,则说明存在负相关。

2. 杜宾-瓦森(Durbin-Watson)检验

杜宾-瓦森检验简称DW检验,是最常用的自相关检验方法。

(1) DW检验的基本原理。

DW检验适用于检验随机误差项之间是否存在一阶自相关的情况。所谓一阶自相关,是指 ε_t 序列之间有如下相关关系:

$$\varepsilon_t = \rho \varepsilon_{t-1} + V_t, t=2,3,\cdots,N \tag{9-3}$$

其中 $|\rho| \leq 1$ 为自相关系数,它反映了 ε_t 与 ε_{t-1} 之间的线性相关程度。$\rho > 0$ 为正相关,$\rho < 0$ 为负相关,$\rho = 0$ 为无自相关。V_t 是满足经典假设条件的随机误差项,即 $V_t \sim N(0, \sigma_V^2)$,且相

互独立;而且 $\text{cov}(\varepsilon_{t-1}, V_t) = 0$。由式(9-3)知,要检验是否存在一阶自相关,也即要检验假设

$$H_0: \rho = 0, \quad H_1: \rho \neq 0$$

杜宾和瓦森构造了检验一阶自相关的杜宾-瓦森统计量 DW:

$$\text{DW} = \frac{\sum_{t=2}^{N}(e_t - e_{t-1})^2}{\sum_{t=1}^{N}e_t^2} \tag{9-4}$$

为什么式(9-4)能检验 ε_t 的一阶自相关性呢?从直观上分析,如果存在一阶正自相关,则相邻两个样本点的 $(e_t - e_{t-1})^2$ 就较小,从而 DW 值也就较小;若存在一阶负相关,则 $(e_t - e_{t-1})^2$ 就较大,DW 值也就越大;若无自相关,则 e_t 与 e_{t-1} 之间就呈随机关系,DW 值就应采取一个较为适中的值。可以证明

$$\text{DW} \approx 2(1 - \hat{\rho}) \tag{9-5}$$

其中

$$\hat{\rho} = \frac{\sum_{t=1}^{N} e_t e_{t-1}}{\sum_{t=1}^{N} e_t^2} \tag{9-6}$$

由式(9-5)知:① 若存在一阶完全正自相关,即 $\hat{\rho} \approx 1$,则 DW ≈ 0;② 若存在一阶完全负自相关,即 $\hat{\rho} \approx -1$,则 DW ≈ 4;③ 若不存在自相关,即 $\hat{\rho} \approx 0$,则 DW ≈ 2。

以上分析说明,DW 值越接近 2,ε_t 序列的自相关性就越小;DW 值越接近 0,ε_t 序列就越呈现正相关;DW 值越接近 4,ε_t 序列就越呈负相关。杜宾和瓦森根据不同的样本容量 N 和解释变量的个数 P,在给定的不同显著性水平 α 下,建立了 DW 统计量的下临界值 d_L 和上临界值 d_U 的 DW 统计量临界值表。

检验方法如下:① DW $< d_L$,则在显著性水平 α 下判定存在正自相关;② DW $> 4 - d_L$,则在显著性水平 α 下判定存在负自相关;③ $d_U <$ DW $< 4 - d_U$,则在显著性水平 α 下判定不存在自相关;④ $d_L <$ DW $< d_U$ 或 $4 - d_U <$ DW $< 4 - d_L$,则在显著性水平 α 下不能判定是否存在自相关。

(2) DW 检验的局限性。

DW 检验具有计算简单的优点,因而是最常用的自相关检验方法,但在应用时存在一定的局限性。这主要是由于 DW 统计量的精确分布未知,杜宾-瓦森根是用某种 β 分布加以近似的,因此运用时需要满足一定的条件:① 只适用于一阶自相关检验,不适合具有高阶自相关的情况。② 存在两个不能判定的区域。当样本容量 N 较小时,这两个区域就较大,反之这两个区域就较小。如当 $P = 1, N = 15, \alpha = 0.05$ 时,$d_L = 1.08, d_U = 1.36$;而当 $N = 50$ 时,$d_L = 1.50$,$d_U = 1.59$;故 DW 落在不能判定区域时,如能增加样本容量,通常就可以得到解决。③ 当模型中含有滞后被解释变量时,DW 检验失效,如 $y_t = \beta_0 + \beta_1 x_t + \beta_2 y_{t-1} + \varepsilon_t$。④ 需要比较大的样本容量($N \geq 15$)。

在 SPSS 软件的线性回归方程功能中,提供了求 DW 统计量值的可选项。

3. Lagrange Multiplier(LM)检验

与 DW 检验不同,LM 检验对包含 ARMA 误差项的模型残差序列进行高阶的自相关检验,并允许存在因变量的滞后项。检验假设为:

H_0: 残差序列不存在小于等于 p 阶的自相关

H_1: 存在 ARMA(r,q) 形式的误差项

其中, $p = \max\{r, q\}$。

设 X_t 是 t 时刻观察的解释向量, u_t 是随机扰动项, 称为非条件残差, ε_t 为改进的随机扰动项, Z_{t-1} 是前期已知的变量向量。那么对 $y_t = X_t'\beta + u_t, u_t = Z_{t-1}'\gamma + \varepsilon_t$ 中的非条件残差建立辅助回归方程:

$$u_t = Z_{t-1}'\gamma + \alpha_1 u_{t-1} + \cdots + \alpha_p u_{t-p} + v_t$$

Breusch-Godfrey 利用上式的可决系数 R^2 构造了 LM 检验统计量

$$LM = nR^2$$

其中 n 是计算辅助回归时的样本数据个数。在原假设下, LM 统计量服从渐近的卡方分布。对于给定的显著性水平 α 和自由度 p, 如果 $LM > \chi_\alpha^2(p)$, 则拒绝 H_0, 认为序列存在自相关; 反之, 如序列存在自相关, 则 $LM > \chi_\alpha^2(p)$。

4. 回归检验法

由于自相关就是模型中的随机误差项之间存在某种相关关系, 而回归分析就是用来研究变量之间相关关系的方法, 因此可以用回归分析方法来检验随机误差项之间是否存在自相关。虽然 ε_t 是不可观察的, 但可以用残差序列 e_t 来近似代替。回归检验法的步骤如下:

(1) 用 OLS 对原模型进行参数估计, 并求出各 e_t。

(2) 根据经验或通过对残差序列的分析, 采用相应的回归模型对自相关的形式进行拟合, 常用的模型有

$$e_t = \rho e_{t-1} + V_t$$
$$e_t = \rho e_{t-1}^2 + V_t$$
$$e_t = \rho_1 e_{t-1} + \rho_2 e_{t-2} + V_t$$
$$\cdots$$

第一个模型就是一阶线性自回归模型, 第二个模型是一阶非线性回归模型, 而第三个模型就是二阶线性自回归模型。

(3) 对所有自回归方程及其回归系数进行显著性检验。若存在显著性的回归形式, 则可以认为存在自相关; 当有多个形式的回归均为显著时, 则取最优的拟合形式(临界显著性水平最高者)作为自相关的形式。若各个回归形式都不显著, 则可以判定原模型不存在自相关。

由上可知, LM 检验方法比 DW 检验方法的适用性要广, 它适用于各种自相关的情况, 而且检验方法也具理论依据, 但计算量要大些。

9.1.5 自相关的处理方法

如果是由于模型设定不当而产生的自相关现象, 则应根据问题的经济背景和有关经济理论知识, 重新建立更为合理的计量经济模型。以下介绍的消除模型中的自相关的方法, 是以模型设定正确为前提的。

由前所述, 如果模型的随机误差项间存在自相关, 就不能直接使用 OLS 进行参数估计, 否则将产生严重的不良后果。此时必须采用适当方法消除模型中的自相关性。

1. 广义差分法

设原模型存在一阶自相关

$$y_t = \beta_0 + \beta_1 x_t + \varepsilon_t, t = 1, 2, \cdots, N \tag{9-7}$$

其中,$\varepsilon_t = \rho \varepsilon_{t-1} + V_t, V_t \sim N(0, \sigma_V^2)$,且相互独立。

且相关系数 ρ 为已知(可用式(9-6)估计,或由回归检验法得到),由式(9-7)可得

$$\rho y_{t-1} = \rho \beta_0 + \rho \beta_1 x_{t-1} + \rho \varepsilon_{t-1} \tag{9-8}$$

将式(9-7)减去式(9-8),得

$$\begin{aligned} y_t - \rho y_{t-1} &= \beta_0(1-\rho) + \beta_1(x_t - \rho x_{t-1}) + \varepsilon_t - \rho \varepsilon_{t-1} \\ &= \beta_0(1-\rho) + \beta_1(x_t - \rho x_{t-1}) + V_t, t = 2, 3, \cdots, N \end{aligned} \tag{9-9}$$

作如下广义差分变换,令

$$\begin{cases} y_t^* = y_t - \rho y_{t-1} \\ x_t^* = x_t - \rho x_{t-1} \end{cases} t = 2, 3, \cdots, N \tag{9-10}$$

则式(9-9)可改写为

$$y_t^* = \beta_0(1-\rho) + \beta_1 x_t^* + V_t \tag{9-11}$$

$V_t \sim N(0, \sigma_V^2)$,且相互独立,$t = 2, 3, \cdots, N$。

式(9-9)或(9-11)就称为广义差分模型。由于模型中的随机误差项 V_t 满足经典假设条件,不存在自相关,因此可以用 OLS 进行参数估计。上述通过对原模型进行广义差分变换后再进行参数估计的方法,就称为广义差分法。

由于式(9-9)和(9-11)中的 t 是从2开始的,故经过广义差分变换后将损失一个观察值,为了不减少自由度,可对 y_1 和 x_1 作如下变换,令

$$y_1^* = \sqrt{1-\rho^2} y_1, x_1^* = \sqrt{1-\rho^2} x_1 \tag{9-12}$$

则式(9-11)

$$y_t^* = \beta_0(1-\rho) + \beta_1 x_t^* + V_t, t = 1, 2, 3, \cdots, N \tag{9-13}$$

以上是以一元线性回归模型为例来讨论的。对于多元线性回归模型,处理方法是完全相同的。

2. 杜宾两步法

广义差分法要求 ρ 是已知的,但实际应用中 ρ 往往是未知的。杜宾两步法的基本思想是先求出 ρ 的估计值 $\hat{\rho}$,然后再用广义差分法求解,其步骤如下:

(1) 将式(9-9)改写为

$$y_t = \beta_0(1-\rho) + \rho y_{t-1} + \beta_1 x_t - \beta_1 \rho x_{t-1} + V_t \tag{9-14}$$

令 $b_0 = \beta_0(1-\rho), b_1 = \beta_1, b_2 = -\beta_1 \rho$,则式(9-14)可改写为

$$y_t = b_0 + \rho y_{t-1} + b_1 x_t + b_2 x_{t-1} + V_t, t = 2, 3, \cdots, N \tag{9-15}$$

则采用 OLS 对式(9-15)进行参数估计,求得 ρ 的估计值 $\hat{\rho}$。

(2) 用 $\hat{\rho}$ 代替 ρ,对原模型作广义差分变换,令

$$\begin{cases} y_t^* = y_t - \hat{\rho} y_{t-1}, t = 2, 3, \cdots, N \\ x_t^* = x_t - \hat{\rho} x_{t-1}, t = 2, 3, \cdots, N \\ y_1^* = \sqrt{1-\hat{\rho}^2} y_1, x_1^* = \sqrt{1-\hat{\rho}^2} x_1 \end{cases}$$

得广义差分模型

$$y_t^* = b_0 + \beta_1 x_t^* + V_t, t = 1,2,\cdots,N \qquad (9\text{-}16)$$

用 OLS 求得式(9-16)的参数估计 $\hat{b}_0$ 和 $\hat{\beta}_1$,再由 $\hat{\beta}_0 = \hat{b}/(1-\hat{\rho})$ 求得 $\hat{\beta}_0$。

杜宾两步法的优点是还能应用于高阶自相关的场合,例如,

$$\varepsilon_t = \rho_1 \varepsilon_{t-1} + \rho_2 \varepsilon_{t-2} + V_t \qquad (9\text{-}17)$$

完全类似地,可以先求得 $\hat{\rho}_1$ 和 $\hat{\rho}_2$,然后再用广义差分法求得原模型的参数估计。

由式(9-5),还可以得到

$$\hat{\rho} \approx 1 - \text{DW}/2 \qquad (9\text{-}18)$$

它也可替代杜宾两步法中的第一步作为 ρ 的估计,并应用于广义差分模型。

3. 科克兰内-奥克特(Cochrance-Orcutt)法

以上介绍的各种求 $\hat{\rho}$ 的方法的缺点是精度较低,有可能无法完全消除广义差分模型中的自相关性。科克兰内和奥克特提出的方法实际上是一种迭代的广义差分方法,它能有效地消除自相关性,其步骤如下:

(1) 用 OLS 对原模型进行参数估计,求得残差序列 $e_t^{(1)}$,$t = 1,2,\cdots,N$。

(2) 对残差的一阶自回归模型

$$e_t^{(1)} = \rho e_{t-1}^{(1)} + V_t, t = 2,3,\cdots,N \qquad (9\text{-}19)$$

用 OLS 进行参数估计,得到 ρ 的初次估计值 $\hat{\rho}^{(1)}$。

(3) 用 $\hat{\rho}^{(1)}$ 对原模型进行广义差分模型变换,得广义差分模型

$$y_t^* = b_0 + \beta_1 x_t^* + \varepsilon_t^* \qquad (9\text{-}20)$$

其中 $b_0 = \beta_0(1-\hat{\rho}^{(1)})$。

(4) 用 OLS 对式(9-20)进行参数估计,得到 $\hat{\beta}_0^{(1)}$,$\hat{\beta}_1^{(1)}$,$\hat{y}_t^{(1)}$;并计算残差序列 $e_t^{(2)}$,$e_t^{(2)} = y_t - \hat{y}_t^{(1)}$,$t = 1,2,\cdots,N$。

(5) 利用 $e_t^{(2)}$ 序列对模型式(9-20)进行自相关检验,若无自相关,则迭代结束,已得原模型的一致最小方差无偏估计 $\hat{\beta}_0^{(1)}$,$\hat{\beta}_1^{(1)}$。若仍存在自相关,则进行第二次迭代,返回步骤(2),用 $e_t^{(2)}$ 代替式(9-19)中的 $e_t^{(1)}$,求得 ρ 的第二次估计值 $\hat{\rho}^{(2)}$,再利用 $\hat{\rho}^{(2)}$ 对原模型进行广义差分变换,并进而用 OLS 求得 $\hat{\beta}_0^{(2)}$,$\hat{\beta}_1^{(2)}$,并计算残差序列 $e_t^{(3)}$ 后再次进行自相关检验,如仍存在自相关,则再重复上述迭代过程,直至消除自相关为止。

通常情况下,只需进行两次迭代即可消除模型中的自相关性,故科克兰内-奥克特法又称为两步迭代法。该方法能有效地消除自相关性,提高模型参数估计的精度。

9.2 回归模型的异方差计量检验的应用

例 9-1 表 9-1 给出了某企业经营利润和经营资产的有关数据,试使用经营利润作为因变量,以经营资产作为自变量,对这些数据使用最小二乘回归分析的方法进行研究,并进行自相关检验,最终建立合适的回归方程模型用于描述变量之间的关系。

表 9-1 某企业经营利润和经营资产的有关数据

月数	经营利润/万元	经营资产/万元
1	22.89	283.90
2	23.15	286.90
3	24.12	291.50
4	25.19	303.33
5	27.02	314.49
6	25.52	310.25
…	…	…
45	66.32	456.05
46	63.12	470.30
47	59.89	472.69
48	58.49	512.90
49	67.79	550.96

使用 Stata 12.0 打开在目录"E:\stata12\zsq\chap09"中的"al9-1.dta"数据文件,命令如下:
use "E:\stata12\zsq\chap09\al9-1.dta", clear
browse
数据如图 9-1 所示。

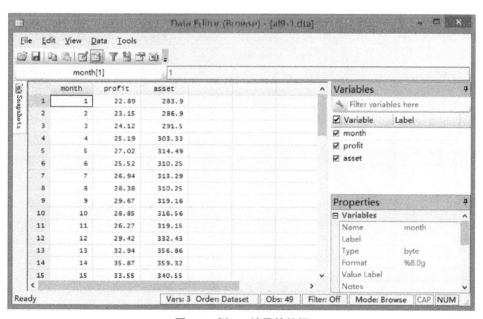

图 9-1 例 9-1 涉及的数据

1. 对数据进行描述性分析

在主界面的 Command 文本框中输入命令:
summarize month profit asset,detail
本命令的含义是对数据进行详细的描述性分析。
输入完命令后,按回车键,得到如图 9-2 所示的分析结果。

```
                              month

           Percentiles      Smallest
   1%            1              1
   5%            3              2
  10%            5              3            Obs                  49
  25%           13              4            Sum of Wgt.          49

  50%           25                           Mean                 25
                              Largest        Std. Dev.       14.28869
  75%           37             46
  90%           45             47            Variance        204.1667
  95%           47             48            Skewness               0
  99%           49             49            Kurtosis           1.799

                              profit

           Percentiles      Smallest
   1%         22.89          22.89
   5%         24.12          23.15
  10%         25.52          24.12           Obs                  49
  25%         28.85          25.19           Sum of Wgt.          49

  50%         34.74                          Mean             39.50796
                              Largest        Std. Dev.        13.07854
  75%         48.46          63.12
  90%         59.89          64.97           Variance         171.0482
  95%         64.97          66.32           Skewness         .6806106
  99%         67.79          67.79           Kurtosis         2.213728

                              asset

           Percentiles      Smallest
   1%         283.9          283.9
   5%         291.5          286.9
  10%        310.25          291.5           Obs                  49
  25%        332.43         303.33           Sum of Wgt.          49

  50%        391.99                          Mean             385.0224
                              Largest        Std. Dev.        60.03378
  75%        424.15          470.3
  90%        456.05         472.69           Variance         3604.055
  95%        472.69          512.9           Skewness         .3029836
  99%        550.96         550.96           Kurtosis          2.83925
```

图 9-2　对数据进行描述性分析的结果

通过观察图 9-2 的结果，可以得到很多信息，包括百分位数、4 个最小值、4 个最大值、平均值、标准差、偏度、峰度等。进一步分析可以得到更多信息。

（1）百分位数。可以看出变量 month 的第 1 个四分位数（25%）是 13，第 2 个四分位数

(50%)是25,第3个四分位数(75%)是37。变量profit的第1个四分位数(25%)是28.85,第2个四分位数(50%)是34.74,第3个四分位数(75%)是48.46。变量asset的第1个四分位数(25%)是332.43,第2个四分位数(50%)是391.99,第3个四分位数(75%)是424.15。

(2) 4个最小值。变量month最小的4个数据值分别是1、2、3、4;变量profit最小的4个数据值分别是22.89、23.15、24.12、25.19;变量asset最小的4个数据值分别是283.9、286.9、291.5、303.33。

(3) 4个最大值。变量month最大的4个数据值分别是46、47、48、49;变量profit最大的4个数据值分别是63.12、64.97、66.32、67.79;变量asset最大的4个数据值分别是470.3、472.69、512.9、550.96。

(4) 平均值和标准差。变量month平均值的数据值是25,标准差是14.28869;变量profit平均值的数据值是39.50796,标准差是13.07854;变量asset平均值的数据值是385.0224,标准差是60.03378。

(5) 偏度和峰度。变量month的偏度为0,为无偏;变量profit的偏度为0.6806106,为正偏度但不大;变量asset的偏度为0.3029836,为正偏度但不大。

变量month的峰度为1.799,有一个比正态分布略短的尾巴;变量profit的峰度为2.213728,有一个比正态分布略短的尾巴;变量asset的峰度为2.83925,有一个比正态分布略短的尾巴。

综上所述,数据总体质量还是可以的,没有极端异常值,变量之间的量纲差距以及变量的偏度、峰度也是可以接受的,可以进入下一步分析。

2. 对数据进行相关分析

在主界面的Command文本框中输入命令:

correlate month profit asset

本命令的含义是对month、profit、asset等变量进行相关性分析。

输入完后,按回车键,得到如图9-3所示的分析结果。

```
(obs=49)

             |   month    profit     asset
-------------+---------------------------------
       month |   1.0000
      profit |   0.9377    1.0000
       asset |   0.9557    0.8917    1.0000
```

图9-3 对数据进行相关分析的结果

通过观察图9-3的结果,可以看到profit和asset变量之间的相关系数是可以接受的,这就说明可以进行回归分析。

3. 对数据进行回归分析

在主界面的Command文本框中输入命令:

regress profit asset

本命令的含义是对profit、asset等变量进行简单的回归分析。

输入完命令后,按回车键,得到如图9-4所示的分析结果。

Source	SS	df	MS		
Model	6528.14552	1	6528.14552	Number of obs =	49
Residual	1682.16623	47	35.7907709	F(1, 47) =	182.40
				Prob > F =	0.0000
				R-squared =	0.7951
				Adj R-squared =	0.7908
Total	8210.31175	48	171.048161	Root MSE =	5.9825

profit	Coef.	Std. Err.	t	P>|t|	[95% Conf. Interval]	
asset	.1942579	.0143837	13.51	0.000	.1653217	.223194
_cons	-35.28568	5.603588	-6.30	0.000	-46.55864	-24.01271

图 9-4　对数据进行回归分析的结果

通过观察图 9-4 的结果,可以看出共有 49 个样本参与了分析,模型的 F 值 $F(1,47)=182.0$,P 值($Prob > F = 0.0000$),说明该模型整体上是非常显著的。模型的可决系数 $R^2 = 0.7951$,修正的可决系数 $Adj\ R^2 = 0.7908$,说明模型的解释能力不错。

模型的回归方程是:

$$profit = 0.1942579 \times asset - 35.28568$$

变量 asset 的系数标准误是 0.0143837,t 值为 13.51,P 值为 0.000,系数是非常显著的,95% 的置信区间为 [0.1653217, 0.223194]。常数项的系数标准误是 5.603588,t 值为 -6.30,P 值为 0.000,系数是非常显著的,95% 的置信区间为 [-46.55864, -24.01271]。

从上面的分析可见,该企业的经营利润与经营资产之间有一种正向联动的变化关系,但经营资产的增加仅能带来经营利润五分之一的增加。

4. 变量的方差协方差矩阵

在主界面的 Command 文本框中输入命令:

vce

本命令的含义是获得参与回归的各自变量的系数及常数项的方差协方差矩阵。

输入完后,按回车键,得到如图 9-5 所示的分析结果。

Covariance matrix of coefficients of regress model

e(V)	asset	_cons
asset	.00020689	
_cons	-.07965709	31.400193

图 9-5　变量的方差协方差矩阵分析结果

从图 9-5 的结果中可以看到变量的方差协方差矩阵都不是很大。

5. 对变量系数的假设检验

在主界面的 Command 文本框中输入命令:

test asset

本命令的含义是检验 asset 变量的系数是否显著。

输入完命令后,按回车键,得到如图 9-6 所示的分析结果。

```
            (1)    asset = 0

                  F(1,47) =   182.40
                  Prob > F =  0.0000
```

图 9-6 对变量系数的假设检验的分析结果

从图 9-6 的结果中可以看出,模型非常显著,在 5% 的显著性水平上通过了检验。

6. 对因变量的拟合值进行预测

在主界面的 Command 文本框中输入命令:

predict yhat

本命令的含义是对因变量的拟合值进行预测。

输入完命令后,按回车键,则在 Data Editors(Browse)窗口得到如图 9-7 所示的分析结果。

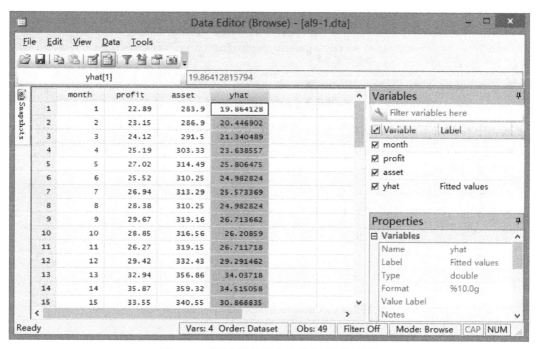

图 9-7 对因变量的拟合值进行预测的结果

对因变量拟合值的预测是根据自变量的值和得到的回归方程计算出来的,主要用于预测未来。在图 9-7 中,可以看到 yhat 的值与 profit 的值是比较接近的,所以拟合的回归模型还是不错的。

7. 回归分析得到的残差序列

在主界面的 Command 文本框中输入命令:

predict e,residuals

本命令的含义是获得回归后的残差序列。

输入完命令后,按回车键,则在 Data Editors(Browse)窗口得到如图 9-8 所示的分析结果。

	month	profit	asset	yhat	e
1	1	22.89	283.9	19.864128	3.0258712
2	2	23.15	286.9	20.446902	2.7030979
3	3	24.12	291.5	21.340489	2.7795118
4	4	25.19	303.33	23.638557	1.5514437
5	5	27.02	314.49	25.806475	1.2135252
6	6	25.52	310.25	24.982824	.5371766
7	7	26.94	313.29	25.573369	1.3666311
8	8	28.38	310.25	24.982824	3.3971753
9	9	29.67	319.16	26.713662	2.956338
10	10	28.85	316.56	26.20859	2.6414099
11	11	26.27	319.15	26.711718	-.44171713
12	12	29.42	332.43	29.291462	.12853839
13	13	32.94	356.86	34.03718	-1.0971811
14	14	35.87	359.32	34.515058	1.3549406
15	15	33.55	340.55	30.868835	2.6811647

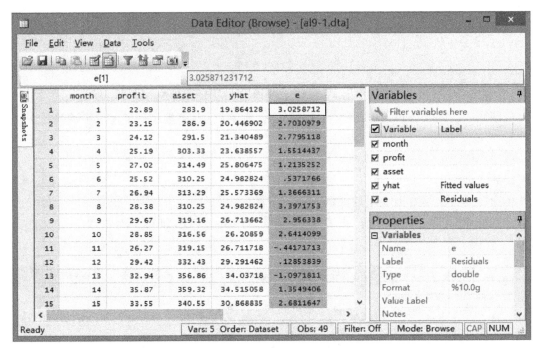

图 9-8　回归后的残差序列

残差序列的意义已经在前面介绍,此不赘述。

8. 以 month 为周期的时间序列结果

在主界面的 Command 文本框中输入命令:

tsset month

本命令的含义是把 month 定义为周期的时间序列。

输入完命令后,按回车键,得到如图 9-9 所示的分析结果。

```
time variable:  month, 1 to 49
        delta:  1 unit
```

图 9-9　以 month 为周期的时间序列结果

关于时间序列分析,将在后面章节介绍,此不赘述。

9. 绘制散点图

在主界面的 Command 文本框中输入命令:

scatter e l. e

本命令的含义是绘制残差与残差滞后一期的散点图,探索是否存在一阶自相关。

输入完命令后,按回车键,得到如图 9-10 所示的分析结果。

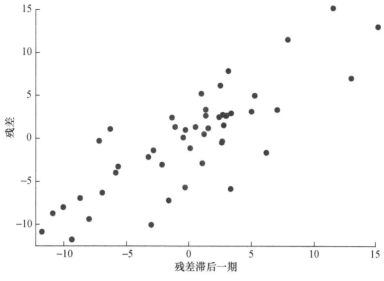

图 9-10 残差与残差滞后一期的散点图

从图 9-10 中可以看出,残差与残差滞后一期有一种正向联动的变化关系,显然存在自相关。

10. 残差序列的自相关图

在上界面的 Command 文本框中输入命令:

ac e

本命令的含义为绘制残差序列的自相关图,旨在探索自相关阶数。

输入完命令后,按回车键,得到如图 9-11 所示的分析结果。

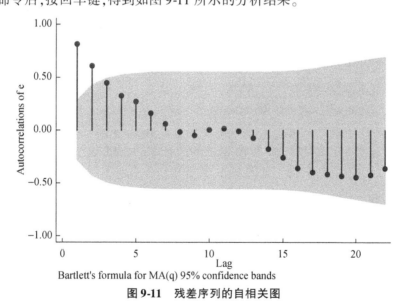

图 9-11 残差序列的自相关图

从图 9-11 中可以看出,横轴 Lag 表示滞后阶数,纵轴表示 e 的自相关阴影部分表示 95% 的自相关置信区间(巴特利特公式),在阴影部分之外表示自相关系数显著不为 0,可见数据主要是存在一阶自相关的。

11. 偏自相关图

在主界面的 Command 文本框中输入命令：

pac e

本命令的含义旨在绘制残差的偏自相关,旨在探索自相关阶数。

输入完命令后,按回车键,得到如图 9-12 所示的分析结果。

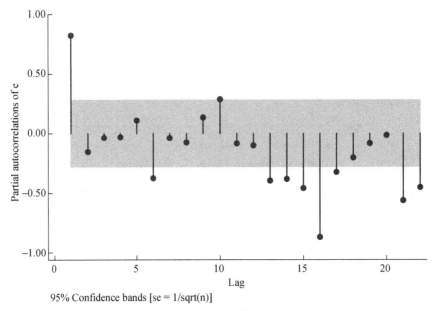

图 9-12　残差序列的自相关图

从图 9-12 中可以看出,横轴 Lag 表示滞后阶数,纵轴表示 e 的偏自相关阴影部分表示 95% 的自相关置信区间,在阴影部分之外表示自相关系数显著不为 0,可见数据主要是存在一阶自相关的。

12. LM 检验(或叫 BG 检验)的检验结果

在主界面的 Command 文本框中输入命令：

estat bgodfrey

本命令的含义为 LM 检验或 BG 检验,旨在检验残差的自相关性。

输入完命令后,按回车键,得到如图 9-13 所示的分析结果。

Breusch-Godfrey LM test for autocorrelation

lags(p)	chi2	df	Prob > chi2
1	33.069	1	0.0000

H0: no serial correlation

图 9-13　LM(BG)检验的检验结果

LM(BG)检验的原假设数据没有自相关,从图 9-13 中可以看出,P 值为 0.0000,非常显著地拒绝了无自相关的原假设。

13. Box-Pierce Q 检验的检验结果

在主界面的 Command 文本框中输入命令：

wntestq e

本命令的含义为 Box-Pierce Q(BP)检验，旨在检验残差的自相关性。

输入完命令后，按回车键，得到如图 9-14 所示的分析结果。

```
Portmanteau test for white noise

Portmanteau (Q) statistic =    181.4096
Prob > chi2(22)           =      0.0000
```

图 9-14　BP 检验的检验结果

从图 9-14 中可以看出，BP 检验的原假设为数据没有自相关，P 值为 0.0000，非常显著地拒绝了无自相关的原假设。

14. DW 检验的检验结果

在主界面的 Command 文本框中输入命令：

est dwatson

本命令的含义为 DW 检验，旨在检验残差的自相关性。

输入完命令后，按回车键，得到如图 9-15 所示的分析结果。

```
. estat dwatson

Durbin-Watson d-statistic(  2,    49) =  .3545385
```

图 9-15　采用稳健的标准差对数据进行回归分析(1)

从图 9-15 中可以看出，DW 检验的原假设为数据没有自相关，DW 值为 0.354385，远远小于无自相关时的 2，所以认为存在自相关。

在主界面的 Command 文本框中输入命令：

di 49^0.25

本命令的含义为计算样本个数的 1/4 次幂，旨在检验残差的自相关性。

输入完命令后，按回车键，得到如图 9-16 所示的分析结果。

```
. di 49^0.25
2.6457513
```

图 9-16　采用稳健的标准差对数据进行回归分析(2)

从图 9-16 中可以看出，本例中样本个数为 49，49 的 0.25 次方为 2.6457513，所以确定的滞后阶数是 3。

在主界面的 Command 文本框中输入命令：

newey profit asset,lag(3)

本命令的含义为采用自相关稳健性的标准差对数据进行回归分析，克服数据的自相关性对最小二乘回归分析造成的不利影响。

输入完命令后，按回车键，得到如图 9-17 所示的分析结果。

```
Regression with Newey-West standard errors        Number of obs  =        49
maximum lag: 3                                    F(  1,    47)  =    107.43
                                                  Prob > F       =    0.0000
```

	Newey-West					
profit	Coef.	Std. Err.	t	P>|t|	[95% Conf. Interval]	
asset	.1942579	.0187418	10.36	0.000	.1565543	.2319615
_cons	-35.28568	6.344974	-5.56	0.000	-48.05012	-22.52123

图 9-17　采用稳健的标准差对数据进行回归分析(3)

从图 9-17 中可以看出,模型的显著性、自变量与常数项系数的显著性及模型的解释能力依旧很高。

下面介绍使用广义最小二乘回归分析方法解决数据的异方差问题。

在主界面的 Command 文本框中输入命令:

prais profit asset,corc

本命令旨在以 profit 为因变量,以 asset 为自变量,对数据使用迭代式 CO 估计法进行广义最小二乘回归分析。

输入完后,按回车键,得到如图 9-18 所示的分析结果。

```
Cochrane-Orcutt AR(1) regression -- iterated estimates
```

Source	SS	df	MS		Number of obs	=	48
					F(1, 46)	=	3.94
Model	38.9070104	1	38.9070104		Prob > F	=	0.0531
Residual	453.948232	46	9.86843982		R-squared	=	0.0789
					Adj R-squared	=	0.0589
Total	492.855242	47	10.4862817		Root MSE	=	3.1414

profit	Coef.	Std. Err.	t	P>|t|	[95% Conf. Interval]	
asset	.069753	.0351296	1.99	0.053	-.0009592	.1404652
_cons	29.04086	23.83048	1.22	0.229	-18.9274	77.00912
rho	.9672991					

```
Durbin-Watson statistic (original)     0.354538
Durbin-Watson statistic (transformed)  1.927109
```

图 9-18　CO 迭代回归分析结果

对本结果的解读已在前面表述,此不赘述。要注意的是 DW 值从 0.354538 升至 1.927109,非常接近于没有自相关的值 2,所以经过 CO 迭代变换后,模型消除了自相关,但是模型的显著程度和解释能力都有所下降,这也是必须付出的代价。

在主界面的 Command 文本框中输入命令:

prais profit asset,nolog

本命令旨在以 profit 为因变量,以 asset 为自变量,对数据使用迭代式普莱斯-温斯登估计法(Prais-Winsten,PW)进行广义最小二乘回归分析。

输入完后,按回车键,得到如图 9-19 所示的分析结果。

```
Prais-Winsten AR(1) regression -- iterated estimates

      Source |       SS       df       MS              Number of obs =      49
-------------+------------------------------           F(  1,    47) =    7.55
       Model |  75.5863133     1   75.5863133          Prob > F      =  0.0085
    Residual |  470.661312    47   10.0140705          R-squared     =  0.1384
-------------+------------------------------           Adj R-squared =  0.1200
       Total |  546.247626    48   11.3801589          Root MSE      =  3.1645

------------------------------------------------------------------------------
      profit |      Coef.   Std. Err.      t    P>|t|     [95% Conf. Interval]
-------------+----------------------------------------------------------------
       asset |   .1046879   .029304     3.57   0.001     .045736    .1636399
       _cons |   .0516432   12.70555    0.00   0.997    -25.50864   25.61192
-------------+----------------------------------------------------------------
         rho |   .9291977
------------------------------------------------------------------------------
Durbin-Watson statistic (original)    0.354538
Durbin-Watson statistic (transformed) 1.861233
```

图 9-19　PW 迭代回归分析结果

对本结果的解读已在前面表述,此不赘述。要注意的是 DW 值从 0.354538 升至 1.861233,非常接近于没有自相关的值 2,所以经过 PW 迭代变换后,模型消除了自相关,但是模型的显著程度和解释能力都有所下降,这也是必须付出的代价。

第10章 Stata多重共线性计量检验与应用

10.1 回归模型的多重共线性计量检验基本理论

10.1.1 多重共线性的概念

多重共线性包括严重的多重共线性(完全)和近似的多重共线性(不完全)。在进行回归分析时,如果某一自变量可以被其他自变量通过线性组合得到,那么数据就存在严重的多重共线性问题。近似的多重共线性是指某自变量能够被其他的自变量较多地解释,或者说自变量之间存在着很大程度的信息重叠。在数据存在多重共线性的情况下,最小二乘回归分析得到的系数值仍然是最优无偏估计的,但是会导致系数的估计值不准确,而且会削弱部分系数的显著性,也不好区分每个自变量对因变量的影响程度。解决多重共线性的办法通常有两种:一种是剔除掉不显著的变量;另外一种是提取相关性较弱的几个主因子再进行回归分析。

所谓多重共线性,是指线性回归模型中的若干解释变量或全部解释变量的样本观测值之间具有某种线性关系。

对多元线性回归模型

$$y_i = \beta_0 + \beta_1 x_{i1} + \beta_2 x_{i2} + \cdots + \beta_p x_{ip} + \varepsilon_i, i = 1, 2, \cdots, N$$

即

$$Y = X\beta + \varepsilon$$

其参数 β 的最小二乘法估计为

$$\hat{\beta} = (X^T X)^{-1} X^T Y \tag{10-1}$$

式(10-1)要求解释变量的观察值矩阵

$$X = \begin{pmatrix} 1 & x_{11} & x_{12} & \cdots & x_{1p} \\ 1 & x_{21} & x_{22} & \cdots & x_{2p} \\ \vdots & \vdots & \vdots & \ddots & \vdots \\ 1 & x_{N1} & x_{N2} & \cdots & x_{Np} \end{pmatrix}, \text{其中} N \geq p+1$$

必须是满秩的,即要求

$$\text{rank}(X) = p + 1 \tag{10-2}$$

也即要求 X 的 $p+1$ 个列向量是线性无关的。

1. 完全多重共线性

若 $\text{rank}(X) < p+1$,即 p 个解释变量的观察值数据之间存在线性关系,就称为完全多重共线性。此时,$\text{rank}(X^T X) < p+1$,$X^T X$ 是奇异矩阵,不存在逆矩阵 $(X^T X)^{-1}$,也就是无法由式 (10-1) 求得 β 的最小二乘法 $\hat{\beta}$。完全多重共线性的情况在实际样本中是极为罕见的,因此不是本节讨论的重点。

2. 不完全多重线性

在经济计量模型中,比较常见的是各解释变量存在近似的线性关系,即存在一组不全为 0 的常数 $\lambda_j, j = 0,1,2,\cdots,p$,使

$$\lambda_0 + \lambda_1 x_{i1} + \lambda_2 x_{i2} + \cdots + \lambda_p x_{ip} \approx 0, i = 1,2,\cdots,N \tag{10-3}$$

这种情况就称为不完全多重共线性。

完全多重共线性和不完全多重共线性统称为多重共线性。本节主要讨论不完全多重共线性。

10.1.2 多重共线性的后果

由式 (10-1) 知,当存在完全多重共线性时,是无法得到模型的参数估计的,自然也就无法得到所要的回归方程,但除非在建模时错误地将两个本质上完全相同的经济指标(价格不变条件下的销售量和销售额)同时引入模型,否则是不大可能出现完全多重共线性情况的。故以下仅讨论不完全多重共线性问题。当样本中的解释变量之间存在较高的线性相关时,就会产生如下严重后果:

(1) 参数 β 虽然是可估计的,但是它们的方差随各 x_j 间的线性相关程度的提高而迅速增大,使估计的精度大大降低。

(2) 参数的估计值 $\hat{\beta}$ 对样本数据非常敏感,所用的样本数据稍有变化,就可能引起 $\hat{\beta}$ 值的较大的变化,使得到的回归方程处于不稳定状态,也就失去了应用的价值。

(3) 当解释变量间存在较高程度的线性相关时,必然导致存在不显著的回归系数,这就必须从模型中剔除某个或若干个解释变量。由于计量经济模型中的数据都是被动取得的,人们无法通过不同的试验条件加以控制,被剔除的变量很可能是某个较重要的经济变量,由此会引起模型的设定不当。

(4) 由于参数估计量的方差增大,使预测和控制的精度大大降低,失去应用价值。

10.1.3 产生多重共线性的原因

多重共线性是计量经济模型中比较普遍存在的问题,其产生的原因主要有以下几个方面。

1. 各经济变量之间存在着相关性

在经济领域中,许多经济变量之间普遍存在着相关性,当同时以某些高度相关的经济变量作为模型的解释变量时,就会产生多重共线性问题。

例如,在研究企业生产函数模型时,资本投入量和劳动投入量是两个解释变量。通常在相同时期的同一行业中,规模大的企业其资本和劳动的投入都会较多,反之亦然,因此所取得的资本投入和劳动投入的样本数据就可能是高度线性相关的。特别是当样本数据所取自地区的经济发展水平大致相当时,这种情况就更为明显,由此可能产生严重的多重共线性。

又如,在研究农业生产函数时,建立了如下模型

$$Y = \beta_0 + \beta_1 X_1 + \beta_2 X_2 + \beta_3 X_3 + \beta_4 X_4 + \varepsilon$$

式中:Y——产量;X_1——种植面积;X_2——肥料用量;X_3——劳动力投入;X_4——水利投入。

通常种植面积和肥料用量、劳动力投入之间存在较高的线性相关性。

2. 某些经济变量存在着相同的变动趋势

在时间序列的计量经济模型中,作为解释变量的多个经济变量往往会存在同步增长或同步下降的趋势。例如,在经济繁荣时,各种基本的经济变量,如收入、消费、储蓄、投资、物价、就业、对外贸易等都会呈现同步增长趋势;而在经济衰退期则又会几乎一致地放慢增长速度,于是这些变量在时间序列的样本数据中就会存在近似的比例关系。当模型中含有多个有相同变化趋势的解释变量时,就会产生多重共线性。

3. 模型中引入了滞后解释变量

在不少计量经济模型中,都需要引入滞后解释变量。例如,居民本期的消费不仅与本期的收入有关,而且和以前各期的收入有很大关系;又如经济的发展速度不仅与本期的投资有关,而且和前期的投资有很大关系。而同一经济变量前后期的数据之间往往是高度相关的,这也会使模型产生多重共线性问题。

10.1.4 多重共线性的识别和检验

对样本数据是否存在显著的多重共线性,通常可采用以下方法进行识别或检验。

1. 看膨胀因子的大小

设 R_j^2 为 x_j 对其余 $p-1$ 个解释变量的复可决系数,$\text{VIF}_j = \dfrac{1}{1-R_j^2}$ 为 x_j 对应的方差膨胀因子。由 R_j^2 的意义可知,VIF_j 越大,变量的多重共线性就越严重。当 VIF_j 大于或等于 10 时,就认为存在严重的多重共线性。

2. 使用简单相关系数进行判别

当模型中仅含有两个解释变量 X_1 和 X_2 时,可计算它们的简单相关系数,记为 r_{12}。

$$r_{12} = \frac{\sum (x_{i1} - \bar{x}_1)(x_{i2} - \bar{x}_2)}{\sqrt{\sum (x_{i1} - \bar{x}_1)^2} \sqrt{\sum (x_{i2} - \bar{x}_2)^2}}$$

其中,$\bar{x}_1, \bar{x}_2$ 分别为 X_1 和 X_2 的样本均值。简单相关系数 $|r|$ 反映了两个变量之间的线性相关程度。$|r|$ 越接近于 1,说明两个变量之间的线性相关程度越高,因此可以用来判别是否存在多重共线性。但这一方法有很大的局限性,原因如下:

(1)很难根据 r 的大小来判定两个变量之间的线性相关程度到底有多高。因为它还和样本容量 N 有关。不难验证,当 $N=2$ 时,总有 $|r|=1$,但这并不能说明两个变量是完全线性相关的。

(2)当模型中有多个解释变量时,即使所有两两解释变量之间的简单相关系数 $|r|$ 都不大,也不能说明解释变量之间不存在多重共线性。这是因为多重共线性并不仅仅表现为解释变量两两间的线性相关性,还包括多个解释变量之间的线性相关,见式(10-3)。

3. 回归检验法

我们知道,线性回归模型是用来描述变量之间的线性相关关系的,因此可以通过分别以某

一解释变量 X_k 对其他解释变量进行线性回归,来检验解释变量之间是否存在多重共线性,也即可以建立如下 p 个 $p-1$ 元的线性回归模型:

$$X_k = b_{0k} + \sum_{j \neq k} b_{ik}X_j + \varepsilon_k, k = 1,2,\cdots,p \tag{10-4}$$

之后分别对这 p 个回归模型进行逐步回归,若存在显著的回归方程,则说明存在多重共线性。如果有多个显著的回归方程,则取临界显著性水平最高的回归方程,该回归方程就反映了解释变量之间线性相关的具体形式。如果所有回归方程都不显著,则说明不存在多重共线性。

由此可见,如果存在多重共线性,回归检验法还可以确定究竟是哪些变量引起了多重共线性,这对消除多重共线性的影响是有用的。

4. 通过对原模型回归系数的检验来判定

其实,最简单的方法是通过对原模型回归系数的检验结果来判定是否存在多重共线性。如果回归方程检验是高度显著的,但对各回归系数检验时 t 统计量的值都偏小,且存在不显著的变量,而且当剔除了某个或若干不显著变量后其他回归系数的 t 统计量的值有很大的提高,就可以判定存在多重共线性。这是由于当某些解释变量之间高度线性相关时,其中某个解释变量就可以由其他解释变量近似地线性表示。剔除该变量后,该变量在回归模型中的作用就转移到与它线性相关的其他解释变量上,因此会引起其他解释变量的显著性水平明显提高。但如果在剔除不显著的变量后对其余解释变量回归系数的 t 统计量并无明显影响,则并不能说明原模型中存在多重共线性问题。此时说明被剔除的解释变量与被解释变量之间并无线性关系。

如果经检验所有回归系数都是显著的,则可以判定不存在多重共线性问题。

10.1.5 消除多重共线性的方法

通常可以采用以下方法消除多重共线性问题。

1. 剔除引起多重共线性的解释变量

由前述判定是否存在多重共线性的第三种方法可知,当存在多重共线性时,最简单的方法就是从模型中剔除不显著的变量,也可以采用逐步回归方法直接得到无多重共线性的回归方程。但注意采用此方法时应注意结合有关经济理论知识和分析问题的实际经济背景慎重进行。因为有时产生多重共线性的原因是样本数据的来源存在一定问题,而在许多计量经济模型中,人们往往只能被动地获得已有的数据。如果处理不当,就有可能从模型中剔除了对被解释变量有重要影响的经济变量,从而会引起更为严重的模型设定错误。故应注意从模型中剔除的应当是意义相对次要的经济变量。

2. 利用解释变量之间存在的某种关系

有时候,根据经济理论、统计资料或经验,已经掌握了解释变量之间的某种关系,这些关系如能在模型中加以利用就有可能消除多重共线性的影响。

例如,对生产函数模型

$$Y = AK^{\alpha}L^{\beta}e^{\varepsilon} \tag{10-5}$$

式中:Y——产量;K——资金;L——劳动。

将其线性化后为

$$\ln Y = \ln A + \alpha \ln K + \beta \ln L + \varepsilon \tag{10-6}$$

前面已经分析过,通常和劳动之间是高度线性相关的,因此 lnK 和 lnL 也会存在线性相关性,因此式(10-6)就可能存在多重共线性。为解决这一问题,可利用经济学中关于规模报酬不变的假定,即

$$\alpha + \beta = 1 \tag{10-7}$$

将它代入式(10-6)中,得到

$$\ln Y = \ln A + \alpha \ln K + (1 - \alpha)\ln L + \varepsilon$$

经过整理后,可得到

$$\ln \frac{Y}{L} = \ln A + \alpha \ln \frac{K}{L} + \varepsilon \tag{10-8}$$

令 $Y^* = \ln \frac{Y}{L}$,$X^* = \ln \frac{K}{L}$,$\alpha_0 = \ln A$,则可以得到无多重共线性的一元线性回归模型

$$Y^* = \alpha_0 + \alpha_1 X^* + \varepsilon \tag{10-9}$$

显然,以上变换后并没有丢失 K 和 L 的信息。利用 OLS 估计出 $\hat{\alpha}_0$ 和 $\hat{\alpha}$ 后,可由 $\hat{\beta} = 1 - \hat{\alpha}$ 得到原模型的 $\hat{\beta}$。

3. 改变模型的形式

当回归方程主要是用于预测和控制,而并不侧重于分析每一解释变量对被解释变量的影响程度时,可通过适当改变模型的分析方式,以消除多重共线性。

例如,设某商品的需求模型为

$$Y = \beta_0 + \beta_1 X_1 + \alpha_1 Z_1 + \alpha_2 Z_2 + \varepsilon \tag{10-10}$$

式中:Y——需求量;X_1——居民家庭收入水平;Z_1——该商品价格;Z_2——替代商品价格。

则在 Z_1 和 Z_2 具有大约相同变化比例的条件下,式(10-10)就可能存在多重共线性。但实际应用中人们显然更重视两种商品的价格比,因此可令

$$X_2 = Z_1/Z_2 \tag{10-11}$$

从而可将上述需求模型改变为

$$Y = \beta_0 + \beta_1 X_1 + \beta_2 X_2 + \varepsilon \tag{10-12}$$

这就避免了原来模型中的多重共线性。

又如,设有如下消费模型

$$y_t = \beta_0 + \beta_1 x_t + \beta_2 x_{t-1} + \varepsilon_t \tag{10-13}$$

式中:y_t——t 期的消费支出;x_t——t 期的收入;x_{t-1}——$t-1$ 期的收入。

显然前后期的收入之间是高度相关的,因此式(10-13)存在多重共线性。但是如果我们关心的主要不是前期收入对本期消费支出的影响,而主要是研究收入的增减变化对消费支出的影响,则可令 $\Delta x_t = x_t - x_{t-1}$,原模型就变为如下形式:

$$y_t = b_0 + b_1 x_t + b_2 \Delta x_t + \varepsilon_t \tag{10-14}$$

通常情况下,x_t 与 Δx_t 之间的相关程度要远低于 x_t 和 x_{t-1} 之间的相关程度。因此式(10-14)基本上可消除多重共线性问题。此外,式(10-13)与式(10-14)的参数之间还有如下关系:

$$\beta_1 = b_1 + b_2, \beta_2 = -b_2, \beta_0 = b_0$$

因此求得式(10-14)的参数估计后,也就得到式(10-13)的参数估计。
再如,设时间序列的计量经济模型为

$$y_t = \beta_0 + \beta_1 x_{t1} + \beta_2 x_{t2} + \varepsilon_t \tag{10-15}$$

设 X_1 和 X_2 是高度线性相关的,由式(10-15),有

$$y_{t-1} = \beta_0 + \beta_1 x_{t-1,1} + \beta_2 x_{t-1,2} + \varepsilon_{t-1} \tag{10-16}$$

将式(10-16)减去式(10-15),得

$$y_t - y_{t-1} = \beta_1(x_{t1} - x_{t-1,1}) + \beta_2(x_{t2} - x_{t-1,2}) + \varepsilon_t - \varepsilon_{t-1}$$

作如下差分变换,令

$$\begin{cases} y_t^* = y_t - y_{t-1} \\ x_{t1}^* = x_{t1} - x_{t-1,1} \\ x_{t2}^* = x_{t2} - x_{t-1,2} \\ V_t = \varepsilon_t - \varepsilon_{t-1} \end{cases} \tag{10-17}$$

则可得原模型的差分模型

$$y_t^* = \beta_1 x_{t1}^* + \beta_2 x_{t2}^* + V_t, t = 1, 2, \cdots, N \tag{10-18}$$

通常,经差分变换后数据的相关程度较低,有可能消除多重共线性。但需要指出的是,经过上述变换后,式(10-18)中的随机误差序列 V_t 可能会产生自相关性。然而,当 ε_t 本身是一阶高度正相关时,即

$$\varepsilon_t = \rho \varepsilon_{t-1} + V_t$$

且 $\rho \approx 1$,则

$$\varepsilon_t - \varepsilon_{t-1} \approx V_t$$

反而比较好地消除了自相关性。

4. 增加样本容量

我们在前面的分析中已经指出,计量经济模型中存在的共线性现象有可能是因样本数据来源存在一定的局限性,如果能增加样本容量,则就有可能降低甚至消除多重共线性问题。数理统计理论告诉我们,样本容量越大,则参数估计的方差就越小,多重共线性的不良后果都是因参数估计的方差增大所致。因此可以说增加样本容量是解决多重共线性问题的最佳途径。但由于计量经济模型中的许多数据的来源受到很大限制,因此要增加样本容量是有一定难度的。

10.2 回归模型的多重共线性计量检验的应用

例 10-1 表 10-1 给出了我国 1996—2003 年历年国民经济主要指标统计数据。试使用国内生产总值作为因变量,以货物周转量、原煤、发电量、原油等作为自变量,对这些数据使用最小二乘回归分析方法进行研究,并进行多重共线性检验,最终建立合适的回归方程模型用于描述变量之间的关系。

表 10-1 我国 1996—2003 年历年国民经济主要指标统计数据

年份	国内生产总值/亿元	货物周转量/亿吨公里	原煤/亿吨	发电量/亿千瓦时	原油/万吨
1996	67 884.6	36 590	14.0	10 813	15 733
1997	74 462.6	38 385	13.7	11 356	16 074
1998	78 345.0	38 089	12.5	11 670	16 100
1999	82 067.0	40 568	10.5	12 393	16 000
2000	89 442.0	44 321	10.0	13 556	16 300
2001	97 315.0	47 710	11.6	14 808	16 396
2002	105 172.0	50 686	13.8	16 540	16 700
2003	117 251.9	53 859	16.7	19 106	16 960

使用 Stata 12.0 打开在目录"E:\stata12\zsq\chap10"中的"al10-1.dta"数据文件,命令如下:

use "E:\stata12\zsq\chap10\al10-1.dta", clear
browse

数据如图 10-1 所示。

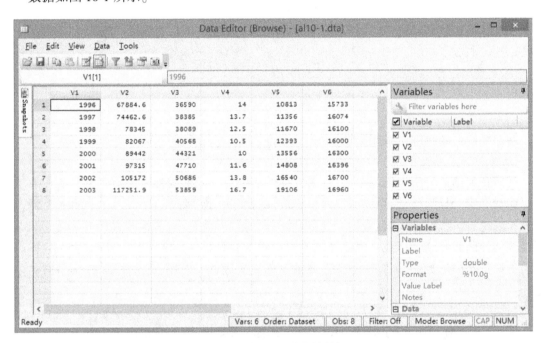

图 10-1 例 10-1 涉及的数据

1. 对数据进行描述性分析

在主界面的 Command 文本框中输入命令:

summarize V_1 V_2 V_3 V_4 V_5 V_6, detail

本命令的含义是对数据进行详细的描述性分析。

输入完后,按回车键,得到如图 10-2 所示的分析结果。

```
                            V1

            Percentiles      Smallest
   1%          1996             1996
   5%          1996             1997
  10%          1996             1998        Obs                      8
  25%          1997.5           1999        Sum of Wgt.              8

  50%          1999.5                       Mean                1999.5
                                Largest     Std. Dev.          2.44949
  75%          2001.5           2000
  90%          2003             2001        Variance                 6
  95%          2003             2002        Skewness                 0
  99%          2003             2003        Kurtosis          1.761905

                            V2

            Percentiles      Smallest
   1%         67884.6          67884.6
   5%         67884.6          74462.6
  10%         67884.6          78345        Obs                      8
  25%         76403.8          82067        Sum of Wgt.              8

  50%         85754.5                       Mean               88992.51
                                Largest     Std. Dev.          16681.17
  75%        101243.5           89442
  90%        117251.9           97315       Variance           2.78e+08
  95%        117251.9          105172       Skewness           .4398428
  99%        117251.9          117251.9     Kurtosis           2.043855

                            V3

            Percentiles      Smallest
   1%         36590            36590
   5%         36590            38089
  10%         36590            38385        Obs                      8
  25%         38237            40568        Sum of Wgt.              8

  50%         42444.5                       Mean                 43776
                                Largest     Std. Dev.          6420.092
  75%         49198            44321
  90%         53859            47710        Variance           4.12e+07
  95%         53859            50686        Skewness           .3874834
  99%         53859            53859        Kurtosis           1.683573
```

图 10-2 对数据进行描述性分析的结果

```
                                V4

           Percentiles      Smallest
     1%           10              10
     5%           10            10.5
    10%           10            11.6      Obs                        8
    25%        11.05            12.5      Sum of Wgt.                8

    50%         13.1                      Mean                   12.85
                              Largest     Std. Dev.           2.174528
    75%         13.9            13.7
    90%         16.7            13.8      Variance            4.728571
    95%         16.7              14      Skewness             .325807
    99%         16.7            16.7      Kurtosis            2.349168

                                V5

           Percentiles      Smallest
     1%        10813           10813
     5%        10813           11356
    10%        10813           11670      Obs                        8
    25%        11513           12393      Sum of Wgt.                8

    50%       12974.5                     Mean                13780.25
                              Largest     Std. Dev.           2882.102
    75%        15674           13556
    90%        19106           14808      Variance             8306510
    95%        19106           16540      Skewness            .7700467
    99%        19106           19106      Kurtosis            2.364367

                                V6

           Percentiles      Smallest
     1%        15733           15733
     5%        15733           16000
    10%        15733           16074      Obs                        8
    25%        16037           16100      Sum of Wgt.                8

    50%        16200                      Mean                16282.88
                              Largest     Std. Dev.           397.3187
    75%        16548           16300
    90%        16960           16396      Variance            157862.1
    95%        16960           16700      Skewness            .4391698
    99%        16960           16960      Kurtosis            2.237363
```

图 10-2 对数据进行描述性分析的结果(续)

通过观察图 10-2 的结果,可以看出数据总体质量还是可以的,没有极端异常值,变量之间的量纲差距以及变量的偏度、峰度也是可以接受的,可以进入下一步分析。

2. 对数据进行相关分析

在主界面的 Command 文本框中输入命令：

correlate V_1 V_2 V_3 V_4 V_5 V_6

本命令的含义是对 V_1、V_2、V_3、V_4、V_5、V_6 等变量进行相关性分析。

输入完命令后，按回车键，得到如图 10-3 所示的分析结果。

```
(obs=8)

                V1        V2        V3        V4        V5        V6
        V1   1.0000
        V2   0.9849    1.0000
        V3   0.9766    0.9905    1.0000
        V4   0.2172    0.3775    0.3643    1.0000
        V5   0.9566    0.9911    0.9846    0.4788    1.0000
        V6   0.9473    0.9782    0.9627    0.4517    0.9713    1.0000
```

图 10-3　对数据进行分析的结果

通过观察图 10-3 的结果，可以看到变量之间的相关系数非常大，这说明变量之间存在很高程度的信息重叠，模型很有可能存在多重共线性问题。

3. 对数据进行回归分析

在主界面的 Command 文本框中输入命令：

regress V_2 V_3 V_4 V_5 V_6

本命令的含义是对 V_2、V_3、V_4、V_5、V_6 等变量进行回归分析。

输入完命令后，按回车键，得到如图 10-4 所示的分析结果。

```
   Source |     SS        df       MS              Number of obs =       8
----------+------------------------------           F(  4,    3) =  348.28
    Model | 1.9436e+09     4   485910915           Prob > F      =  0.0002
 Residual | 4185548.75     3   1395182.92          R-squared     =  0.9979
----------+------------------------------           Adj R-squared =  0.9950
    Total | 1.9478e+09     7   278261315           Root MSE      =  1181.2


       V2 |      Coef.   Std. Err.      t    P>|t|     [95% Conf. Interval]
----------+----------------------------------------------------------------
       V3 |   .0040429   .5633146     0.01   0.995    -1.788676    1.796761
       V4 |  -931.3118   327.7201    -2.84   0.066    -1974.263    111.6399
       V5 |   4.686809   1.391856     3.37   0.043     .2573033    9.116316
       V6 |   10.28367   4.790103     2.15   0.121    -4.960572    25.52792
    _cons |   131250.3   68579.04    -1.91   0.152    -349499.4    86998.81
```

图 10-4　对数据进行回归的分析结果

通过观察图 10-4 的结果，可以看出共有 8 个样本参与了分析，模型的 F 值 $F(4,3) = 348.24$，P 值（Prob > F = 0.0002），说明该模型整体上是非常显著的。模型的可决系数 $R^2 = 0.9979$，修正的可决系数 Adj $R^2 = 0.9950$，说明模型的解释能力非常不错。

模型的回归方程是：

$V_2 = 0.0040429 \times V_3 - 931.3118 \times V_4 + 4.686809 \times V_5 + 10.28367 \times V_6 - 131250.3$

变量 V_3 的系数标准误是 0.5633146，t 值为 0.01，P 值为 0.995，系数是非常不显著的，95% 的置信区间为 $[-1.788676, 1.796761]$。变量 V_4 的系数标准误 327.7201，t 值为 -2.84，P 值为 0.066，系数是不显著的，95% 的置信区间为 $[-1974.263, 111.6399]$。变量 V_5 的系数标准误是 1.391856，t 值为 3.37，P 值为 0.043，系数是显著的，95% 的置信区间为 $[0.2573033, 9.116316]$。变量 V_6 的系数标准误是 4.790103，t 值为 2.15，P 值为 0.121，系数是不显著的，95% 的置信区间为 $[-4.960572, 25.52792]$。常数项的系数标准误是 68579.04，t 值为 -1.91，P 值为 0.152，系数是不显著的，95% 的置信区间为 $[-349499.4, 86998.81]$。

从上面的分析可以看出，国内生产总值与货物周转量、原煤、发电量、原油等变量进行回归得到的模型中部分变量的系数非常不显著，而且原煤产量是负值，这显然是不符合现实情况的，造成这些现象的根源就在于模型存在着程度比较高的多重共线性问题。

4. 对数据进行多重共线性检验

在主界面的 Command 文本框中输入命令：

estat vif

本命令旨在对模型进行多重共线性检验。

输入完命令后，按回车键，得到如图 10-5 所示的分析结果。

Variable	VIF	1/VIF
V5	80.74	0.012386
V3	65.62	0.015239
V6	18.17	0.055026
V4	2.55	0.392461
Mean VIF	41.77	

图 10-5　对数据进行多重共线性检验的分析结果(1)

从图 10-5 的结果中可以看出，Mean VIF 的值 41.77，远远大于合理值 10，所以模型存在较高程度的多重共线性，其中 V_5 的方差膨胀因子最高，即 80.74，所以需要将 V_5 剔除掉以后重新进行回归。

在主界面的 Command 文本框中输入命令：

regress V_2 V_3 V_4 V_6

本命令的含义是在剔除 V_5 的基础上对 V_2、V_3、V_4、V_6 等变量进行回归分析。

输入完命令后，按回车键，得到如图 10-6 所示的分析结果。

```
      Source |       SS           df       MS              Number of obs =       8
-------------+------------------------------               F(  3,    4) =  128.49
       Model |  1.9278e+09         3     642607998         Prob > F      =  0.0002
    Residual |  20005214.2         4     5001303.55        R-squared     =  0.9897
-------------+------------------------------               Adj R-squared =  0.9820
       Total |  1.9478e+09         7     278261315         Root MSE      =  2236.4

------------------------------------------------------------------------------
          V2 |      Coef.   Std. Err.      t    P>|t|     [95% Conf. Interval]
-------------+----------------------------------------------------------------
          V3 |   1.671362   .5085665     3.29   0.030     .2593548    3.083369
          V4 |  -182.1422   455.5875    -0.40   0.710    -1447.056    1082.771
          V6 |    15.5194   8.578151     1.81   0.145    -8.297364    39.33617
       _cons |    -234533   116132.3    -2.02   0.114    -556967.8    87901.88
------------------------------------------------------------------------------
```

图 10-6　剔除 V_5 后对其他变量进行回归分析的结果

通过观察图 10-6 的结果,可以看出共有 8 个样本参与了分析,模型的 F 值 $F(4,3)$ = 128.49,P 值(Prob > F = 0.0002),说明该模型整体上是非常显著的。模型的可决系数 R^2 = 0.9897,修正的可决系数 Adj R^2 = 0.9820,说明模型的解释能力非常不错。

模型的回归方程是:

$$V_2 = 1.671362 \times V_3 - 182.1422 \times V_4 + 15.5194 \times V_6 - 234533$$

变量 V_3 的系数标准误是 0.5085665,t 值为 3.29,P 值为 0.030,系数是显著的,95% 的置信区间为 [0.2593548,3.083369]。变量 V_4 的系数标准误是 455.5875,t 值为 -0.40,P 值为 0.710,系数是不显著的,95% 的置信区间为 [-1447.056,1082.771]。变量 V_6 的系数标准误是 8.578151,t 值为 1.81,P 值为 0.145,系数是不显著的,95% 的置信区间为 [-8.297364, 39.33617]。常数项的系数标准误是 116132.3,t 值为 -2.02,P 值为 0.114,系数是不显著的, 95% 的置信区间为 [-556967.8,87901.88]。

从上面的分析可以看出,国内生产总值与货物周转量、原煤、原油等变量进行回归得到的模型中部分变量的系数非常不显著,而且原煤产量是负值,这显然是不符合现实情况的,造成这些现象的根源就在于模型还是存在着程度比较高的多重共线性问题。

在主界面的 Command 文本框中输入命令:

estat vif

本命令旨在对模型进行多重共线性检验。

输入完命令后,按回车键,可以得到如图 10-7 所示的分析结果。

```
    Variable |       VIF       1/VIF
-------------+----------------------
          V6 |     16.26    0.061506
          V3 |     14.92    0.067020
          V4 |      1.37    0.727967
-------------+----------------------
    Mean VIF |     10.85
```

图 10-7　对数据进行多重共线性检验的分析结果(2)

从上面的图 10-7 结果中可以看出,Mean VIF 的值 10.85,大于合理值 10,所以模型存在一定程度的多重共线性,其中 V_6 的方差膨胀因子最高,即 16.26,所以需要将 V_6 剔除掉以后重新进行回归。

在主界面的 Command 文本框中输入命令:

输入完命令后,按回车键,得到如图 10-8 所示的分析结果。

regress V_2 V_3 V_4

本命令的含义是在剔除 V_6 的基础上对 V_2、V_3、V_4 等变量进行回归分析。

输入完命令后,按回车键,得到如图 10-8 所示的分析结果。

```
      Source |       SS           df       MS                  Number of obs =       8
             |                                                 F(  2,     5) =  131.37
       Model | 1.9115e+09           2   955727052              Prob > F      =  0.0000
    Residual | 36375104.5           5   7275020.9              R-squared     =  0.9813
             |                                                 Adj R-squared =  0.9739
       Total | 1.9478e+09           7   278261315              Root MSE      =  2697.2

          V2 |      Coef.   Std. Err.      t    P>|t|     [95% Conf. Interval]
          V3 |   2.555185   .1705049    14.99   0.000     2.116889    2.993482
          V4 |   148.2452   503.3999     0.29   0.780    -1145.785    1442.276
       _cons |  -24768.24    7955.57    -3.11   0.026    -45218.68   -4317.793
```

图 10-8　剔除 V_6 后对其他变量进行回归分析的结果

本结果的详细解读,前面多有提及,此不赘述。

在主界面的 Command 文本框中输入命令:

estat vif

本命令旨在对模型进行多重共线性检验。

输入完命令后,按回车键,可以得到如图 10-9 所示的分析结果。

```
    Variable |       VIF       1/VIF

          V4 |      1.15    0.867321
          V3 |      1.15    0.867321

    Mean VIF |      1.15
```

图 10-9　对数据进行多重共线性检验的分析结果(3)

从图 10-9 的结果中可以看出,Mean VIF 的值 1.15,小于合理值 10,所以模型不存在多重共线性。由图 10-8 中可见 V_4 的系数不显著,所以剔除,重新进行回归。

输入完命令后,单击回车键,得到如图 10-4 所示的分析结果。

regress V_2 V_3

本命令的含义是在剔除 V_4 的基础上对 V_2、V_3 等变量进行回归分析。

输入完命令后,按回车键,得到如图 10-10 所示的分析结果。

```
  Source |       SS       df       MS              Number of obs =       8
---------+------------------------------           F(  1,    6) =  309.81
   Model | 1.9108e+09     1    1.9108e+09          Prob > F      =  0.0000
Residual | 37006017.3     6    6167669.55          R-squared     =  0.9810
---------+------------------------------           Adj R-squared =  0.9778
   Total | 1.9478e+09     7    278261315           Root MSE      =  2483.5


      V2 |    Coef.    Std. Err.      t     P>|t|     [95% Conf. Interval]
---------+--------------------------------------------------------------
      V3 |  2.573475   .1462077     17.60   0.000      2.215718   2.931232
   _cons | -23663.93   6460.335     -3.66   0.011     -39471.81  -7856.063
```

图 10-10　剔除 V_4 后对其他变量进行回归分析的结果

通过观察图 10-10 的结果，可以看出共有 8 个样本参与了分析，模型的 F 值 $F(1,6)=309.81$，P 值（Prob > F = 0.0000），说明该模型整体上是非常显著的。模型的可决系数 $R^2=0.9810$，修正的可决系数 Adj $R^2=0.9778$，说明模型的解释能力非常不错。

模型的回归方程是：

$$V_2 = 2.573475 \times V_3 - 23\,663.93$$

变量 V_3 的系数标准误是 0.1462077，t 值为 17.60，P 值为 0.000，系数是非常显著的，95% 的置信区间为 [2.215718, 2.931232]。常数项的系数标准误是 6460.335，t 值为 -3.66，P 值为 0.011，系数是显著的，95% 的置信区间为 [-39471.81, -7856.063]。

从图 10-10 中可以看出，模型的整体显著性、模型的解释能力、模型中各变量和常数项的系数显著性都达到了近乎完美的状态。最终的结论是参与分析的变量中，货物周转量能够最大限度地解释国内生产总值，货物周转量越大，国内生产总值也越大。

上面的分析过程及结果已经达到解决实际问题的要求。但 Stata 12.0 还提供了更加复杂的命令格式以满足用户更加个性化的需求。

下面使用因子分析方法来解决模型的多重共线性问题。

以例 10-1 为例，在主界面的 Command 文本框中输入命令：

factor V_3 V_4 V_5 V_6, pcf

本命令的含义是对 V_3、V_4、V_5、V_6 等变量提取公因子。

输入完命令后，按回车键，得到如图 10-11 所示的分析结果。

(obs=8)

Factor analysis/correlation   Number of obs   =   8
    Method: principal-component factors   Retained factors =   1
    Rotation: (unrotated)   Number of params =   4

Factor	Eigenvalue	Difference	Proportion	Cumulative
Factor1	3.20006	2.44539	0.8000	0.8000
Factor2	0.75467	0.71659	0.1887	0.9887
Factor3	0.03808	0.03089	0.0095	0.9982
Factor4	0.00718	.	0.0018	1.0000

LR test: independent vs. saturated: chi2(6) = 42.71 Prob>chi2 = 0.0000

Factor loadings (pattern matrix) and unique variances

Variable	Factor1	Uniqueness
V3	0.9660	0.0668
V4	0.5760	0.6682
V5	0.9894	0.0211
V6	0.9778	0.0439

图 10-11　提取公因子的回归分析结果

在主界面的 Command 文本框中输入命令：

predict f_1

本命令旨在产生已提取的公因子变量 f_1。

输入完命令后，按回车键，得到如图 10-12 所示的分析结果。

(regression scoring assumed)

Scoring coefficients (method = regression)

Variable	Factor1
V3	0.30188
V4	0.18001
V5	0.30919
V6	0.30556

图 10-12　提取 f_1 后的分析结果

通过观察图 10-12 的结果，可以得到如下表达式：

$$f_1 = 0.30188 \times V_3 + 0.18001 \times V_4 + 0.30919 \times V_5 + 0.30556 \times V_6$$

在 Data Editors(Browse)窗口得到如图 10-13 所示的分析结果。

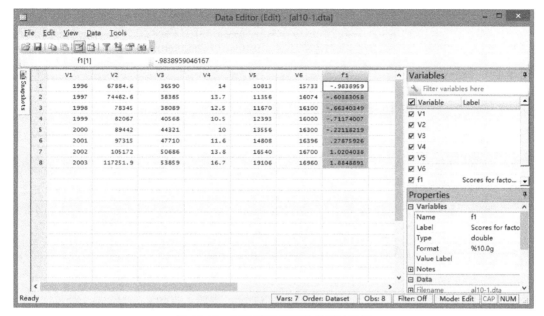

图 10-13　对数据进行相关分析的结果

在主界面的 Command 文本框中输入命令：

reg V$_2$ f$_1$

本命令的含义旨在以 V$_2$ 为因变量，以 f$_1$ 为自变量进行回归分析。

输入完命令后，按回车键，得到如图 10-14 所示的分析结果。

```
      Source |       SS       df       MS              Number of obs =       8
-------------+------------------------------           F(  1,     6) =  103.71
       Model |  1.8413e+09     1  1.8413e+09           Prob > F      =  0.0001
    Residual |    106524040     6  17754006.7           R-squared     =  0.9453
-------------+------------------------------           Adj R-squared =  0.9362
       Total |  1.9478e+09     7   278261315           Root MSE      =  4213.6

          V2 |      Coef.   Std. Err.      t    P>|t|     [95% Conf. Interval]
-------------+----------------------------------------------------------------
          f1 |   16218.62   1592.572    10.18   0.000     12321.73     20115.5
       _cons |   88992.51   1489.715    59.74   0.000     85347.31    92637.71
```

图 10-14　以 V$_2$ 为因变量，以 f$_1$ 为自变量的回归分析结果

由图 10-14 可以看出，模型的整体显著性、模型的解释能力、模型各变量和常数项的系数显著性都达到了近乎完美的状态。

在主界面的 Command 文本框中输入命令：

vif

本命令旨在对模型进行多重共线性检验。

输入完命令后，按回车键，得到如图 10-15 所示的分析结果。

Variable	VIF	1/VIF
f1	1.00	1.000000
Mean VIF	1.00	

图 10-15 对模型进行多重共线性的检验的分析结果

从图 10-15 中可以看出，Mean VIF 的值是 1，远远小于合理值 10，显然模型的多重共线性得到了很大程度的改善。

第11章 Stata时间序列分析

11.1 时间序列分析的基本理论

时间序列分析是一种动态数据处理的统计方法。该方法基于随机过程理论和数理统计学方法,研究随机数据序列所遵从的统计规律,以此来解决实际问题。时间序列是随时间而变化、具有动态性和随机性的数字序列。在现实生活中,许多统计资料都是按照时间进行观测记录的,因此时间序列分析在实际分析中具有广泛的应用。

时间序列分析模型不同于一般的经济计量模型,其不以经济理论为依据,而是依据变量自身的变化规律,利用外推机制描述时间序列的变化。时间序列模型在处理的过程中必须明确考虑时间序列的非平稳性。

本章在介绍时间序列分析的基本理论的基础上,我们也将对 Stata 中提供的时间序列分析功能进行一系列的实例分析。

11.1.1 平稳、协整、因果检验的基本概念

如果一个随机过程的均值和方差在时间过程上都是常数,并且在任何两时期的协方差值仅依赖于该两时期间的距离或滞后,而不依赖于计算这个协方差的实际时间,就称它为平稳的。强调平稳性是因为将一个随机游走变量(即非平稳数据)对另一个随机游走变量进行回归可能导致荒谬的结果,传统的显著性检验将告知我们变量之间的关系是不存在的。这种情况就称为"伪回归"(Spurious Regression)。

有时虽然两个变量都是随机游走的,但它们的某个线性组合却可能是平稳的,在这种情况下,我们称这两个变量是协整的。

因果检验用于确定一个变量的变化是否为另一个变量变化的原因。

11.1.2 单位根检验

本节讨论单位根过程及其相关检验。

1. 单位根过程

如果一个时间序列的均值或自协方差函数随时间而改变,那么这个序列就是非平稳时间序列。

已知随机过程 $\{y_t, t=1,2,\cdots\}$,若

$$y_t = \rho y_{t-1} + \varepsilon_t \tag{11-1}$$

其中，$\rho=1$，ε_t 为一稳定过程，且 $E(\varepsilon_t)=0$，$\mathrm{Cov}(\varepsilon_t,\varepsilon_{t-s})=\mu_t<\infty$，这里 $s=0,1,2,\cdots$，则称该过程为单位根过程。特别地，若

$$y_t = y_{t-1} + \varepsilon_t \tag{11-2}$$

其中，ε_t 独立同分布，且 $E(\varepsilon_t)=0$，$D(\varepsilon_t)=\sigma^2<\infty$，则称该过程为随机游走过程。它是单位根过程的一个特例。

若单位根过程经过一阶差分成为平稳过程，即

$$y_t - y_{t-1} = (1-B)y_t = \varepsilon_t \tag{11-3}$$

其中 B 为一步滞后算子。

则时间序列 y_t 称为一阶单整序列，记作 $I(1)$。一般地，如果非平稳时间序列 x_t 经过 d 阶差分达到平稳过程，则时间序列 y_t 称为 d 阶单整序列，记作 $I(d)$。其中，d 表示单整阶数，是序列包含的单位根个数。

2. 单位根的 DF 与 ADF 检验

可以用序列的自相关分析图判断时间序列的平稳性，但这种方法比较粗略，单位根检验是检验时序平稳性的一种正式的方法。

（1）DF 检验。

考虑一个 AR(1) 过程

$$y_t = \rho y_{t-1} + \varepsilon_t \tag{11-4}$$

其中，ε_t 是白噪声。若参数 $|\rho|<1$，则序列 y_t 是平稳的。而当 $|\rho|>1$ 时，序列是爆炸性的，没有实际意义。所以只需检验 $|\rho|<1$。

实际检验时，将式(11-4)写成

$$\nabla y_t = \gamma y_{t-1} + \varepsilon_t \tag{11-5}$$

其中 $\gamma=\rho-1$。检验假设为

$$H_0:\gamma=0,\quad H_1:\gamma<0$$

在序列存在单位根的零假设下，对参数 γ 估计值进行显著性检验的统计量不服从常规的 t 分布，Dickey 和 Fuller 于 1979 年给出了检验用的模拟值，故该检验称为 DF 检验。在 Eviews 中给出的是由 MacKinnon 改进的单位根检验的临界值。

根据序列 y_t 的性质不同，DF 检验除了式(11-5)外，还允许序列 y_t 有如下两种形式：

① 包含常数项：$\nabla y_t = c + \gamma y_{t-1} + \varepsilon_t$ \hfill (11-6)

② 包含常数项和线性时间趋势项：$\nabla y_t = c + \delta t + \gamma y_{t-1} + \varepsilon_t$ \hfill (11-7)

一般地，如果序列 y_t 在 0 均值上下波动，则应该选择不包含常数项和时间趋势项的检验方程，即式(11-5)；如果序列 y_t 具有非 0 均值，但没有时间趋势项，可选择式(11-6)作为检验方程；如果序列随时间变化有上升或下降趋势，应采用式(11-7)。

（2）ADF 检验。

在 DF 检验中，对于式(11-5)，常常因为序列存在高阶滞后相关而破坏了随机扰动项 ε_t 是白噪声的假设，ADF 检验对此作了改进。它假定序列 y_t 服从 AR(p) 过程。检验方程为

$$\nabla y_t = \gamma y_{t-1} + \xi_1 \nabla y_{t-1} + \xi_2 \nabla y_{t-2} + \cdots + \xi_{p-1} \nabla y_{t-p+1} + \varepsilon_t \tag{11-8}$$

ADF 检验假设与 DF 检验相同。在实际操作中，式(11-8)中的参数 p 视具体情况而定，一般选择能保证 ε_t 是白噪声最小的 p 值。对比式(11-5)，可知 DF 检验是 ADF 检验的一个特例。

与 DF 检验一样，ADF 检验也可以有包含常数项和同时含有常数项与线性时间趋势项两种形式，只需在式(11-8)右边加上 c 或 c 与 δt。

3. 单位根的 PP 检验

针对序列可能存在高阶相关的情况，Pillips 和 Person 于 1988 年提出了一种检验方法，称为 PP 检验，检验方程是

$$\nabla y_t = \alpha + \gamma y_{t-1} + \varepsilon_t \tag{11-9}$$

该检验对方程中的系数 γ 的显著性检验 t 统计量进行了修正，检验原假设与 ADF 检验相同：序列存在单位根，即 $\gamma = 0$。Eviws 采用 Newey-West 异方差和自相关一致估计，检验统计量

$$t_{pp} = \frac{\gamma_0^{1/2} t_\gamma}{\omega} - \frac{(\omega^2 - \gamma_0^2) T s_\gamma}{2\omega \hat{\sigma}} \tag{11-10}$$

其中，

$$\omega = \gamma_0 + 2 \sum_{j=1}^{q} (1 - \frac{j}{q+1}) \gamma_j \tag{11-11}$$

$$\gamma_j = \frac{1}{T} \sum_{t=j+1}^{T} \tilde{\varepsilon}_t \tilde{\varepsilon}_{t-j} \tag{11-12}$$

t_γ、s_γ 是系数 γ 的统计量和标准差，$\hat{\sigma}$ 是检验方程的估计标准差，T 是时期总数，q 是截尾期。针对序列的不同性质，PP 检验也有含常数项、含常数项和趋势项，以及不含常数项和趋势项三种检验类型。

11.1.3 协整检验

有些时间序列，虽然它们自身非平稳，但其线性组合却平稳。这个线性组合反映了变量之间长期稳定的比例关系，称为协整关系，本节介绍协整的定义与协整检验的有关方法及其应用。

1. 协整的定义

如果时间序列 $y_{1t}, y_{2t}, \cdots, y_{nt}$ 都是 d 阶单整，即 $I(d)$，存在一个向量 $\alpha = (\alpha_1, \cdots, \alpha_n)$，使得 $\alpha y_t' \sim I(d-b)$，这里 $y_t = (y_{1t}, y_{2t}, \cdots, y_{nt})$，$d \geq b \geq 0$，则称序列 $y_{1t}, y_{2t}, \cdots, y_{nt}$ 是 (d, b) 阶协整，记为 $y_t \sim CI(d, b)$，α 为协整向量。

下面讨论两个序列之间的协整关系，多变量的协整可在多方程模型讨论。可以证明，两个时间序列 x_t、y_t，只有在它们是同阶单整即 $I(d)$ 时，才可能存在协整关系(这一点对多变量协整并不适用)。

2. 协整检验

为检验两变量 x_t、y_t 是否协整，Engle 和 Granger 于 1987 年提出了两步检验法，称为 EG 检验。序列 x_t、y_t 若都是 d 阶单整的，用一个变量对另一个变量回归，即有

$$y_t = \alpha + \beta x_t + \varepsilon_t \tag{11-13}$$

用 $\hat{\alpha}$、$\hat{\beta}$ 表示回归系数的估计值，则模型残差估计值为

$$\hat{\varepsilon} = y_t - \hat{\alpha} - \hat{\beta} x_t \tag{11-14}$$

若 $\hat{\varepsilon} \sim I(0)$，则 x_t、y_t 具有协整关系，且 $(1, -\hat{\beta})$ 为协整向量，式(11-13)为协整回归方程。

11.1.4 误差修正模型

误差修正模型(Error Correction Model, ECM)的基本形式是由 Davidson、Hendry、Srba 和 Yeo 于 1978 年提出的,称为 DHSY 模型。

对 DHSY 模型

$$y_t = \beta_0 + \beta_1 x_t + \beta_2 y_{t-1} + \beta_3 x_{t-1} + \varepsilon_t \tag{11-15}$$

移项整理可得

$$\nabla y_t = \beta_0 + \beta_1 \nabla x_t + (\beta_2 - 1)\left(y - \frac{\beta_1 + \beta_3}{1 - \beta_2}x\right)_{t-1} + \varepsilon_t \tag{11-16}$$

式(11-16)即为误差修正模型,$y - \frac{\beta_1 + \beta_3}{1 - \beta_2}x$ 是误差修正项,记为 ECM。

式(11-16)解释了因变量 y_t 的短期波动 ∇y_t 是如何被决定的。一方面,它受到自变量短期波动 ∇x_t 的影响,另一方面,取决于 ECM。如果变量 x_t、y_t 存在长期的均衡关系,即有 $\bar{y} = a\bar{x}$,式(11-16)中的 ECM 可以改写成

$$\bar{y} = \frac{\beta_1 + \beta_3}{1 - \beta_2}\bar{x}$$

可见,ECM 反映了变量在短期波动中偏离它们长期均衡关系的程度,称为均衡误差,式(11-16)可简记为

$$\nabla y_t = \beta_0 + \beta_1 \nabla x_t + \lambda \text{ecm}_{t-1} + \varepsilon_t$$

一般地,$|\beta_2| < 1$,所以 $\lambda = \beta_2 - 1 < 0$。因此,当 $y_{t-1} > \frac{\beta_1 + \beta_3}{1 - \beta_2}x_{t-1}$,$\text{ecm}_{t-1}$ 为正,则 λecm_{t-1} 为负,使 ∇y_t 减少;反之,若 λecm_{t-1} 为负,则 ecm_{t-1} 为正。这体现了均衡误差对 y_t 的控制。

11.2 时间序列分析的基本应用

在进行时间序列分析前,我们往往需要对数据进行预处理。首先要分析的是该数据是否适合用时间序列分析,这往往需要我们提前对数据进行简单回归,然后再进行时间序列分析的基本操作,包括定义时间序列、绘制时间序列趋势图等。对于一个带有日期变量的数据文件,Stata 12.0 并不会自动识别并判断出该数据是否是时间序列数据,尤其是数据含有多个日期变量的情形,所以要选取恰当的日期变量,然后定义时间序列。而绘制时间序列趋势图的意义是不言而喻的,通过该步操作,我们可以看出数据的变化特征,为后续更加精确地判断或者选择合适的模型作必要准备。

例 11-1 农村家庭联产承包责任制的推行,以及城市化进程的加快,使得我国大批劳动力从农村解放出来,向当地乡镇企业和城市转移。农村劳动力的大批转移,有效改善了我国劳动力的整体利用状况,提高了人力资源的市场配置效率,对农村经济乃至整个国民经济的发展都起到了非常大的推动作用。那么影响农村劳动力转移的因素有哪些呢?某课题组对该问题进行了实证研究。该课题组选择的具有代表性的变量和数据如表 11-1 所示。试将数据整理成 Stata 12.0 文件,并进行简要分析。

表 11-1　农村人口城乡转移规模年度数据及相关变量数据

年份	城乡人口净转移/万人	城镇失业规模/万人	城乡收入差距	制度因素
1978		530.0	1.57	1
1979	1 101.69	567.6	1.53	2
1980	484.28	541.5	1.50	3
1981	814.63	439.5	1.24	4
1982	1 055.05	349.4	0.98	5
1983	571.68	271.4	0.82	6
…	…	…	…	…
2002	1 814.92	770	2.11	25
2003	1 821.55	800	2.23	26
2004	1 779.12	827	2.21	27
2005	1 785.18	839	2.22	28

使用 Stata 12.0 打开在目录"E:\stata12\zsq\chap11"中的"al11-1.dta"数据文件,命令如下:

use "E:\stata12\zsq\chap11\al11-1.dta", clear
browse

数据如图 11-1 所示。

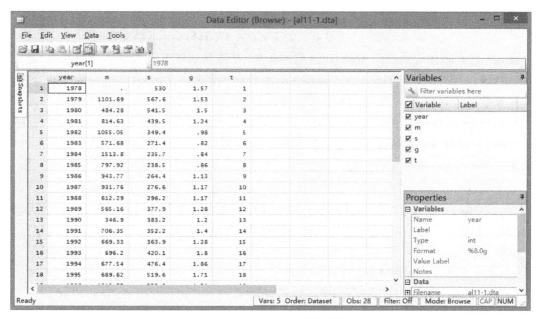

图 11-1　例 11-1 涉及的数据

1. 对数据进行回归分析

在主界面的 Command 文本框中输入命令:

regress m s g t

本命令的含义是不考虑数据的时间序列性质,直接以城乡人口净转移变量为因变量,以城镇失业规模、城乡收入差距、制度因素为自变量,对数据进行多重线性回归。

输入完命令后,按回车键,得到如图 11-2 所示的分析结果。

Source	SS	df	MS		
Model	5572311.68	3	1857437.23	Number of obs =	27
Residual	2441241.24	23	106140.923	F(3, 23) =	17.50
				Prob > F =	0.0000
				R-squared =	0.6954
				Adj R-squared =	0.6556
Total	8013552.92	26	308213.574	Root MSE =	325.79

m	Coef.	Std. Err.	t	P>|t|	[95% Conf. Interval]	
s	3.498603	.8786972	3.98	0.001	1.680879	5.316327
g	-1408.282	422.5061	-3.33	0.003	-2282.303	-534.2617
t	47.3141	13.75179	3.44	0.002	18.86635	75.76185
_cons	850.7036	272.2616	3.12	0.005	287.4877	1413.92

图 11-2 对数据进行回归分析的结果

通过观察图 11-2 的结果,可以看出共有 27 个样本参与了分析,模型的 F 值 $F(3,23) = 17.50$,P 值(Prob > F = 0.0000),说明该模型整体上是非常显著的。模型的可决系数 $R^2 = 0.6954$,修正的可决系数 Adj $R^2 = 0.6556$,说明模型的解释能力还是差强人意的。

模型的回归方程是:
$$m = 3.498603 \times s - 1408.282 \times g + 47.3141 \times t + 850.7036$$

变量 s 的系数标准误是 0.8786972,t 值为 3.98,P 值为 0.001,系数是非常显著的,95% 的置信区间为 [1.680879, 5.316327]。变量 g 的系数标准误是 422.5061,t 值为 -3.33,P 值为 0.003,系数是显著的,95% 的置信区间为 [-2282.303, -534.2617]。变量 t 的系数标准误是 13.75179,t 值为 3.44,P 值为 0.002,系数是显著的,95% 的置信区间为 [18.86635, 75.76185]。常数项的系数标准误是 272.2616,t 值为 3.12,P 值为 0.005,系数是显著的,95% 的置信区间为 [287.4877, 1413.92]。

从上面的分析可以看出,简单的回归模型在一定程度上是可以接受的,但也存在提升改进的空间。本模型得到的基本结论是城乡转移规模(m)随着城乡实际收入差距(g)的扩大而扩大;城镇失业规模(s)对农村劳动力转移具有阻碍作用;城乡转移规模(m)随着制度因素(t)的扩大而扩大。

2. 对数据进行时间序列定义

在主界面的 Command 文本框中输入命令:

tsset year

本命令旨在把年份作为日期变量对数据进行时间序列定义。

输入完命令后,按回车键,得到如图 11-3 所示的分析结果。

```
time variable:  year, 1978 to 2005
        delta:  1 unit
```

图 11-3 对数据进行时间序列定义的分析结果

从图 11-3 的结果中可以看出,时间变量是年份(year),区间范围是从 1978—2005 年,间距为 1。

3. 描述变量城乡人口净转移随时间的变动趋势图

在主界面的 Command 文本框中输入命令:

twoway(line m year)

本命令的含义是绘制时间序列趋势图来描述变量城乡人口净转移随时间的变动趋势。

输入完命令后,按回车键,得到如图 11-4 所示的分析结果。

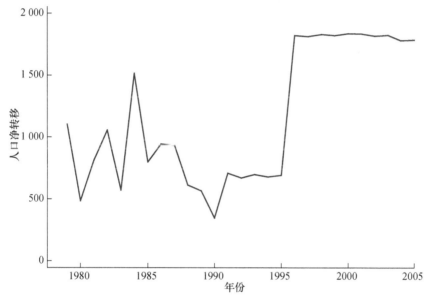

图 11-4 描述变量城乡人口净转移随时间变动的分析结果

通过观察图 11-4 的结果,可以看出变量城乡人口净转移随时间没有明显、稳定的长期变化方向。

4. 描述变量城镇失业规模随时间的变动趋势图

在主界面的 Command 文本框中输入命令:

twoway(line s year)

本命令的含义是绘制时间序列趋势图来描述变量城镇失业规模随时间的变动趋势。

输入完命令后,按回车键,得到如图 11-5 所示的分析结果。

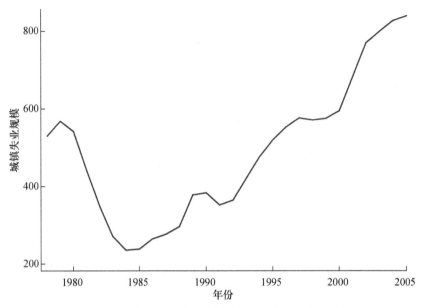

图 11-5 描述变量城镇失业规模随时间变动的分析结果

通过观察图 11-5 的结果,可以看出变量城镇失业规模随时间有明显、稳定的向上增长的趋势。

5. 描述变量城乡收入差距随时间的变动趋势图

在主界面的 Command 文本框中输入命令:

twoway(line g year)

本命令的含义是绘制时间序列趋势图来描述变量城乡收入差距随时间的变动趋势。

输入完命令后,按回车键,得到如图 11-6 所示的分析结果。

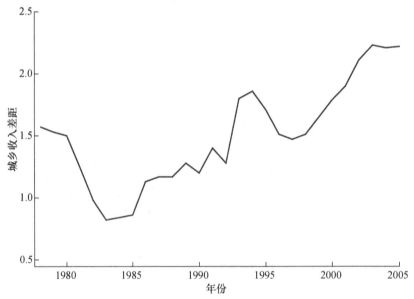

图 11-6 描述变量城乡收入差距随时间变动的分析结果

通过观察图 11-6 的结果，可以看出变量城乡收入差距随时间有明显、稳定的向上增长的趋势。

6. 描述变量制度因素随时间的变动趋势图

在主界面的 Command 文本框中输入命令：

twoway(line d. m year)

本命令的含义是绘制时间序列趋势图来描述变量制度因素随时间的变动趋势。

输入完命令后，按回车键，得到如图 11-7 所示的分析结果。

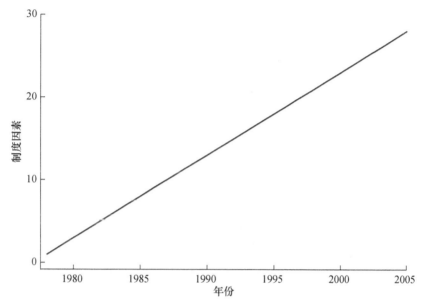

图 11-7　描述变量制度因素随时间变动的分析结果

通过观察图 11-7 的结果，可以看出描述变量制度因素随时间有明显、稳定的向上增长趋势。

7. 描述变量城乡人口净转移的一阶差分随时间的变动趋势图

在主界面的 Command 文本框中输入命令：

twoway(line d. m year)

本命令的含义是绘制时间序列趋势图来描述变量城乡人口净转移的一阶差分随时间的变动趋势。

输入完命令后，按回车键，得到如图 11-8 所示的分析结果。

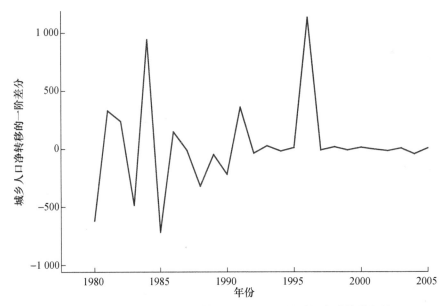

图 11-8 描述变量城乡人口净转移的一阶差分随时间变动的分析结果

通过观察图 11-8 的结果,可以看出变量城乡人口净转移的增量随时间没有明显、稳定的长期变化方向。

8. 描述变量城镇失业规模的一阶差分随时间的变动趋势图

在主界面的 Command 文本框中输入命令:

twoway(line d.s year)

本命令的含义是绘制时间序列趋势图来描述变量城镇失业规模的一阶差分随时间的变动趋势。

输入完命令后,按回车键,得到如图 11-9 所示的分析结果。

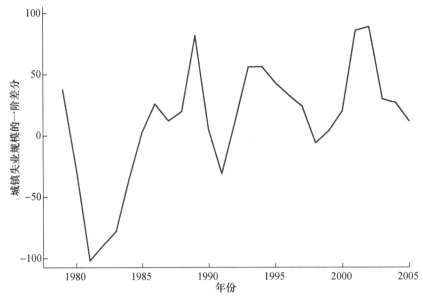

图 11-9 描述变量城镇失业规模的一阶差分随时间变动的分析结果

通过观察图 11-9 的结果,可以看出变量城镇失业规模的增量随时间没有有明显、稳定的向上增长的趋势。

9. 描述变量城乡收入差距的一阶差分随时间的变动趋势图

在主界面的 Command 文本框中输入命令:

twoway(line d. g year)

本命令的含义是绘制时间序列趋势图来描述变量城乡收入差距的一阶差分随时间的变动趋势。

输入完命令后,按回车键,得到如图 11-10 所示的分析结果。

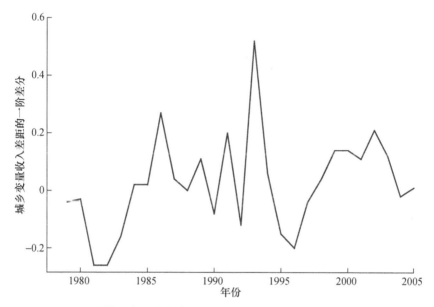

图 11-10 描述变量城乡收入差距的阶差分随时间变动的分析结果

通过观察图 11-10 的结果,可以看出变量城乡收入差距的增量随时间有明显、稳定的向上增长的趋势。

10. 描述变量制度因素的一阶差分随时间的变动趋势图

在主界面的 Command 文本框中输入命令:

twoway(line d. t year)

本命令的含义是绘制时间序列趋势图来描述变量制度因素的一阶差分随时间的变动趋势。

输入完命令后,按回车键,得到如图 11-11 所示的分析结果。

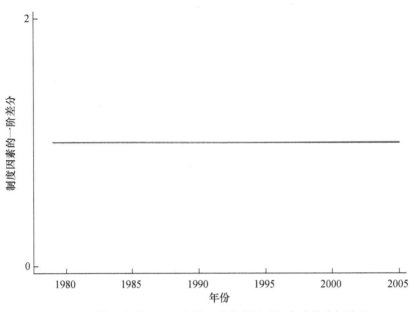

图 11-11　描述变量制度因素的一阶差分随时间变动的分析结果

通过观察图 11-11 的结果,可以看出变量制度因素的增量随时间没有明显、稳定的向上增长趋势。

11. 拓展应用

上面的分析过程及结果已经达到解决实际问题的要求。但 Stata 12.0 还提供了更加复杂的命令格式以满足用户更加个性化的需求。

(1) 清除数据的时间序列格式。

以例 11-1 为例,在主界面的 Command 文本框中输入命令:

tsset,clear

本命令的含义是把数据恢复为普通的数据。

(2) 关于时间序列数据处理的一般说明。

一般情况下,我们要清除变量的时间序列的长期走势后,或者说变量平稳后才能进行回归得出有效的结论,所以在绘制变量序列图的时候,如果该变量存在趋势图,那么就应该进行一阶差分后再进行查看。所谓变量的一阶差分是指对变量的原始数据进行处理,用后面的数据减去前面的数据得出的一个新的时间序列。如果变量的一阶差分还是存在趋势,那么就应该进行二阶差分后再进行查看,依次类推,直到数据平稳。所谓二阶差分就是一阶差分得到的时间序列数据作为原始数据,并进行后项减去前项处理后得到的新的时间序列。一般情况下,如果数据的低阶差分是平稳的,那么高阶差分也是平稳的。

(3) 关于时间序列运算的有关说明。

在上面的案例中,使用了 $d.m$、$d.s$、$d.g$、$d.t$ 等符号分别用来表示 m、s、g、t 等变量的一阶差分。其实还有其他很多简便的运算可供用户使用。常用的 Stata 命令符号与对应的时间序列运算含义如表 11-2 所示。

表 11-2　常用的 Stata 命令符号与对应的时间序列运算的含义

Stata 命令符号	时间序列运算的含义
L.	变量的滞后一期(Y_{t-1})
L_2.	变量的滞后二期(Y_{t-2})
L(1/3).	变量的滞后一期到滞后三期(Y_{t-1}、Y_{t-2}、Y_{t-3})
F.	变量的向前一期(Y_{t+1})
F_2.	变量的向前二期(Y_{t+2})
D.	变量的一阶差分($Y_t - Y_{t-1}$)
D_2.	变量的二阶差分($Y_t - Y_{t-1}$) - ($Y_{t-1} - Y_{t-2}$)
S.	变量的季节差分($Y_t - Y_{t-1}$)，与 D. 定义同
S_2.	变量的二期季节差分($Y_t - Y_{t-2}$)，注意与 D. 不同

11.3　单位根检验

对于一个时间序列数据而言，数据的平稳性对于模型的构建是非常重要的。如果时间序列数据是不平稳的，可能会导致自回归系数的估计值向左偏向于 0，使传统的 T 检验失效，也有可能会使得两个相互独立的变量出现假相关关系或者回归关系，造成模型结果的失真。在时间序列数据不平稳的情况下，目前公认的能够有效解决假相关或者假回归，构造出合理模型的方法有两种：一种是先对变量进行差分直到数据平稳，再把得到的数据进行回归的方式；另一种就是进行协整检验并构建合理模型的处理方式。那么如何判断数据是否平稳呢？上节中提到的绘制时间序列图的方法可以作为初步推测或者辅助检验的一种方式。但一种更精确的检验方式是：如果数据没有单位根，我们就认为它是平稳的，这时就需要用到本节介绍的单位根检验。

例 11-2　本节沿用上节的数据，试通过单位根检验的方式来判断相关变量包括城乡人口净转移、城镇失业规模、城乡收入差距、制度因素等变量是否平稳。

单位根检验的方式有很多种，这里我们主要介绍常用的两种方式，包括 ADF 检验和 PP 检验。在上一节中，我们通过绘制时间序列趋势图发现城乡人口净转移、城乡人口净转移的一阶差分、城镇失业规模的一阶差分、城乡收入差距的一阶差分是没有时间趋势的，而城镇失业规模和城乡收入差距是有时间趋势的。

1. ADF 检验

在主界面的 Command 文本框中输入命令：

dfuller m,notrend

本命令的含义是使用 ADF 检验方法，对变量 m 进行单位根检验，不包含时间趋势。

输入完命令后，按回车键，得到如图 11-12 所示的分析结果。

```
Dickey-Fuller test for unit root                    Number of obs  =        26

                                     ─── Interpolated Dickey-Fuller ───
                   Test        1% Critical       5% Critical      10% Critical
                Statistic         Value             Value             Value
─────────────────────────────────────────────────────────────────────────────
   Z(t)          -1.617          -3.743            -2.997            -2.629

MacKinnon approximate p-value for Z(t) = 0.4745
```

图 11-12　对 m 进行单位根检验的分析结果

通过观察图 11-12 的结果,可以看出 ADF 检验的原假设是有单位根的,P 值 for $Z(t)$ = 0.4745,接受了有单位根的原假设,这一点也可以通过观察 $Z(t)$ 值得到。实际 $Z(t)$ 值为 −1.617,在 1% 的置信水平(−3.743)、5% 的置信水平(−2.997)、10% 的置信水平(−2.629)都无法拒绝原假设,所以城乡人口净转移这一变量数据是存在单位根的,需要对其进行一阶差分再继续进行检验。

在主界面的 Command 文本框中输入命令:

dfuller s,trend

本命令的含义是使用 ADF 检验方法,对变量 s 进行单位根检验,包含时间趋势。

输入完命令后,按回车键,得到如图 11-13 所示的分析结果。

```
Dickey-Fuller test for unit root                    Number of obs  =        27

                                     ─── Interpolated Dickey-Fuller ───
                   Test        1% Critical       5% Critical      10% Critical
                Statistic         Value             Value             Value
─────────────────────────────────────────────────────────────────────────────
   Z(t)          -1.821          -4.362            -3.592            -3.235

MacKinnon approximate p-value for Z(t) = 0.6948
```

图 11-13　对 s 进行单位根检验的分析结果

通过观察图 11-13 的结果,可以看出 ADF 检验的原假设是数据有单位根,P 值 MacKinnon approximate p-value for $Z(t)$ = 0.6948,接受了有单位根的原假设,这一点也可以通过观察 $Z(t)$ 值得到。实际 $Z(t)$ 值为 −1.821,在 1% 的置信水平(−4.362)、5% 的置信水平(−3.592)、10% 的置信水平(−3.235)都无法拒绝原假设,所以城乡失业规模这一变量是存在单位根的,需要对其进行一阶差分再继续进行检验。

在主界面的 Command 文本框中输入命令:

dfuller g,trend

本命令的含义是使用 ADF 检验方法,对变量 g 进行单位根检验,包含时间趋势。

输入完命令后,按回车键,得到如图 11-14 所示的分析结果。

```
Dickey-Fuller test for unit root                    Number of obs   =         27
                                     ———— Interpolated Dickey-Fuller ————
                       Test         1% Critical      5% Critical      10% Critical
                    Statistic          Value            Value            Value
    Z(t)             -2.435          -4.362           -3.592           -3.235

MacKinnon approximate p-value for Z(t) = 0.3612
```

图 11-14　对 g 进行单位根检验的分析结果

通过观察图 11-14 的结果,可以看出 ADF 检验的原假设是数据有单位根,P 值 MacKinnon approximate p-value for $Z(t)$ =0.3612,接受了有单位根的原假设,这一点也可以通过观察 $Z(t)$ 值得到。实际 $Z(t)$ 值为 -2.435,在 1% 的置信水平(-4.362)、5% 的置信水平(-3.592)、10% 的置信水平(-3.235)都无法拒绝原假设,所以城乡收入差距这一变量数据是存在单位根的,需要对其进行一阶差分再继续进行检验。

在主界面的 Command 文本框中输入命令:

dfuller d.m,notrend

本命令的含义是使用 ADF 检验方法,对变量 d.m 进行单位根检验,不包含时间趋势。

输入完命令后,按回车键,得到如图 11-15 所示的分析结果。

```
Dickey-Fuller test for unit root                    Number of obs   =         25
                                     ———— Interpolated Dickey-Fuller ————
                       Test         1% Critical      5% Critical      10% Critical
                    Statistic          Value            Value            Value
    Z(t)             -8.085          -3.750           -3.000           -2.630

MacKinnon approximate p-value for Z(t) = 0.0000
```

图 11-15　对 $d.m$ 进行单位根检验的分析结果

通过观察图 11-15 的结果,可以看出 ADF 检验的原假设是数据有单位根,P 值 MacKinnon approximate p-value for $Z(t)$ =0.0000,拒绝了有单位根的原假设,这一点也可以通过观察 $Z(t)$ 值得到。实际 $Z(t)$ 值为 -8.085,在 1% 的置信水平(-3.750)、5% 的置信水平(-3.000)、10% 的置信水平(-2.630)都应拒绝原假设,所以城乡人口净转移这一变量的一阶差分数据是不存在单位根的。

在主界面的 Command 文本框中输入命令:

dfuller d.s,notrend

本命令的含义是使用 ADF 检验方法,对变量 d.s 进行单位根检验,不包含时间趋势。

输入完命令后,按回车键,得到如图 11-16 所示的分析结果。

```
Dickey-Fuller test for unit root                    Number of obs   =        26

                                     ——————— Interpolated Dickey-Fuller ———————
                         Test         1% Critical      5% Critical     10% Critical
                         Statistic    Value            Value           Value
─────────────────────────────────────────────────────────────────────────────────
Z(t)                    -2.174        -3.743          -2.997          -2.629

MacKinnon approximate p-value for Z(t) = 0.2158
```

图 11-16 对 $d.s$ 进行单位根检验的分析结果

通过观察图 11-16 的结果，可以看出 ADF 检验的原假设是数据有单位根，P 值 MacKinnon approximate p-value for $Z(t)$ =0.2158，接受了有单位根的原假设，这一点也可以通过观察 $Z(t)$ 值得到。实际 $Z(t)$ 值为 -2.174，在 1% 的置信水平(-3.743)、5% 的置信水平(-2.997)、10% 的置信水平(-2.629)都应接受原假设，所以城镇失业规模这一变量的一阶差分数据是存在单位根的，需要对城镇失业规模作二阶差分后再继续进行检验。

在主界面的 Command 文本框中输入命令：

dfuller d.g,notrend

本命令的含义是使用 ADF 检验方法，对变量 $d.g$ 进行单位根检验，不包含时间趋势。

输入完命令后，按回车键，得到如图 11-17 所示的分析结果。

```
Dickey-Fuller test for unit root                    Number of obs   =        26

                                     ——————— Interpolated Dickey-Fuller ———————
                         Test         1% Critical      5% Critical     10% Critical
                         Statistic    Value            Value           Value
─────────────────────────────────────────────────────────────────────────────────
Z(t)                    -4.016        -3.743          -2.997          -2.629

MacKinnon approximate p-value for Z(t) = 0.0013
```

图 11-17 对 $d.g$ 进行单位根检验的分析结果

通过观察图 11-17 的结果，可以看出 ADF 检验的原假设是数据有单位根，P 值 MacKinnon approximate p-value for $Z(t)$ =0.0013，拒绝了有单位根的原假设，这一点也可以通过观察 $Z(t)$ 值得到。实际 $Z(t)$ 值为 -4.016，在 1% 的置信水平(-3.743)、5% 的置信水平(-2.997)、10% 的置信水平(-2.629)都应拒绝原假设，所以城乡收入差距这一变量的一阶差分数据是不存在单位根的。

在主界面的 Command 文本框中输入命令：

dfuller $d_2.s$,notrend

本命令的含义是使用 ADF 检验方法，对变量 $d_2.s$ 进行单位根检验，不包含时间趋势。

输入完命令后，按回车键，得到如图 11-18 所示的分析结果。

```
Dickey-Fuller test for unit root                    Number of obs   =          25

                                        ———— Interpolated Dickey-Fuller ————
                   Test           1% Critical        5% Critical       10% Critical
                   Statistic      Value              Value             Value

  Z(t)             -4.192         -3.750             -3.000            -2.630

MacKinnon approximate p-value for Z(t) = 0.0007
```

图11-18 对 $d_2.s$ 进行单位根检验的分析结果

通过观察图 11-18 的结果，可以看出 ADF 检验的原假设是数据有单位根，P 值 MacKinnon approximate p-value for Z(t) = 0.0007，拒绝了有单位根的原假设，这一点也可以通过观察 Z(t) 值得到。实际 Z(t) 值为 -4.192，在 1% 的置信水平（-3.750）、5% 的置信水平（-3.000）、10% 的置信水平（-2.630）都应拒绝原假设，所以城乡收入差距这一变量的二阶差分数据是不存在单位根的。

2. PP 检验

在主界面的 Command 文本框中输入命令：

pperron m,notrend

本命令的含义是使用 PP 检验方法，对变量 m 进行单位根检验，不包含时间趋势。

输入完命令后，按回车键，得到如图 11-19 所示的分析结果。

```
Phillips-Perron test for unit root                  Number of obs    =         26
                                                    Newey-West lags  =          2

                                        ———— Interpolated Dickey-Fuller ————
                   Test           1% Critical        5% Critical       10% Critical
                   Statistic      Value              Value             Value

  Z(rho)           -4.460         -17.268            -12.532           -10.220
  Z(t)             -1.409         -3.743             -2.997            -2.629

MacKinnon approximate p-value for Z(t) = 0.5779
```

图11-19 对 m 进行单位根检验的分析结果

通过观察图 11-19 的结果，可以看出 PP 检验的原假设是有单位根的，P 值 MacKinnon approximate p-value for Z(t) = 0.5779，接受了有单位根的原假设，这一点也可以通过观察 Z(t) 值和 Z(rho) 值得到。实际 Z(t) 值为 -1.409，在 1% 的置信水平（-3.743）、5% 的置信水平（-2.997）、10% 的置信水平（-2.629）都无法拒绝原假设，所以城乡人口净转移这一变量数据是存在单位根的，需要对其进行一阶差分再继续进行检验。

在主界面的 Command 文本框中输入命令：

pperron s,trend

本命令的含义是使用 PP 检验方法，对变量 s 进行单位根检验，包含时间趋势。

输入完命令后，按回车键，得到如图 11-20 所示的分析结果。

```
Phillips-Perron test for unit root              Number of obs   =         27
                                                Newey-West lags =          2

                                  ———————— Interpolated Dickey-Fuller ————————
                    Test         1% Critical      5% Critical     10% Critical
                  Statistic         Value            Value            Value
       Z(rho)      -3.426          -22.756          -18.052          -15.696
       Z(t)        -1.800           -4.362           -3.592           -3.235

MacKinnon approximate p-value for Z(t) = 0.7048
```

图 11-20 对 s 进行单位根检验的分析结果

通过观察图 11-20 的结果,可以看出 PP 检验的原假设是数据有单位根,P 值 MacKinnon approximate p-value for $Z(t) = 0.7048$,接受了有单位根的原假设,这一点也可以通过观察 $Z(t)$ 值和 $Z(rho)$ 值得到。实际 $Z(t)$ 值为 -1.800,在 1% 的置信水平(-4.362)、5% 的置信水平(-3.592)、10% 的置信水平(-3.235)都无法拒绝原假设,所以城乡失业规模这一变量数据是存在单位根的,需要对其进行一阶差分再继续进行检验。

在主界面的 Command 文本框中输入命令:

pperron g,trend

本命令的含义是使用 PP 检验方法,对变量 g 进行单位根检验,包含时间趋势。

输入完命令后,按回车键,得到如图 11-21 所示的分析结果。

```
Phillips-Perron test for unit root              Number of obs   =         27
                                                Newey-West lags =          2

                                  ———————— Interpolated Dickey-Fuller ————————
                    Test         1% Critical      5% Critical     10% Critical
                  Statistic         Value            Value            Value
       Z(rho)      -7.547          -22.756          -18.052          -15.696
       Z(t)        -2.459           -4.362           -3.592           -3.235

MacKinnon approximate p-value for Z(t) = 0.3489
```

图 11-21 对 g 进行单位根检验的分析结果

通过观察图 11-21 的结果,可以看出 PP 检验的原假设是数据有单位根,P 值 MacKinnon approximate p-value for $Z(t) = 0.3489$,接受了有单位根的原假设,这一点也可以通过观察 $Z(t)$ 值和 $Z(rho)$ 值得到。实际 $Z(t)$ 值为 -2.459,在 1% 的置信水平(-4.362)、5% 的置信水平(-3.592)、10% 的置信水平(-3.235)都无法拒绝原假设,所以城乡收入差距这一变量数据是存在单位根的,需要对其进行一阶差分再继续进行检验。

在主界面的 Command 文本框中输入命令:

pperron d.m,notrend

本命令的含义是使用 PP 检验方法,对变量 $d.m$ 进行单位根检验,不包含时间趋势。

输入完命令后,按回车键,得到如图 11-22 示的分析结果。

```
Phillips-Perron test for unit root                    Number of obs    =      25
                                                      Newey-West lags  =       2

                                    ————— Interpolated Dickey-Fuller —————
                    Test            1% Critical      5% Critical      10% Critical
                    Statistic       Value            Value            Value
─────────────────────────────────────────────────────────────────────────────────
Z(rho)              -35.522         -17.200          -12.500          -10.200
Z(t)                 -8.079          -3.750           -3.000           -2.630
─────────────────────────────────────────────────────────────────────────────────
MacKinnon approximate p-value for Z(t) = 0.0000
```

图 11-22 对 $d.m$ 进行单位根检验的分析结果

通过观察图 11-22 的结果,可以看出 PP 检验的原假设是数据有单位根,P 值 MacKinnon approximate p-value for $Z(t)=0.0000$,拒绝了有单位根的原假设,这一点也可以通过观察 $Z(t)$ 值和 $Z(rho)$ 值得到。实际 $Z(t)$ 值为 -8.079,在 1% 的置信水平(-3.750)、5% 的置信水平(-3.000)、10% 的置信水平(-2.630)都应拒绝原假设,所以城乡人口净转移这一变量的一阶差分数据是不存在单位根的。

在主界面的 Command 文本框中输入命令:

pperron d.s,notrend

本命令的含义是使用 PP 检验方法,对变量 $d.s$ 进行单位根检验,不包含时间趋势。

输入完命令后,按回车键,得到如图 11-23 所示的分析结果。

```
Phillips-Perron test for unit root                    Number of obs    =      26
                                                      Newey-West lags  =       2

                                    ————— Interpolated Dickey-Fuller —————
                    Test            1% Critical      5% Critical      10% Critical
                    Statistic       Value            Value            Value
─────────────────────────────────────────────────────────────────────────────────
Z(rho)              -10.379         -17.268          -12.532          -10.220
Z(t)                 -2.386          -3.743           -2.997           -2.629
─────────────────────────────────────────────────────────────────────────────────
MacKinnon approximate p-value for Z(t) = 0.1457
```

图 11-23 对 $d.s$ 进行单位根检验的分析结果

通过观察图 11-23 的结果,可以看出 PP 检验的原假设是数据有单位根,P 值 MacKinnon approximate p-value for $Z(t)=0.1457$,接受了有单位根的原假设,这一点也可以通过观察 $Z(t)$ 值和 $Z(rho)$ 值得到。实际 $Z(t)$ 值为 -2.386,在 1% 的置信水平(-3.743)、5% 的置信水平(-2.997)、10% 的置信水平(-2.629)都无法拒绝原假设,所以城镇失业规模这一变量的一阶差分数据是存在单位根的,需要对城镇失业规模作二阶差分后再继续进行检验。

在主界面的 Command 文本框中输入命令:

pperron d.g,notrend

本命令的含义是使用 PP 检验方法,对变量 $d.g$ 进行单位根检验,不包含时间趋势。

输入完命令后,按回车键,得到如图 11-24 所示的分析结果。

```
Phillips-Perron test for unit root                    Number of obs   =        26
                                                      Newey-West lags =         2

                                    ————————— Interpolated Dickey-Fuller —————————
                      Test         1% Critical      5% Critical     10% Critical
                      Statistic       Value           Value            Value
    ———————————————————————————————————————————————————————————————————————————
    Z(rho)            -21.701        -17.268         -12.532          -10.220
    Z(t)               -4.051         -3.743          -2.997           -2.629
    ———————————————————————————————————————————————————————————————————————————
    MacKinnon approximate p-value for Z(t) = 0.0012
```

图 11-24 对 $d.g$ 进行单位根检验的分析结果

通过观察图 11-24 的结果,可以看出 PP 检验的原假设是数据有单位根,P 值 MacKinnon approximate p-value for $Z(t)=0.0012$,拒绝了有单位根的原假设,这一点也可以通过观察 $Z(t)$ 值和 $Z(rho)$ 值得到。实际 $Z(t)$ 值为 -4.051,在 1% 的置信水平(-3.743)、5% 的置信水平(-2.997)、10% 的置信水平(-2.629)都应拒绝原假设,所以城乡收入差距这一变量的一阶差分数据是不存在单位根的。

在主界面的 Command 文本框中输入命令:

pperron $d_2.s$,notrend

本命令的含义是使用 PP 检验方法,对变量 $d_2.s$ 进行单位根检验,不包含时间趋势。

输入完命令后,按回车键,得到如图 11-25 所示的分析结果。

```
Phillips-Perron test for unit root                    Number of obs   =        25
                                                      Newey-West lags =         2

                                    ————————— Interpolated Dickey-Fuller —————————
                      Test         1% Critical      5% Critical     10% Critical
                      Statistic       Value           Value            Value
    ———————————————————————————————————————————————————————————————————————————
    Z(rho)            -17.168        -17.200         -12.500          -10.200
    Z(t)               -4.176         -3.750          -3.000           -2.630
    ———————————————————————————————————————————————————————————————————————————
    MacKinnon approximate p-value for Z(t) = 0.0007
```

图 11-25 对 $d_2.s$ 进行单位根检验的分析结果

通过观察图 11-25 的结果,可以看出 PP 检验的原假设是数据有单位根,P 值 MacKinnon approximate p-value for $Z(t)=0.0007$,拒绝了有单位根的原假设,这一点也可以通过观察 $Z(t)$ 值和 $Z(rho)$ 值得到。实际 $Z(t)$ 值为 -4.176,在 1% 的置信水平(-3.750)、5% 的置信水平(-3.000)、10% 的置信水平(-2.630)都应拒绝原假设,所以城镇失业规模这一变量的二阶差分数据是不存在单位根的。

通过上面的分析可以看出,在本例中 ADF 检验结果和 PP 检验结果是完全一致的,所以,通过比较可以有把握地认为城乡人口净转移、城乡收入差距两个变量是一阶单整的,而城镇失业规模变量是二阶单整的。

3. 拓展应用

上面的 Stata 命令比较简单,分析过程及结果已经达到解决实际问题的要求。但 Stata 12.0 还提供了更加复杂的命令格式以满足用户更加个性化的需求。

按照前面所介绍的方法,可以对变量进行相应阶数的差分,然后进行回归,即可避免出现伪回归的情况。

构建如下所示的方程:

$$d.m = a \times d.g + b \times d_2.s + c \times t + u$$

其中 a、b、c 为系数,u 为误差扰动项。

在主界面的 Command 文本框中输入命令:

regress d.m d2.s d.g t

本命令的含义以 $d.m$ 为因变量,以 $d_2.s$、$d.g$、t 为自变量,对数据进行最小二乘回归分析。输入完后,按回车键,得到如图 11-26 所示的回归分析结果。

```
      Source |       SS       df       MS              Number of obs =      26
-------------+------------------------------           F(  3,    22) =    0.26
       Model |   127232.42      3   42410.8068         Prob > F      =  0.8551
    Residual |  3621825.92     22   164628.451         R-squared     =  0.0339
-------------+------------------------------           Adj R-squared = -0.0978
       Total |  3749058.34     25   149962.334         Root MSE      =  405.74

------------------------------------------------------------------------------
         D.m |      Coef.   Std. Err.      t    P>|t|     [95% Conf. Interval]
-------------+----------------------------------------------------------------
           s |
         D2. |   .8166687   2.190912     0.37   0.713    -3.727005    5.360342
           g |
         D1. |  -374.9964   525.5279    -0.71   0.483    -1464.875    714.8818
           t |   7.656357   11.1856      0.68   0.501    -15.54116    30.85387
       _cons |  -81.62952   187.2142    -0.44   0.667     -469.888    306.6289
------------------------------------------------------------------------------
```

图 11-26 以 $d_2.s$、$d.g$、t 为自变量进行回归分析的结果

通过观察图 11-26 的结果,本结果与本章开始数据无处理状态下进行的"伪回归"的结果是不同的。可以看出共有 26 个样本参与了分析,这是因为进行差分会减少观测样本。模型的 F 值 $F(3,22)=0.26$,P 值($Prob>F=0.8551$),说明模型整体上是不显著的,本章开始得出的结果其实是一种真正的"伪回归"。模型的可决系数 R^2 为 0.0339,模型修正的可决系数 Adj R^2 为 -0.0978,说明模型几乎没有什么解释能力。

模型的回归方程是:

$$d.m = 0.8166687 \times d_2.s - 347.9964 \times d_1.g + 7.656357 \times t - 81.62952$$

变量 $d_2.s$ 的系数标准误是 2.190912,t 值为 0.37,P 值为 0.713,系数是非常不显著的,95% 的置信区间为 [-3.727005, 5.360342]。变量 $d_1.g$ 的系数标准误是 525.5279,t 值为 -0.71,P 值为 0.483,系数也是非常显著的,95% 的置信区间为 [-1464.875, 714.8818]。变量 t 的系数标准误是 11.1856,t 值为 0.68,P 值为 0.501,系数也是非常显著的,95% 的置信区间为 [-15.54116, 30.85387]。常数项的系数标准误是 187.2142,t 值为 -0.44,P 值为

0.667,系数也是非常显著的,95%的置信区间为[-469.888,306.6289]。

从上面的分析可以看出,本模型得到的基本结论是城乡转移(m)随着城乡实际收入差距(g)的扩大而扩大;城镇失业规模(s)对农村劳动力转移具有阻碍作用;城乡转移(m)随着制度因素(t)的扩大而扩大。

11.4 协整检验

在上一节中,对于一个时间序列数据而言,数据的平稳性对于模型的构建是非常重要的。在时间序列数据不平稳的情况下,构建出合理模型的另外一种方法是进行协整检验并构建合理模型。协整的思想就是把存在一阶单整的变量放在一起进行分析,通过这些变量进行线性组合,从而消除它们的随机趋势,得到其长期联动趋势。目前公认的协整检验的有效方法有两种:一种是 EG-ADF 检验;另一种是迹检验。一般认为,迹检验的效果要好于 EG-ADF 检验,但 EG-ADF 检验作为传统经典的检验方法应用范围更广。下面通过实例来说明其应用。

例 11-3 本节沿用上节的数据,试通过 EG-ADF 检验、迹检验两种方式来判断相关变量包括城乡人口净转移、城镇失业规模、城乡收入差距、制度因素等变量是否存在长期协整关系。

在前面两节中,通过绘制时间序列趋势图发现城乡人口净转移、城乡人口净转移的一阶差分、城镇失业规模的一阶差分、城乡收入差距的一阶差分是没有时间趋势的,而城镇失业规模和城乡收入差距是有时间趋势的。通过单位根检验发现城乡人口净转移、城乡收入差距两个变量是一阶单整的,而城镇失业规模变量是二阶单整的。这些结论将会在后续的章节中被用到。

1. EG-ADF 检验

在主界面的 Command 文本框中输入命令:

regress m d. s g

本命令的含义是把城乡人口净转移作为因变量,把城镇失业规模的一阶差分、城乡收入差距作为自变量,用普通最小二乘估计法进行估计。

输入完命令后,按回车键,得到如图 11-27 所示的分析结果。

Source	SS	df	MS		
Model	2433652.47	2	1216826.24	Number of obs =	27
Residual	5579900.45	24	232495.852	F(2, 24) =	5.23
				Prob > F =	0.0130
				R-squared =	0.3037
				Adj R-squared =	0.2457
Total	8013552.92	26	308213.574	Root MSE =	482.18

m	Coef.	Std. Err.	t	P>|t|	[95% Conf. Interval]
s D1.	-1.229304	2.374201	-0.52	0.609	-6.129415 3.670806
g	793.4284	271.4427	2.92	0.007	233.1982 1353.659
_cons	-12.01591	401.9297	-0.03	0.976	-841.5581 817.5263

图 11-27 以城乡人口净转移作为因变量的回归分析结果

通过观察图 11-27 的结果,可以看出共有 27 个样本参与了分析。模型的 F 值 $F(2,24) = 5.23$,P 值(Prob > F = 0.0130),说明模型整体上是比较显著的。模型的可决系数 R^2 为 0.3037,模型修正的可决系数 Adj R^2 为 0.2457,说明模型解释能力非常一般。

模型的回归方程是:

$$d.m = -1.229304 \times d_1.s + 793.4284 \times g - 12.01591$$

变量 $d_1.s$ 的系数标准误是 2.374201,t 值为 -0.52,P 值为 0.609,系数是非常不显著的,95% 的置信区间为 [-6.129415, 3.670806]。变量 g 的系数标准误是 271.4427,t 值为 2.92,P 值为 0.007,系数是非常显著的,95% 的置信区间为 [233.1982, 1353.659]。常数项的系数标准误是 401.9297,t 值为 -0.03,P 值为 0.976,系数是非常不显著的,95% 的置信区间为 [-841.5581, 817.5263]。

在主界面的 Command 文本框中输入命令:

predict e, residuals

本命令的含义是得到上步回归产生的残差序列。

输入完命令后,按回车键,在 Data Edit(Browse)窗口得到如图 11-28 所示的分析结果。

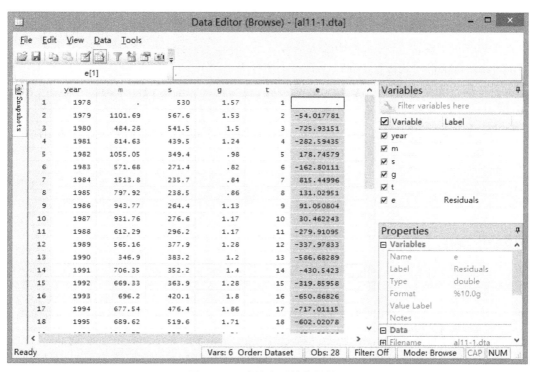

图 11-28 残差序列的分析结果

在主界面的 Command 文本框中输入命令:

twoway(line e year)

本命令的含义是绘制残差序列的时间趋势图。

输入完命令后,按回车键,在 Data Edit(Browse)窗口得到如图 11-29 所示的分析结果。

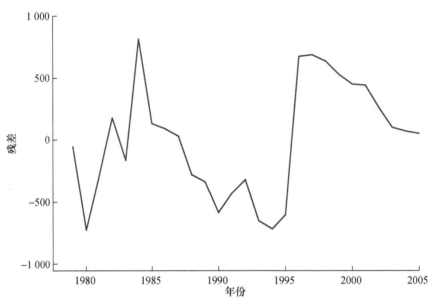

图 11-29 对数据进行相关分析的结果

在主界面的 Command 文本框中输入命令：

dfuller e,notrend nocon lags(1)regress

本命令的含义是对残差序列进行 ADF 检验，观测其是否为平稳序列，其中不包括时间趋势项，不包括常数项，滞后一期。

输入完命令后，按回车键，在 Data Edit(Browse)窗口得到如图 11-30 所示的分析结果。

```
Augmented Dickey-Fuller test for unit root        Number of obs    =         25

                                ──── Interpolated Dickey-Fuller ────
                   Test        1% Critical      5% Critical     10% Critical
               Statistic          Value            Value            Value

Z(t)            -2.273           -2.660           -1.950           -1.600


      D.e   |   Coef.     Std. Err.      t      P>|t|    [95% Conf. Interval]

        e   |
       L1.  | -.3933092   .1730557    -2.27    0.033    -.7513023   -.0353162
       LD.  | -.0295201   .1938465    -0.15    0.880    -.4305222    .3714819
```

图 11-30 对残差序列进行 ADF 检验的分析结果

通过观察图 11-30 的结果，可以看出 ADF 检验的原假设是数据有单位根，实际 $Z(t)$ 值为 -2.273，在 1% 的置信水平(-2.660)与 5% 的置信水平(-1.950)之间、10% 的置信水平 (-1.600)都应拒绝存在单位根的原假设，因此残差序列是不存在单位根的，或者说残差序列是平稳的。

综上所述，城乡人口净转移、城镇失业规模、城乡收入差距三个变量存在协整关系。根据上面的分析结果可以构建出相应的模型来描述这种协整关系。关于这一点将在本节的拓展应用进行说明。

2. 迹检验

迹检验的过程是，首先要根据信息准则确定变量的滞后阶数，即模型中变量的个数。信息准则的概念是针对变量的个数，学者们认为只有适当变量的个数才是合理的，如果变量太少，那么就会遗漏很多信息，导致模型不足以解释因变量，如果变量太多，就会导致信息重叠，同样导致建模失真。目前国际上公认的比较合理的信息准则有很多种，所以研究者在选取滞后阶数时要适当加入自己的判断。在确定滞后阶数后，我们要确定协整秩，协整秩代表着协整关系的个数。变量之间往往会存在多个长期均衡关系，所以协整秩并不必然等于1。在确定协整秩后，我们就可以构建相应的模型，并写出协整方程了。本例中，迹检验的结果如图11-31和图11-32所示。

在主界面的 Command 文本框中输入命令：

varsoc m d. s g

本命令的含义是根据信息准则确定变量的滞后阶数。

输入完命令后，按回车键，得到如图11-31所示的分析结果。

```
Selection-order criteria
Sample:  1983 - 2005                    Number of obs    =    23
```

lag	LL	LR	df	p	FPE	AIC	HQIC	SBIC
0	-298.833				5.0e+07	26.2463	26.2836	26.3944
1	-263.187	71.291	9	0.000	5.0e+06*	23.9293	24.0783	24.5218*
2	-255.196	15.982	9	0.067	5.7e+06	24.0171	24.2778	25.0538
3	-245.8	18.793	9	0.027	6.3e+06	23.9826	24.3551	25.4637
4	-231.844	27.912*	9	0.001	5.3e+06	23.5516*	24.0359*	25.477

```
Endogenous:   m D.s g
Exogenous:    _cons
```

图 11-31　确定变量的滞后阶数的分析结果

通过观察图11-31的结果，可以看出共有23个样本参与了分析，同时给出了信息准则确定的变量滞后阶数分析结果，最左列的 lag 表示的是滞后阶数，LL、LR 两列表示的是统计量，df 表示的是自由度，P 值表示的是对应滞后阶数下模型的显著性，FPE、AIC、HQIC、SBIC 代表四种信息准则，其中值越小越好，越应该选用，这一点也可以从观察"*"号来验证，带"*"号的说明在本信息准则下的最优滞后阶数。最下面两行文字说明的是模型中的外生变量和内生变量，本例中，外生变量包括 m、d. s、g，内生变量包括常数项。

综上所述，可以看出选取滞后阶数为1或者4比较合适，但是为了使模型中变量更多一些，更有说明力，我们选择滞后阶数为4。

在主界面的 Command 文本框中输入命令：

vecrank m d. s g,lags(4)

本命令的含义是确定协整秩。

输入完命令后，按回车键，得到如图11-32所示的分析结果。

```
                    Johansen tests for cointegration
Trend: constant                                    Number of obs =      23
Sample:  1983 - 2005                                        Lags =       4
                                                    5%
   maximum                                 trace     critical
      rank    parms         LL  eigenvalue  statistic    value
         0       30  -252.19968          .   40.7116     29.68
         1       35  -239.13121    0.67902   14.5747*    15.41
         2       38  -231.98625    0.46275    0.2848      3.76
         3       39  -231.84387    0.01230
```

图 11-32 确定协整秩的分析结果

通过观察图 11-32 的结果，可以看出共有 23 个样本参与了分析，同时根据前面确定的滞后阶数确定协整秩的结果。分析本结果最直接的方式就是找到带有"＊"号的迹统计量，本例中该值为 14.5747，对应的协整秩为 1，这说明本例中城乡人口净转移、城镇失业规模、城乡收入差距三个变量存在一个协整关系。

3．拓展应用

按照前面讲述的解决方法，可以对变量进行相应阶数的差分，然后进行回归，即可避免伪回归的情况。

（1）EG-ADF 检验方法构建出的协整模型。

如果假定 m 为因变量（真实情况需要进行格兰杰因果关系检验，将在下节说明），则构建如下所示的模型：

$$d.m = a \times d.g + b \times d_2.s + c \times ecm_{t-1} + \Delta$$

其中，a、b、c 为系数，ecm 为误差修正项，Δ 为误差扰动项。

ecm 为误差修正模型，可表示为：

$$m = a \times g + b \times d.s + ecm_t$$

其中，a、b 为系数。实质上 ecm 为该模型的误差扰动项，或者说以 m 为因变量，以 g 和 $d.s$ 为自变量进行最小二乘估计回归后的残差。

在上面的 EG-ADF 检验部分，得到的 ecm 模型为：

$$m = -1.229304 \times d_1.s + 793.4284 \times g - 12.01591$$

该模型反映的是变量的长期均衡关系。

主界面的 Command 文本框中输入命令：

regress d.m d₂.s d.g l.e

输入完命令后，按回车键，得到如图 11-33 所示的分析结果。

```
      Source |       SS         df       MS              Number of obs =      26
─────────────┼──────────────────────────────              F(  3,   22) =    1.67
       Model |  695996.105       3   231998.702           Prob > F      =  0.2021
    Residual |  3053062.24      22   138775.556           R-squared     =  0.1856
─────────────┼──────────────────────────────              Adj R-squared =  0.0746
       Total |  3749058.34      25   149962.334           Root MSE      =  372.53
```

```
         D.m |     Coef.    Std. Err.      t     P>|t|    [95% Conf. Interval]
           s |
         D2. |   1.297896   2.025272     0.64    0.528    -2.90226    5.498052
           g |
         D1. |   -26.2911   471.0633    -0.06    0.956    -1003.217   950.6345
           e |
         L1. |  -.3580287   .1659561    -2.16    0.042    -.7022007   -.0138567
       _cons |   27.56783   74.25575     0.37    0.714    -126.4292   181.5648
```

图 11-33 EG—ADF 法得出的协整模型分析结果

通过观察图 11-33 的结果,可以看出共有 26 个样本参与了分析,模型的 F 值 $F(3,22)=1.67$,P 值(Prob > F = 0.2021),说明该模型整体上是不显著的。模型的可决系数 $R^2=0.1856$,修正的可决系数 $\text{Adj } R^2=0.0746$,说明模型的解释能力很弱。

模型的回归方程是:

$$d.m = 1.297896 \times d_2.s - 26.2911 \times d_1.g - 0.3580287 \times l_1.e + 27.56783$$

变量 $d_2.s$ 的系数标准误是 2.025272,t 值为 0.64,P 值为 0.528,系数是非常不显著的,95% 的置信区间为 $[-2.90226, 5.498052]$。变量 $d_1.g$ 的系数标准误是 471.0633,t 值为 -0.06,P 值为 0.956,系数是非常不显著的,95% 的置信区间为 $[-1003.217, 950.6345]$。变量 $l_1.e$ 的系数标准误是 0.1659561,t 值为 -2.16,P 值为 0.042,系数是比较显著的,95% 的置信区间为 $[-0.7022007, -0.0138567]$。常数项的系数标准误是 74.25575,t 值为 0.37,P 值为 0.714,系数是非常不显著的,95% 的置信区间为 $[-126.4292, 181.5648]$。

(2) 迹检验方法构建出的协整模型。

从上面的分析中可以看出,变量间的短期关系是非常不显著的,几乎没有什么关系。但是变量的长期均衡关系却很显著。下面利用另外一种更加精确的迹检验方法构建出的协整模型来详细研究变量之间的这种长期均衡关系。

在进行迹检验完之后,主界面的 Command 文本框中输入命令:

vec m d. s g,lags(4) rank(1)

输入完命令后,按回车键,得到如图 11-34 到图 11-38 所示的分析结果。

```
Vector error-correction model

Sample:  1983 - 2005                          No. of obs   =         23
                                              AIC          =    23.8375
Log likelihood = -239.1312                    HQIC         =   24.27206
Det(Sigma_ml)  =      215429                  SBIC         =   25.56542

Equation          Parms      RMSE       R-sq        chi2       P>chi2

D_m                 11     317.064     0.6252     20.01941     0.0451
D2_s                11     26.0643     0.7158     30.22438     0.0015
D_g                 11    .169976      0.4442     9.590791     0.5675
```

图 11-34 迹检验得出的协整模型分析结果

图 11-34 说明的是分别把城乡人口净转移的一阶差分、城镇失业规模的二阶差分、城乡收入差距的一阶差分作为因变量时的模型综述,通过观察图 11-34 可以知道城乡人口净转移、城镇失业规模、城乡收入差距三个变量之间的协整关系可以通过三个方程来说明。此次值得强调的是,协整关系表示的仅仅是变量之间的某种长期联动关系,跟因果关系无关,如果要探究变量之间的因果关系,换言之,就是确定让谁来作为因变量的问题,就需要用到格兰杰因果关系检验,这种检验方法将在下一节介绍。

本例中(实际上所有的协整关系都是一样的),三个方程的样本情况(Sample:1983—2005,No. of obs = 23)、信息准则情况(AIC = 23.8375,HQIC = 24.27206,SBIC = 25.56542)等都是相同的。当把城乡人口净转移的一阶差分作为因变量时,模型的可决系数为 0.6252,卡方值为 20.01941,P 值为 0.0451;当把城镇失业规模的二阶差分作为因变量时,模型的可决系数为 0.7158,卡方值为 30.22438,P 值为 0.0015;当把城乡收入差距的一阶差分作为因变量时,模型的可决系数为 0.4442,卡方值为 9.590791,P 值为 0.5675。

```
                   Coef.     Std. Err.      z      P>|z|     [95% Conf. Interval]

D_m
  _ce1
    L1.         .0055647    .0522526      0.11    0.915    -.0968486     .107978

  m
    LD.        -.4071214    .2589529     -1.57    0.116    -.9146598    .1004169
    L2D.       .1040884     .2985183      0.35    0.727    -.4809968    .6891736
    L3D.       .3743418    .2320138      1.61    0.107    -.0803968    .8290804

  s
    LD2.       -2.040869    2.395867     -0.85    0.394    -6.736682    2.654943
    L2D2.      3.086168     2.368167      1.30    0.193    -1.555354    7.727691
    L3D2.      -1.221802    2.495776     -0.49    0.624    -6.113433    3.66983

  g
    LD.        -1030.141    553.9042     -1.86    0.063    -2115.774    55.49085
    L2D.       -158.3343    679.8208     -0.23    0.816    -1490.758    1174.09
    L3D.       1118.583     681.4178      1.64    0.101    -216.9715    2454.137

  _cons        58.07797    99.26686       0.59    0.559    -136.4815    252.6374
```

图 11-35 城乡人口净转移一阶差分作为因变量时的模型分析结果

图 11-35 展示的是把城乡人口净转移这一变量的一阶差分作为因变量时的模型具体情况。本分析结果的解释与一般的回归分析的解释类似,前面有介绍,不再赘述。

D2_s						
_ce1						
L1.	.0197186	.0042954	4.59	0.000	.0112997	.0281374
m						
LD.	.0306339	.0212872	1.44	0.150	-.0110883	.0723561
L2D.	.0523903	.0245397	2.13	0.033	.0042933	.1004872
L3D.	.0390845	.0190727	2.05	0.040	.0017027	.0764663
s						
LD2.	.3573081	.1969523	1.81	0.070	-.0287113	.7433275
L2D2.	.0424359	.1946753	0.22	0.827	-.3391206	.4239924
L3D2.	-.1436708	.2051654	-0.70	0.484	-.5457876	.2584459
g						
LD.	82.94072	45.53371	1.82	0.069	-6.303715	172.1852
L2D.	192.2813	55.88469	3.44	0.001	82.74937	301.8133
L3D.	155.86	56.01598	2.78	0.005	46.07073	265.6493
_cons	-16.38996	8.160235	-2.01	0.045	-32.38373	-.3961917

图 11-36 城镇失业规模二阶差分后作为因变量的模型分析结果

图 11-36 展示的是把城镇失业规模这一变量的二阶差分作为因变量时的模型具体情况。本分析结果的解释与一般的回归分析的解释类似,前面有介绍,不再赘述。

D_g						
_ce1						
L1.	6.43e-06	.000028	0.23	0.818	-.0000485	.0000613
m						
LD.	-.000017	.0001388	-0.12	0.902	-.0002891	.0002551
L2D.	.0001119	.00016	0.70	0.484	-.0002017	.0004256
L3D.	.0000631	.0001244	0.51	0.612	-.0001807	.0003068
s						
LD2.	.0003646	.0012844	0.28	0.776	-.0021528	.002882
L2D2.	.0004478	.0012696	0.35	0.724	-.0020405	.0029361
L3D2.	-.0017889	.001338	-1.34	0.181	-.0044112	.0008335
g						
LD.	.1450003	.2969451	0.49	0.625	-.4370013	.727002
L2D.	.3762944	.3644483	1.03	0.302	-.3380111	1.0906
L3D.	-.037681	.3653045	-0.10	0.918	-.7536646	.6783026
_cons	.0299252	.0532164	0.56	0.574	-.0743771	.1342275

图 11-37 城乡收入差距一阶差分作为因变量的模型分析结果

图 11-37 展示的是把城乡收入差距这一变量的一阶差分作为因变量时的模型具体情况。本分析结果的解释与一般的回归分析的解释类似,前面有介绍,不再赘述。

```
Cointegrating equations

Equation         Parms      chi2       P>chi2

_ce1               2      30.78462    0.0000


Identification:  beta is exactly identified
                 Johansen normalization restriction imposed
```

beta	Coef.	Std. Err.	z	P>|z|	[95% Conf. Interval]
_ce1					
m	1	.	.	.	. .
s					
D1.	-55.4957	13.60093	-4.08	0.000	-82.15303 -28.83837
g	-2005.838	1215.746	-1.65	0.099	-4388.657 376.981
_cons	2708.056	.	.	.	. .

图 11-38　三个变量间的协整方程分析结果

图 11-38 展示的是本例三个变量间的协整方程。协整方程模型总体上是非常显著的,卡方值为 30.78642,P 值为 0.0000。

协整方程的具体形式为:

$$m - 55.4957 d_1.s - 2005.838 g + 2708.056 = 0$$

如果把 m 作为因变量,对上面的等式进行变形,结果是:

$$m = 55.4957 d_1.s + 2005.838 g - 2708.056$$

可以发现 m 与 s、g 都是正向变动关系。这表示的含义是从长期来看,城乡人口净转移、城镇失业规模、城乡收入差距三个变量都是正向联动变动的。这个结论与对变量进行相应阶数差分后进行回归分析得到的结论不同,这个结论说明从长期来看,城镇失业规模和城乡人口净转移是正向变动的,这也是可以理解的,因为如果城乡人口净转移越多,城镇失业规模就有可能越大。而城镇失业规模越大,很有可能也意味着城镇创造的就业机会越多,从而城乡人口净转移就越大。

11.5　格兰杰因果关系检验

在上节我们提到,协整关系表示的仅仅是变量之间的某种长期联动关系,跟因果关系是毫无关联的,如果要探究变量之间的因果关系,就需要用到格兰杰因果关系检验。格兰杰因果关系检验的基本思想是如果 A 变量是 B 变量的因,同时 B 变量不是 A 变量的因,那么 A 变量的滞后值就可以帮助预测 B 变量的未来值,同时 B 变量的滞后值却不能帮助预测 A 变量的未来值。这种思想反映到操作层面就是如果 A 变量是 B 变量的因,那么以 A 变量为因变量、以 A 变量的滞后值及 B 变量的滞后值作为自变量进行最小二乘回归,则 B 变量的滞后值的系数显著。

另外,需要强调三点:一是格兰杰因果关系并非真正意义的因果关系,表明的仅仅是数据上的一种动态相关关系,如果要准确界定变量的因果关系,需要相应的实践检验作为支撑;二是参与格兰杰因果关系检验的变量要求是同阶单整的;三是存在协整关系的变量之间至少有一种格兰杰因果关系。

例 11-4 本节沿用上节的数据,试通过格兰杰因果检验方式来判断相关变量包括城乡人口净转移、城镇失业规模、城乡收入差距、制度因素等变量之间的格兰杰因果关系。

在前面两节中,通过单位根检验发现城乡人口净转移、城乡收入差距两个变量是一阶单整的,而城镇失业规模变量是二阶单整的,所以在进行格兰杰因果关系检验时选择的变量是:城乡人口净转移、城乡收入差距及城镇失业规模的一阶差分。

1. 格兰杰因果关系检验过程

在主界面的 Command 文本框中输入命令:

regress m l. m d$_1$. s

本命令的含义是把 m 作为因变量,把 $l.\ m$、$d_1.\ s$ 作为自变量,用普通最小二乘估计法进行估计。

输入完命令后,按回车键,得到如图 11-39 所示的分析结果。

```
   Source |       SS       df       MS              Number of obs =      26
----------+------------------------------           F(  2,    23) =   15.75
    Model | 4629469.26     2   2314734.63           Prob > F      =  0.0000
 Residual | 3380523.97    23   146979.303           R-squared     =  0.5780
----------+------------------------------           Adj R-squared =  0.5413
    Total | 8009993.23    25   320399.729           Root MSE      =  383.38

------------------------------------------------------------------------------
        m |    Coef.   Std. Err.      t    P>|t|     [95% Conf. Interval]
----------+-------------------------------------------------------------------
        m |
      L1. |  .781863   .1432483     5.46   0.000     .4855314    1.078195
          |
        s |
      LD. | -.0846817  1.601568    -0.05   0.958    -3.397777    3.228413
          |
    _cons |  275.103   176.1746     1.56   0.132    -89.34196    639.5479
------------------------------------------------------------------------------
```

图 11-39 格兰杰因果关系检验分析结果

通过观察图 11-39 的结果,可以看出共有 26 个样本参与了分析。模型的 F 值 $F(2,23)=15.75$,P 值(Prob > F = 0.0000),说明模型整体上是非常显著的。模型的可决系数为 0.5780,模型修正的可决系数为 0.5413,说明模型解释能力一般。

模型的回归方程是:

$$m = 0.781863 \times l.\ m - 0.0846817 \times dl.\ s - 275.103$$

变量 $l.\ m$ 的系数标准误是 0.1432483,t 值为 5.46,P 值为 0.000,系数是非常显著的,95%

的置信区间为[0.4855314,1.078195]。变量 $dl.s$ 的系数标准误是1.601568,t 值为 -0.05,P 值为0.958,系数是非常不显著的,95%的置信区间为[-3.397777,3.228413]。常数项的系数标准误是275.103,t 值为1.56,P 值为0.132,系数是不显著的,95%的置信区间为[-89.34196,639.5479]。

在主界面的 Command 文本框中输入命令:

test dl.s = 0

本命令的含义是检验 $dl.s$ 系数的显著性。

输入完命令后,按回车键,得到如图11-40所示的分析结果。

```
. test dl.s=0

 ( 1)  LD.s=0

       F(1,23) =    0.00
       Prob > F =  0.9583
```

图11-40 城镇失业规模的格兰杰因的检验分析结果

图11-40展示的是城乡人口净转移是否是城镇失业规模的格兰杰因的检验结果。通过观察图11-40的结果,可以看出模型的 F 值 $F(1,23)=0.00$,P 值(Prob > F = 0.9583),说明 $dl.s$ 系数是非常不显著的。所以可以比较有把握地得出结论,城镇失业规模不是城乡人口净转移的格兰杰因。

在主界面的 Command 文本框中输入命令:

regress d.s dl.s l.m

本命令的含义是把 $d.s$ 作为因变量,把 $dl.s$、$l.m$ 作为自变量,用普通最小二乘估计法进行估计。

输入完命令后,按回车键,得到如图11-41所示的分析结果。

Source	SS	df	MS		Number of obs	=	26
					F(2, 23)	=	10.60
Model	28844.9958	2	14422.4979		Prob > F	=	0.0005
Residual	31308.4809	23	1361.2383		R-squared	=	0.4795
					Adj R-squared	=	0.4343
Total	60153.4767	25	2406.13907		Root MSE	=	36.895

D.s	Coef.	Std. Err.	t	P>|t|	[95% Conf. Interval]	
s LD.	.6456263	.154129	4.19	0.000	.3267863	.9644663
m L1.	.0115627	.0137857	0.84	0.410	-.0169552	.0400806
_cons	-10.07413	16.95439	-0.59	0.558	-45.14697	24.99871

图11-41 $d.s$ 为因变量,$dl.s$、$l.m$ 为自变量的普通最小二乘估计的分析结果

分析结果的解释与上面的解释类似,这里不再赘述。

在主界面的 Command 文本框中输入命令:

test l. m = 0

本命令的含义是检验 l. m 系数的显著性。

输入完命令后,按回车键,得到如图 11-42 所示的分析结果。

```
. test l.m=0

 ( 1)  L.m = 0

       F(  1,    23) =    0.70
            Prob > F =    0.4102
```

图 11-42 城乡人口净转移的格兰杰因的检验分析结果

图 11-42 展示的是城乡收入差距是否是城乡人口净转移的格兰杰因的检验结果。通过观察图 11-42 的结果,可以看出模型的 F 值 $F(1,23)=0.70$,P 值(Prob > F = 0.4102),说明 dl. s 系数是不显著的。所以可以比较有把握地得出结论,城镇失业规模不是城乡人口净转移的格兰杰因。

在主界面的 Command 文本框中输入命令:

regress m l. m l. g

本命令的含义是把 m 作为因变量,把 l. m、l. g 作为自变量,用普通最小二乘估计法进行估计。

输入完命令后,按回车键,得到如图 11-43 所示的分析结果。

Source	SS	df	MS		Number of obs	=	26
					F(2, 23)	=	17.70
Model	4855190.69	2	2427595.35		Prob > F	=	0.0000
Residual	3154802.54	23	137165.328		R-squared	=	0.6061
					Adj R-squared	=	0.5719
Total	8009993.23	25	320399.729		Root MSE	=	370.36

m	Coef.	Std. Err.	t	P>|t|	[95% Conf. Interval]	
m						
L1.	.6777926	.156107	4.34	0.000	.3548607	1.000725
g						
L1.	272.6828	212.3726	1.28	0.212	-166.6435	712.009
_cons	-7.728937	278.3084	-0.03	0.978	-583.4537	567.9958

图 11-43 m 为因变量,l. m、l. g 为自变量的普通最小二乘估计的分析结果

分析结果的解释与上面的解释类似,这里不再赘述。

在主界面的 Command 文本框中输入命令:

test l. g = 0

本命令的含义是检验 $l.m$ 系数的显著性。

输入完命令后,按回车键,得到如图 11-44 所示的分析结果。

```
. test l.g=0

 ( 1)  L.g = 0

       F(  1,    23) =    1.65
            Prob > F =    0.2119
```

图 11-44 城乡收入差距的格兰杰因的检验分析结果(1)

图 11-44 展示的是城乡人口净转移是否是城乡收入差距的格兰杰因的检验结果。通过观察图 11-44 的结果,可以看出模型的 F 值 $F(1,23)=1.65$,P 值($Prob>F=0.2119$),说明 $l.m$ 系数是不显著的。所以可以比较有把握地得出结论,城乡人口净转移不是城镇失业规模的格兰杰因。

在主界面的 Command 文本框中输入命令:

regress g l.g l.m

本命令的含义是把 g 作为因变量,把 $l.g$、$l.m$ 作为自变量,用普通最小二乘估计法进行估计。

输入完命令后,按回车键,得到如图 11-45 所示的分析结果。

Source	SS	df	MS		
Model	3.95900219	2	1.97950109	Number of obs =	26
Residual	.696013202	23	.030261444	F(2, 23) =	65.41
				Prob > F =	0.0000
				R-squared =	0.8505
				Adj R-squared =	0.8375
Total	4.65501539	25	.186200615	Root MSE =	.17396

g	Coef.	Std. Err.	t	P>|t|	[95% Conf. Interval]
g					
L1.	.9152055	.0997519	9.17	0.000	.708853 1.121558
m					
L1.	.0000876	.0000733	1.19	0.244	-.0000641 .0002393
_cons	.0514088	.1307221	0.39	0.698	-.2190104 .321828

图 11-45 g 为因变量,$l.g$、$l.m$ 为自变量的回归估计分析结果

分析结果的解释与上面的解释类似,这里不再赘述。

在主界面的 Command 文本框中输入命令:

test l.m=0

本命令的含义是检验 $l.m$ 系数的显著性。

输入完命令后,按回车键,得到如图 11-46 所示的分析结果。

```
. test l.m=0

(1)    L.m = 0

        F(1,23) =    1.43
         Prob > F =   0.2443
```

图 11-46 城乡收入差距的格兰杰因检验分析结果(2)

图 11-46 展示的是城乡失业规模是否是城乡收入差距的格兰杰因的检验结果。通过观察图 11-46 的结果,可以看出模型的 F 值 $F(1,23)=1.65$,P 值($\text{Prob}>F=0.2119$),说明 $l.m$ 系数是不显著的。所以可以比较有把握地得出结论,城乡失业规模不是城乡收入差距的格兰杰因。

在主界面的 Command 文本框中输入命令:

regress g l. g dl. s

本命令的含义是把 g 作为因变量,把 $l.g$、$dl.s$ 作为自变量,用普通最小二乘估计法进行估计。

输入完命令后,按回车键,得到如图 11-47 所示的分析结果。

Source	SS	df	MS		Number of obs	=	26
Model	4.03608946	2	2.01804473		F(2, 23)	=	74.99
Residual	.618925925	23	.026909823		Prob > F	=	0.0000
					R-squared	=	0.8670
					Adj R-squared	=	0.8555
Total	4.65501539	25	.186200615		Root MSE	=	.16404

g	Coef.	Std. Err.	t	P>|t|	[95% Conf. Interval]	
g						
L1.	.8465603	.1014616	8.34	0.000	.6366711	1.05645
s						
LD.	.001763	.0008338	2.11	0.046	.0000381	.0034879
_cons	.2315428	.1468955	1.58	0.129	-.0723336	.5354193

图 11-47 g 为因变量, $l.g$、$dl.s$ 为自变量的回归估计分析结果

分析结果的解释与上面的解释类似,这里不再赘述。

在主界面的 Command 文本框中输入命令:

test dl. s = 0

本命令的含义是检验 $dl.s$ 系数的显著性。

输入完命令后,按回车键,得到如图 11-48 所示的分析结果。

```
                    . test dl.s=0

            (1)     LD.s = 0

                        F(1,23) =    4.47
                        Prob > F = 0.0455
```

图 11-48　城乡收入差距的格兰杰因检验分析结果

图 11-48 展示的是城乡失业规模是否是城乡收入差距的格兰杰因的检验结果。通过观察图 11-48 的结果,可以看出模型的 F 值 $F(1,23)=4.47$,P 值($\text{Prob}>F=0.0455$),说明 $dl.s$ 系数是比较显著的。所以可以比较有把握地得出结论,城乡失业规模是城乡收入差距的格兰杰因。

在主界面的 Command 文本框中输入命令:

regress d. s dl. s l. g

本命令的含义是把 $d.s$ 作为因变量,把 $dl.s$、$l.g$ 作为自变量,用普通最小二乘估计法进行估计。

输入完命令后,按回车键,得到如图 11-49 所示的分析结果。

Source	SS	df	MS			
Model	28037.0225	2	14018.5112	Number of obs =		26
Residual	32116.4543	23	1396.36758	F(2, 23) =		10.04
				Prob > F =		0.0007
				R-squared =		0.4661
				Adj R-squared =		0.4197
Total	60153.4767	25	2406.13907	Root MSE =		37.368

D.s	Coef.	Std. Err.	t	P>|t|	[95% Conf. Interval]	
s						
LD.	.714422	.1899441	3.76	0.001	.3214927	1.107351
g						
L1.	-7.56637	23.11245	-0.33	0.746	-55.37812	40.24538
_cons	13.37976	33.46208	0.40	0.693	-55.84183	82.60135

图 11-49　$d.s$ 为因变量,$dl.s$、$l.g$ 为自变量的回归估计分析结果

分析结果的解释与上面的解释类似,这里不再赘述。

在主界面的 Command 文本框中输入命令:

test l. g = 0

本命令的含义是检验 $l.g$ 系数的显著性。

输入完命令后,按回车键,得到如图 11-50 所示的分析结果。

```
. test l.g=0

 ( 1)    L.g = 0

       F(1,23) =    0.11
       Prob > F =    0.7463
```

图 11-50 城乡收入差距的格兰杰因的检验分析结果(4)

图 11-50 展示的是城乡失业规模是否是城乡收入差距的格兰杰因的检验结果。通过观察图 11-50 的结果,可以看出模型的 F 值 $F(1,23)=0.11$,P 值($Prob>F=0.7463$),说明 $l.g$ 系数是不显著的。所以可以比较有把握地得出结论,城乡收入差距不是城乡失业规模的格兰杰因。

综上所述,只有城镇失业规模是城乡收入差距的格兰杰因,其他变量之间均不存在格兰因果关系。当然,正如前面讲到的,格兰杰因果关系并不是真正的变量因果关系,变量实质的因果关系依靠有关理论或者实践经验的判断。格兰杰因果关系反映的仅仅是一种预测的效果,起到一种辅助的作用,所以,本例的格兰杰因果检验虽然没有得到预想的结果,但并不意味着模型的失败。读者可以尝试增加其他更加有效的变量继续深入研究。

2. 拓展应用

在前面的格兰杰因果关系检验的过程中,读者可能会注意到我们使用的被假设为格兰杰因的自变量的滞后期均为 1 期。事实上可以多试几期,具体多少可以根据研究的实际需要来加入自己的判断。例如在检验城乡收入差距是否是城镇失业规模的格兰杰因的时候,可以把滞后期扩展为 5 期。在主界面 Command 窗口输入如下命令:

(1)regress d. s d$_1$. s l. g l2. g l3. g l4. g l5. g

本命令旨在以 d.s、d_1.s、l.g、l_2.g、l_3.g、l_4.g、l_5.g 为因变量进行回归分析。

(2)test l. g = 0

本命令旨在检验变量 l.g 系数的显著性。

(3)test l2. g = 0

本命令旨在检验变量 l_2.g 系数的显著性。

(4)test l3. g = 0

本命令旨在检验变量 l_3.g 系数的显著性。

(5)test l4. g = 0

本命令旨在检验变量 l_4.g 系数的显著性。

(6)test l5. g = 0

本命令旨在检验变量 l_5.g 系数的显著性。

输入完命令后,按回车键,可以得到如图 11-51 所示的结果。

```
. regress d.s dl.s l.g l2.g l3.g l4.g l5.g

      Source |       SS       df       MS              Number of obs =      23
-------------+------------------------------             F(  6,    16) =    2.93
       Model |  17451.8741      6  2908.64569            Prob > F      =  0.0402
    Residual |  15909.2876     16  994.330472            R-squared     =  0.5231
-------------+------------------------------             Adj R-squared =  0.3443
       Total |  33361.1617     22  1516.41644            Root MSE      =  31.533


         D.s |      Coef.   Std. Err.      t    P>|t|     [95% Conf. Interval]
-------------+----------------------------------------------------------------
           s |
         LD. |   .3735399   .2580485     1.45   0.167    -.1734985    .9205782

           g |
         L1. |   29.72947   52.48465     0.57   0.579    -81.53302     140.992
         L2. |   23.24441   63.76133     0.36   0.720    -111.9236    158.4124
         L3. |  -21.91515   58.52375    -0.37   0.713     -145.98    102.1497
         L4. |  -62.81455   62.25527    -1.01   0.328    -194.7898    69.16072
         L5. |   26.73216   49.88799     0.54   0.599    -79.02566      132.49

       _cons |   18.56089   32.80009     0.57   0.579     -50.9722    88.09398


. test l.g=l2.g=l3.g=l4.g=l5.g=0

 ( 1)  L.g - L2.g = 0
 ( 2)  L.g - L3.g = 0
 ( 3)  L.g - L4.g = 0
 ( 4)  L.g - L5.g = 0
 ( 5)  L.g = 0

       F(  5,    16) =    0.69
            Prob > F =    0.6376
```

图 11-51 $l.g$、$l_2.g$、$l_3.g$、$l_4.g$、$l_5.g$ 的系数值的检验分析结果

通过观察分析结果,可以看出 $l.g$、$l_2.g$、$l_3.g$、$l_4.g$、$l_5.g$ 的系数值都是非常不显著的,具体体现在其 t 值、F 值和 P 值上,关于这一结果的解释在前面多有提及,这里不再赘述。所以可以有把握地得出结论,城乡收入差距不是城镇失业规模的格兰杰因。其他变量之间的检验类似,读者可以尝试去分析。

第12章 Stata面板数据分析

12.1 面板数据分析的基本理论

面板数据又称为平行数据,指的是对某变量在一定时间段内持续跟踪观测的结果。面板数据兼具了横截面数据和时间序列数据的特点,它既有横截面维度(在同一时间段内有多个观测样本),又有时间序列维度(同一样本在多个时间段内被观测到)。面板数据通常样本数据量较多,它可以有效解决遗漏变量的问题,也可以提供更多样本动态行为的信息,具有横截面数据和时间序列数据无可比拟的优势。根据横截面维度和时间序列维度相对长度的大小,面板数据可分为长面板数据和短面板数据。

一般的面板数据分析模型形式如下:

$$y_{it} = \alpha_i + X_{it}'\beta + \varepsilon_{it} \quad i = 1,\cdots,N; t = 1,\cdots,T$$

其中,X_{it}' 为外生变量向量;β 为待估参数;ε_{it} 为随机扰动项,各 ε_{it} 间相互独立,均值为0,方差相等。

假定参数满足时间一致性,即参数值不随时间的不同而变化,但受到截面单元不同的影响;或者参数受到时间的影响,但不随截面单元的不同而变化,则一般的面板数据有如下两种形式的模型来估计:

1. 固定效应模型

$$y_{it} = \overbrace{X_{it}'\beta + \alpha_i}^{\text{固定效应}FE} + \varepsilon_{it}$$

一般处理方法是组内去心法,处理方法如下:

$$y_{it} = \alpha_i + X_{it}'\beta + \varepsilon_{it} \tag{12-1}$$

$$\bar{y}_i = \alpha_i + \bar{X}_i'\beta + \bar{\varepsilon}_i \tag{12-2}$$

$$\bar{y}_i = (1/T_i)\sum_{t=1}^{T_i} y_{it}$$

$$\bar{\bar{y}} = \bar{\alpha} + \bar{\bar{X}}'\beta + \bar{\bar{\varepsilon}} \tag{12-3}$$

$$\bar{\alpha} = (1/N)\sum_{i=1}^{N} \alpha_i$$

(12-1) - (12-2) + (12-3) 得到

$$\underbrace{y_{it} - \bar{y}_i + \bar{\bar{y}}}_{\tilde{y}_{it}} = \bar{\alpha} + \underbrace{(X_{it}' - \bar{X}_i' + \bar{\bar{X}}')}_{\tilde{X}_{it}'}\beta + \underbrace{(\varepsilon_{it} - \bar{\varepsilon}_i + \bar{\bar{\varepsilon}})}_{\tilde{\varepsilon}_{it}}$$

即
$$\tilde{y}_{it} = \bar{\alpha} + \tilde{X}'_{it}\beta + \tilde{\varepsilon}_{it}$$

这就是一般的线性回归分析模型。采用普通最小二乘法即可求出 $\hat{\beta}_{FE}$。

估计方法一般是采用普通最小二乘法与虚拟变量相结合的方法,Stata 实现的命令是:

xtreg y x, fe

2. 随机效应模型

$$y_{it} = X'_{it}\beta + \overbrace{\alpha_i + \varepsilon_{it}}^{\text{随机效应}RE}$$

估计方法一般是采用广义最小二乘法方法,Stata 实现的命令是:

xtreg y x, re

下面我们通过实例来说明两种面板数据分析方法的应用。

12.2 短面板数据分析的基本应用

短面板数据是面板数据中的一种,其主要特征是横截面维度比较大而时间维度相对较小,或者说,同一时期内被观测的个体数量较多而被观测的期间较少。短面板数据分析方法包括直接最小二乘回归分析、固定效应回归分析、随机效应回归分析、组间估计量回归分析等。下面通过实例来说明。

例 12-1   A 公司是一家销售饮料的连锁公司,经营范围遍布全国 20 个省市,各省市连锁店 2008—2012 年的相关销售数据包括销售收入、费用和利润等,具体信息如表 12-1 所示。试用多种短面板数据回归分析方法深入研究销售收入和费用对利润的影响关系。

表 12-1   A 公司连锁店收入、费用和利润等数据(2008—2012)

年份	销售收入/万元	费用/万元	利润/万元	地区
2008	256	13.28039	12.47652	北京
2009	289	12.88284	12.18260	北京
2010	321	12.86566	12.26754	北京
2011	135	13.16600	12.25672	北京
2012	89	13.01277	12.21607	北京
2008	159	11.00874	9.236008	天津
…	…	…	…	…
2012	226.0475	10.77687	10.39666	甘肃
2008	229.2657	11.41421	10.47813	青海
2009	228.9225	11.10796	10.19802	青海
2010	229.2313	11.36674	10.47249	青海
2011	229.0406	11.13750	10.22485	青海
2012	229.1517	11.24112	10.30762	青海

使用 Stata 12.0 打开在目录"E:\stata12\zsq\chap12"中的"al12-1.dta"数据文件,命令如下:

use "E:\stata12\zsq\chap12\al12-1.dta", clear

browse

数据如图 12-1 所示。

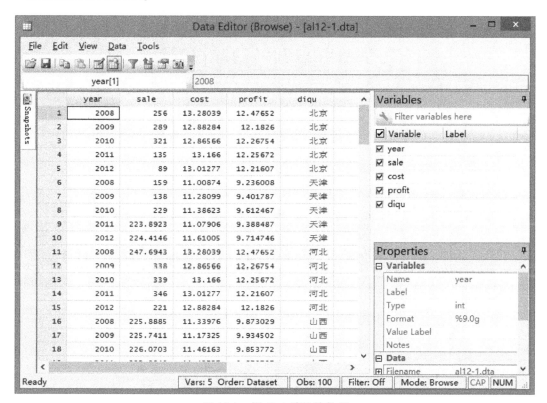

图 12-1　例 12-1 涉及的数据

1. 对数据进行展示

在主界面的 Command 文本框中输入命令:

list year sale cost profit

本命令的含义是对 4 个变量所包含的样本数据进行一一展示,以便直观地观测出数据的具体特征,为深入分析作准备。

输入完命令后,按回车键,得到如图 12-2 所示的分析结果。

	year	sale	cost	profit
1.	2008	256	13.28039	12.47652
2.	2009	289	12.88284	12.1826
3.	2010	321	12.86566	12.26754
4.	2011	135	13.166	12.25672
5.	2012	89	13.01277	12.21607
6.	2008	159	11.00874	9.236008
7.	2009	138	11.28099	9.401787
8.	2010	229	11.38623	9.612467
9.	2011	223.8923	11.07906	9.388487
10.	2012	224.4146	11.61005	9.714746
11.	2008	247.6943	13.28039	12.47652
12.	2009	338	12.86566	12.26754
13.	2010	339	13.166	12.25672
14.	2011	346	13.01277	12.21607
15.	2012	221	12.88284	12.1826
16.	2008	225.8885	11.33976	9.873029
17.	2009	225.7411	11.17325	9.934502
18.	2010	226.0703	11.46163	9.853772
19.	2011	225.9849	11.42737	9.879707
20.	2012	225.4703	11.12873	9.864227
21.	2008	223.664	10.86284	10.06305
22.	2009	223.3596	10.75579	9.720165
23.	2010	189	11.32298	9.786392
24.	2011	194	11.32055	9.804219
25.	2012	191	11.19272	9.89948

	year	sale	cost	profit
26.	2008	229.834	11.60368	10.15619
27.	2009	229.5091	11.48143	10.18036
28.	2010	229.6875	11.51192	10.05277
29.	2011	229.9539	11.86005	10.35711
30.	2012	229.9492	11.73527	10.28637
31.	2008	195	11.32298	9.786392
32.	2009	190	10.75579	9.720165
33.	2010	196	11.19272	9.89948
34.	2011	191	11.32055	9.804219
35.	2012	223.664	10.86284	10.06305
36.	2008	230.2526	11.35158	10.38807
37.	2009	230.4395	11.65529	10.57132
38.	2010	230.1745	11.30836	10.52889
39.	2011	230.3779	11.48555	10.59037
40.	2012	230.4235	11.59451	10.56721
41.	2008	224.4761	10.83762	10.16969
42.	2009	224.5877	10.9682	10.13896
43.	2010	224.7289	11.18164	10.32286
44.	2011	224.373	10.77896	10.34432
45.	2012	224.7235	11.10796	10.17884
46.	2008	228.9225	11.36674	10.19802
47.	2009	229.2313	11.10796	10.47249
48.	2010	229.2657	11.41421	10.47813
49.	2011	229.1517	11.24112	10.30762
50.	2012	229.0406	11.13375	10.22485

	year	sale	cost	profit
51.	2008	224.4039	11.38623	9.612467
52.	2009	224.2034	11.28099	9.401787
53.	2010	223.8923	11.07906	9.388487
54.	2011	224.4146	11.61005	9.714746
55.	2012	223.5251	11.00874	9.236008
56.	2008	226.2307	10.91509	10.51732
57.	2009	226.1334	10.80771	10.43588
58.	2010	226.4084	11.14041	10.55451
59.	2011	226.3114	11.0021	10.4631
60.	2012	226.0475	10.77687	10.39666
61.	2008	230.4395	11.65529	10.57132
62.	2009	230.2526	11.35158	10.38807
63.	2010	230.1745	11.30836	10.52889
64.	2011	230.4235	11.59451	10.56721
65.	2012	230.3779	11.48555	10.59037
66.	2008	224.373	10.77896	10.34432
67.	2009	224.7235	11.10796	10.17884
68.	2010	224.7289	11.18164	10.32286
69.	2011	224.5877	10.9682	10.13896
70.	2012	224.4761	10.83762	10.16969
71.	2008	231.01	11.6994	9.914922
72.	2009	231.6112	11.89614	10.15891
73.	2010	231.4499	11.82188	10.15774
74.	2011	231.233	11.73847	10.01055
75.	2012	231.7159	12.09234	10.28739

	year	sale	cost	profit
76.	2008	229.6875	11.51192	10.05277
77.	2009	229.5091	11.48143	10.18036
78.	2010	229.9539	11.86005	10.35711
79.	2011	229.9492	11.73527	10.28637
80.	2012	229.834	11.60368	10.15619
81.	2008	201	11.17325	9.934502
82.	2009	198	11.33976	9.873029
83.	2010	199	11.46163	9.853772
84.	2011	201	11.12873	9.864227
85.	2012	201	11.42737	9.879707
86.	2008	198	11.6994	9.914922
87.	2009	231.6112	11.89614	10.15891
88.	2010	231.7159	12.09234	10.28739
89.	2011	231.4499	11.82188	10.15774
90.	2012	231.233	11.73847	10.01055
91.	2008	226.4084	11.14041	10.55451
92.	2009	226.3114	11.0021	10.4631
93.	2010	226.2307	10.91509	10.51732
94.	2011	226.1334	10.80771	10.43588
95.	2012	226.0475	10.77687	10.39666
96.	2008	229.2657	11.41421	10.47813
97.	2009	228.9225	11.10796	10.19802
98.	2010	229.2313	11.36674	10.47249
99.	2011	229.0406	11.13375	10.22485
100.	2012	229.1517	11.24112	10.30762

图 12-2 对数据进行展示的分析结果

通过观察图12-2的结果可以看到,数据的总体质量是好的,没有极端异常值,变量之间的量纲差距也是可以的,可进入下一步分析。

2. 将字符串变量转化为数值型变量

在主界面的Command文本框中输入命令：

encode diqu,gen(region)

面板数据要求其中的个体变量取值必须为整数,而且不允许有重复,所以需要对各个观测样本进行有序编号,本命令的含义是将diqu这一字符串变量转化为数值型变量,以便进行下一步操作。

输入完命令后,按回车键,得到如图12-3所示的分析结果。

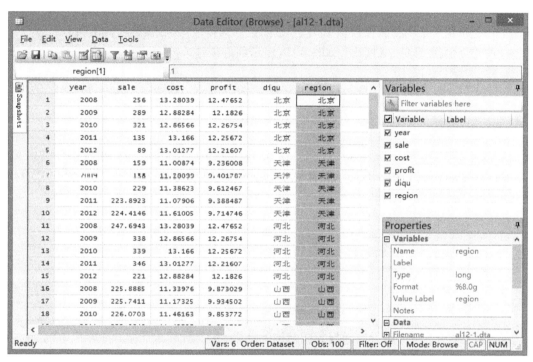

图12-3　将字符串变量转化为数值型变量的分析结果

通过观察图12-3的结果,可以看出region变量的相关数据。

3. 对面板数据进行定义

在主界面的Command文本框中输入命令：

xtset region year

本命令的含义是对面板数据进行定义,其中横截面维度变量为上步生成的region,时间序列变量为year。

输入完命令后,按回车键,得到如图12-4所示的分析结果。

```
. xtset region year
      panel variable:  region (strongly balanced)
       time variable:  year, 2008 to 2012
               delta:  1 unit
```

图 12-4　对面板数据进行定义的分析结果

通过观察图 12-4，可以看出对面板数据进行定义的结果，其中横截面维度变量为上步生成的 region，时间序列变量为 year，可以看出这是一个平衡的面板数据。

4．观测面板数据特征

在主界面的 Command 文本框中输入命令：

xtdes

本命令的含义是观测面板数据结构，考察面板数据特征，为后续分析作准备。

输入完命令后，按回车键，得到如图 12-5 所示的分析结果。

```
region:  1, 2, ..., 20                                       n =        20
  year:  2008, 2009, ..., 2012                               T =         5
         Delta(year) = 1 unit
         Span(year)  = 5 periods
         (region*year uniquely identifies each observation)

Distribution of T_i:   min      5%     25%     50%     75%     95%     max
                         5       5       5       5       5       5       5

    Freq.  Percent    Cum.  |  Pattern
    -------------------------|---------
       20   100.00  100.00  |  11111
    -------------------------|---------
       20   100.00          |  XXXXX
```

图 12-5　观测面板数据特征的分析结果

通过观察图 12-5，可以看出面板数据结构的结果，其中横截面维度 region 从 1 到 20 共 20 个取值，时间序列维度 year 从 2008 到 2012 共 5 个取值，属于短面板数据，而且观测在时间上的分布也非常均匀。

5．面板数据组内、组间及整体的统计指标

在主界面的 Command 文本框中输入命令：

xtsum

本命令的含义是显示面板数据组内、组间及整体的统计指标。

输入完命令后，按回车键，得到如图 12-6 所示的分析结果。

Variable		Mean	Std. Dev.	Min	Max	Observations	
year	overall	2010	1.421338	2008	2012	N =	100
	between		0	2010	2010	n =	20
	within		1.421338	2008	2012	T =	5
sale	overall	225.0378	32.75807	89	346	N =	100
	between		20.83152	194.8614	298.3389	n =	20
	within		25.62562	96.03781	328.0378	T =	5
cost	overall	11.48361	.6108847	10.7579	13.28039	N =	100
	between		.6012933	10.92844	13.04153	n =	20
	within		.1619716	11.15011	11.82065	T =	5
profit	overall	10.33686	.7258455	9.236008	12.47652	N =	100
	between		.7329161	9.470699	12.27989	n =	20
	within		.1067208	10.10217	10.5809	T =	5
diqu	overall	.	.	.	.	N =	0
	between		.	.	.	n =	0
	within		.	.	.	T =	.
region	overall	10.5	5.795331	1	20	N =	100
	between		5.91608	1	20	n =	20
	within		0	10.5	10.5	T =	5

图 12-6 各统计指标显示的分析结果

通过观察图12-6，可以看出面板数据组内、组间及整体的统计指标的结果。在短面板数据中，同一时间段内的不同观测样本构成一个组。从图12-6可以看出，变量year的组间标准差是0，因为不同组的这一变量取值完全相同，同时变量region的组内标准差也是0，因为分布在同一组的数据属于同一个地区。

6. 显示各个变量数据的组内、组间以及整体的分布频率

在主界面的 Command 文本框中输入命令：

xttab sale

本命令的含义是显示 sale 组内、组间及整体的分布频率。

输入完命令后，按回车键，得到如图 12-7 所示的分析结果。

sale	Overall Freq.	Percent	Between Freq.	Percent	Within Percent
89	1	1.00	1	5.00	20.00
135	1	1.00	1	5.00	20.00
138	1	1.00	1	5.00	20.00
159	1	1.00	1	5.00	20.00
189	1	1.00	1	5.00	20.00
190	1	1.00	1	5.00	20.00
191	2	2.00	2	10.00	20.00
194	1	1.00	1	5.00	20.00
195	1	1.00	1	5.00	20.00
196	1	1.00	1	5.00	20.00
198	2	2.00	2	10.00	20.00
199	1	1.00	1	5.00	20.00
201	3	3.00	1	5.00	60.00
221	1	1.00	1	5.00	20.00
223.3596	1	1.00	1	5.00	20.00
223.5251	1	1.00	1	5.00	20.00
223.664	2	2.00	2	10.00	20.00
223.8923	2	2.00	2	10.00	20.00
224.2034	1	1.00	1	5.00	20.00
224.373	2	2.00	2	10.00	20.00
224.4039	1	1.00	1	5.00	20.00
224.4146	2	2.00	2	10.00	20.00
224.4761	2	2.00	2	10.00	20.00
224.5877	2	2.00	2	10.00	20.00
224.7235	2	2.00	2	10.00	20.00
224.7289	2	2.00	2	10.00	20.00
225.4703	1	1.00	1	5.00	20.00
225.7411	1	1.00	1	5.00	20.00
225.8885	1	1.00	1	5.00	20.00
225.9849	1	1.00	1	5.00	20.00
226.0475	2	2.00	2	10.00	20.00
226.0703	1	1.00	1	5.00	20.00
226.1334	2	2.00	2	10.00	20.00
226.2307	2	2.00	2	10.00	20.00
226.3114	2	2.00	2	10.00	20.00
226.4084	2	2.00	2	10.00	20.00
228.9225	2	2.00	2	10.00	20.00
229	1	1.00	1	5.00	20.00
229.0406	2	2.00	2	10.00	20.00
229.1517	2	2.00	2	10.00	20.00
229.2313	2	2.00	2	10.00	20.00
229.2657	2	2.00	2	10.00	20.00
229.5091	2	2.00	2	10.00	20.00
229.6875	2	2.00	2	10.00	20.00
229.834	2	2.00	2	10.00	20.00
229.9492	2	2.00	2	10.00	20.00
229.9539	2	2.00	2	10.00	20.00
230.1745	2	2.00	2	10.00	20.00
230.2526	2	2.00	2	10.00	20.00
230.3779	2	2.00	2	10.00	20.00
230.4235	2	2.00	2	10.00	20.00
230.4395	2	2.00	2	10.00	20.00
231.01	1	1.00	1	5.00	20.00
231.233	2	2.00	2	10.00	20.00
231.4499	2	2.00	2	10.00	20.00
231.6112	2	2.00	2	10.00	20.00
231.7159	2	2.00	2	10.00	20.00
247.6943	1	1.00	1	5.00	20.00
256	1	1.00	1	5.00	20.00
289	1	1.00	1	5.00	20.00
321	1	1.00	1	5.00	20.00
338	1	1.00	1	5.00	20.00
339	1	1.00	1	5.00	20.00
346	1	1.00	1	5.00	20.00
Total	100	100.00	98	490.00	20.41
			(n = 20)		

图 12-7 sale 变量组内、组间及整体的分布频率的分析结果

通过观察图 12-7，可以看出 sale 变量数据的组内、组间及整体的分布频率的结果。

在主界面的 Command 文本框中输入命令：

xttab cost

本命令的含义是显示 cost 组内、组间及整体的分布频率。

输入完命令后，按回车键，得到如图 12-8 所示的分析结果。

cost	Overall Freq.	Percent	Between Freq.	Percent	Within Percent
10.7579	2	2.00	2	10.00	20.00
10.77687	2	2.00	2	10.00	20.00
10.77896	2	2.00	2	10.00	20.00
10.80771	2	2.00	2	10.00	20.00
10.83762	2	2.00	2	10.00	20.00
10.86284	2	2.00	2	10.00	20.00
10.91509	2	2.00	2	10.00	20.00
10.9682	2	2.00	2	10.00	20.00
11.0021	2	2.00	2	10.00	20.00
11.00874	2	2.00	2	10.00	20.00
11.07906	2	2.00	2	10.00	20.00
11.10796	4	4.00	4	20.00	20.00
11.12873	2	2.00	2	10.00	20.00
11.1375	2	2.00	2	10.00	20.00
11.14041	2	2.00	2	10.00	20.00
11.17325	2	2.00	2	10.00	20.00
11.18164	2	2.00	2	10.00	20.00
11.19272	2	2.00	2	10.00	20.00
11.24112	2	2.00	2	10.00	20.00
11.28099	2	2.00	2	10.00	20.00
11.30836	2	2.00	2	10.00	20.00
11.32055	2	2.00	2	10.00	20.00
11.32298	2	2.00	2	10.00	20.00
11.33976	2	2.00	2	10.00	20.00
11.35158	2	2.00	2	10.00	20.00
11.36674	2	2.00	2	10.00	20.00
11.38623	2	2.00	2	10.00	20.00
11.41421	2	2.00	2	10.00	20.00
11.42737	2	2.00	2	10.00	20.00
11.46163	2	2.00	2	10.00	20.00
11.48143	2	2.00	2	10.00	20.00
11.48555	2	2.00	2	10.00	20.00
11.51192	2	2.00	2	10.00	20.00
11.59451	2	2.00	2	10.00	20.00
11.60368	2	2.00	2	10.00	20.00
11.61005	2	2.00	2	10.00	20.00
11.65529	2	2.00	2	10.00	20.00
11.6994	2	2.00	2	10.00	20.00
11.73527	2	2.00	2	10.00	20.00
11.73847	2	2.00	2	10.00	20.00
11.82188	2	2.00	2	10.00	20.00
11.86005	2	2.00	2	10.00	20.00
11.89614	2	2.00	2	10.00	20.00
12.09234	2	2.00	2	10.00	20.00
12.86566	2	2.00	2	10.00	20.00
12.88284	2	2.00	2	10.00	20.00
13.01277	2	2.00	2	10.00	20.00
13.166	2	2.00	2	10.00	20.00
13.28039	2	2.00	2	10.00	20.00
Total	100	100.00	100 (n = 20)	500.00	20.00

图 12-8 cost 变量组内、组间及整体的分布频率的分析结果

通过观察图 12-8，可以看出 cost 变量数据的组内、组间及整体的分布频率的结果。

在主界面的 Command 文本框中输入命令：

xttab profit

本命令的含义是显示 profit 组内、组间及整体的分布频率。

输入完命令后，按回车键，得到如图 12-9 所示的分析结果。

	Overall		Between		Within
profit	Freq.	Percent	Freq.	Percent	Percent
9.236008	2	2.00	2	10.00	20.00
9.388487	2	2.00	2	10.00	20.00
9.401787	2	2.00	2	10.00	20.00
9.612467	2	2.00	2	10.00	20.00
9.714746	2	2.00	2	10.00	20.00
9.720165	2	2.00	2	10.00	20.00
9.786392	2	2.00	2	10.00	20.00
9.804219	2	2.00	2	10.00	20.00
9.853772	2	2.00	2	10.00	20.00
9.864227	2	2.00	2	10.00	20.00
9.873029	2	2.00	2	10.00	20.00
9.879707	2	2.00	2	10.00	20.00
9.89948	2	2.00	2	10.00	20.00
9.914922	2	2.00	2	10.00	20.00
9.934502	2	2.00	2	10.00	20.00
10.01055	2	2.00	2	10.00	20.00
10.05277	2	2.00	2	10.00	20.00
10.06305	2	2.00	2	10.00	20.00
10.13896	2	2.00	2	10.00	20.00
10.15619	2	2.00	2	10.00	20.00
10.15774	2	2.00	2	10.00	20.00
10.15891	2	2.00	2	10.00	20.00
10.16969	2	2.00	2	10.00	20.00
10.17884	2	2.00	2	10.00	20.00
10.18036	2	2.00	2	10.00	20.00
10.19802	2	2.00	2	10.00	20.00
10.22485	2	2.00	2	10.00	20.00
10.28637	2	2.00	2	10.00	20.00
10.28739	2	2.00	2	10.00	20.00
10.30762	2	2.00	2	10.00	20.00
10.32286	2	2.00	2	10.00	20.00
10.34432	2	2.00	2	10.00	20.00
10.35711	2	2.00	2	10.00	20.00
10.38807	2	2.00	2	10.00	20.00
10.39666	2	2.00	2	10.00	20.00
10.43588	2	2.00	2	10.00	20.00
10.4631	2	2.00	2	10.00	20.00
10.47249	2	2.00	2	10.00	20.00
10.47813	2	2.00	2	10.00	20.00
10.51732	2	2.00	2	10.00	20.00
10.52889	2	2.00	2	10.00	20.00
10.55451	2	2.00	2	10.00	20.00
10.56721	2	2.00	2	10.00	20.00
10.57132	2	2.00	2	10.00	20.00
10.59037	2	2.00	2	10.00	20.00
12.1826	2	2.00	2	10.00	20.00
12.21607	2	2.00	2	10.00	20.00
12.25672	2	2.00	2	10.00	20.00
12.26754	2	2.00	2	10.00	20.00
12.47652	2	2.00	2	10.00	20.00
Total	100	100.00	100	500.00	20.00
			(n = 20)		

图 12-9　profit 变量组内、组间及整体的分布频率的分析结果

通过观察图 12-9，可以看出 profit 变量数据的组内、组间及整体的分布频率的结果。

7. 显示各个变量的时间序列

在主界面的 Command 文本框中输入命令：

xtline sale

本命令的含义是显示不同地区的 sale 变量的时间序列图。

输入完命令后，按回车键，得到如图 12-10 所示的分析结果。

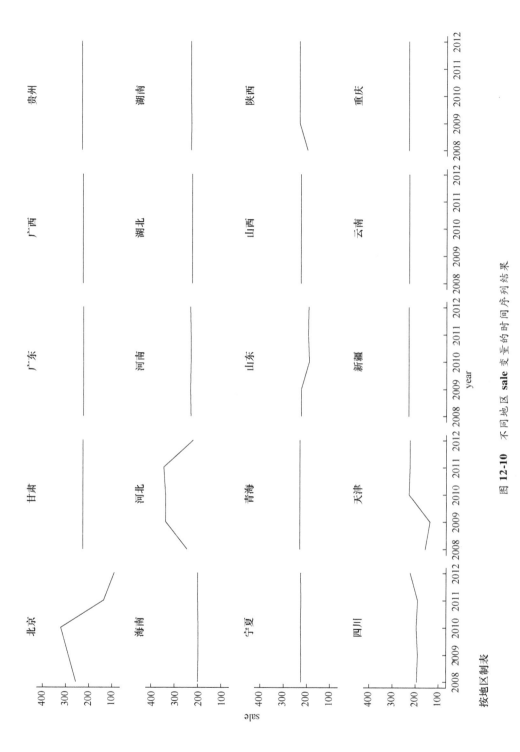

图 12-10 不同地区 sale 变量的时间序列结果

第 12 章 Stata 面板数据分析

通过观察图12-10,可以看出不同地区 sale 变量数据的时间序列图的结果。不同地区的销售收入的时间趋势是不一致的,有的地区变化非常平稳,而有的地区先升后降,有的地区先降后升。

在主界面的 Command 文本框中输入命令:

xtline cost

本命令的含义是显示不同地区 cost 变量的时间序列图。

输入完命令后,按回车键,得到如图 12-11 所示的分析结果。

通过观察图 12-11,可以看出不同地区 cost 变量数据的时间序列图的结果。不同地区的成本的时间趋势是不一致的,有的地区变化非常平稳,而有的地区先升后降,有的地区先降后升。

在主界面的 Command 文本框中输入命令:

xtline profit

本命令的含义是显示不同地区 profit 变量的时间序列图。

输入完命令后,按回车键,得到如图 12-12 所示的分析结果。

通过观察图 12-12,可以看出不同地区 profit 变量数据的时间序列图的结果。不同地区的利润的时间趋势是不一致的,有的地区变化非常平稳,而有的地区先升后降,有的地区先降后升。

8. 对数据进行回归分析

在主界面的 Command 文本框中输入命令:

regress profit sale cost

本命令的含义是以 profit 为因变量,以 sale、cost 为自变量,进行最小二乘回归分析。

输入完命令后,按回车键,得到如图 12-13 所示的分析结果。

通过观察图 12-13 的结果,可以看出共有 100 个样本参与了分析,模型的 F 值 $F(2,97)=89.51$,P 值($Prob > F = 0.0000$),说明该模型整体上是非常显著的。模型的可决系数 $R^2 = 0.6486$,修正的可决系数 $Adj\ R^2 = 0.6413$,说明模型的解释能力也是可以的。

变量 sale 的系数标准误是 0.0014083,t 值为 2.92,P 值为 0.004,系数是非常显著的,95%的置信区间为[0.0013235,0.00691383]。变量 cost 的系数标准误是 0.0755204,t 值为 11.42,P 值为 0.000,系数是非常显著的,95%的置信区间为[0.7129259,1.0127]。常数项的系数标准误是 0.823319,t 值为 -0.61,P 值为 0.547,系数是不显著的,95%的置信区间为[-2.13226,1.135861]。

模型的回归方程是:

$$profit = 0.004186 \times sale + 0.862813 \times cost - 0.4981994$$

从上面的分析可以看出最小二乘线性模型的整体显著性、系数显著性及模型的整体解释能力都不错。得到的结论是该单位利润情况与销售收入和促销费用等都是显著呈正向变化的。

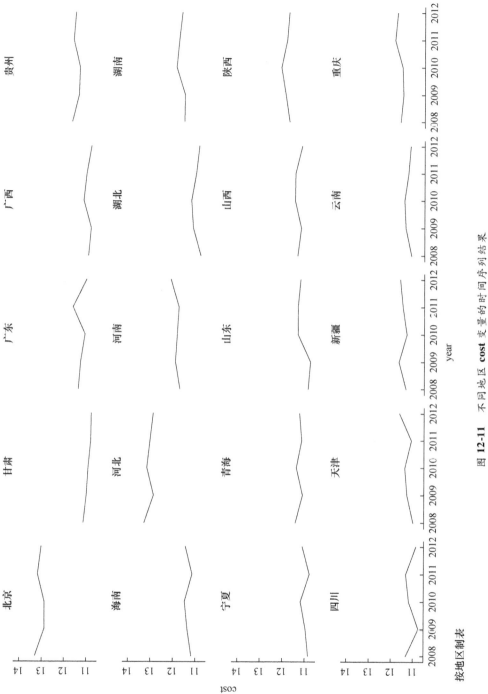

图 12-11 不同地区 cost 变量的时间序列结果

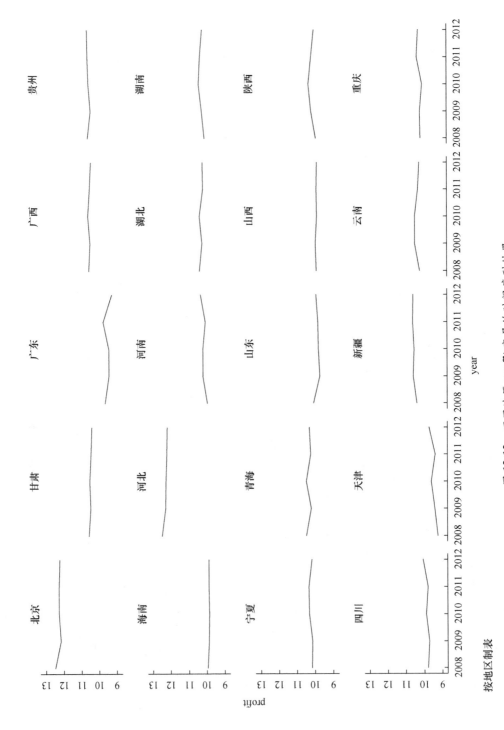

图 12-12 不同地区 profit 变量的时间序列结果

```
      Source |       SS       df       MS              Number of obs =     100
-------------+------------------------------           F(  2,    97) =   89.51
       Model |  33.828923      2  16.9144615           Prob > F      =  0.0000
    Residual |  18.3293904    97   .188962787          R-squared     =  0.6486
-------------+------------------------------           Adj R-squared =  0.6413
       Total |  52.1583134    99   .526851651          Root MSE      =   .4347

      profit |      Coef.   Std. Err.      t    P>|t|     [95% Conf. Interval]
-------------+----------------------------------------------------------------
        sale |   .0041186   .0014083     2.92   0.004     .0013235    .0069138
        cost |    .862813   .0755204    11.42   0.000     .7129259     1.0127
       _cons |  -.4981994    .823319    -0.61   0.547    -2.13226    1.135861
```

图 12-13 对数据进行回归分析的结果

9. 聚类稳健标准差的回归分析

在主界面的 Command 文本框中输入命令：

regress profit sale cost,vce(cluster region)

本命令的含义是以 profit 为因变量，以 sale、cost 为自变量，并使用以"region"为聚类变量的聚类稳健标准差，进行最小二乘回归分析。

输入完命令后，按回车键，得到如图 12-14 所示的分析结果。

```
Linear regression                               Number of obs =     100
                                                F(  2,    19) =   61.30
                                                Prob > F      =  0.0000
                                                R-squared     =  0.6486
                                                Root MSE      =   .4347

                            (Std. Err. adjusted for 20 clusters in region)
-----------------------------------------------------------------------------
             |              Robust
      profit |      Coef.   Std. Err.      t    P>|t|     [95% Conf. Interval]
-------------+---------------------------------------------------------------
        sale |   .0041186   .0027939     1.47   0.157    -.0017291    .0099664
        cost |    .862813   .2199263     3.92   0.001     .402502    1.323124
       _cons |  -.4981994   1.986387    -0.25   0.805    -4.655755   3.659356
```

图 12-14 聚类稳健标准差的回归分析结果

通过观察图 12-14 的结果，可以看出共有 100 个样本参与了分析，模型的 F 值 $F(2,19) = 61.30$，P 值（Prob > F = 0.0000），说明该模型整体上是非常显著的。模型的可决系数 $R^2 = 0.6486$，说明模型的解释能力也是可以的。

变量 sale 的系数标准误是 0.0027939，t 值为 1.47，P 值为 0.157，系数是非常显著的，95% 的置信区间为 [-0.0017291,0.0099664]。变量 cost 的系数标准误是 0.2199263，t 值为 3.92，P 值为 0.001，系数是非常显著的，95% 的置信区间为 [0.402502,1.323124]。常数项的系数稳健标准误是 1.986387，t 值为 -0.25，P 值为 0.805，系数是不显著的，95% 的置信区间为 [-4.655755,3.659356]。

模型的回归方程是：

$$\text{profit} = 0.004186 \times \text{sale} + 0.862813 \times \text{cost} - 0.4981994$$

从上面的分析可以看出最小二乘线性模型的整体显著性、系数显著性及模型的整体解释能力都不错。得到的结论是该单位利润情况与销售收入和促销费用等都是显著正向变化的。

可以看出,使用以"region"为聚类变量的聚类稳健性标准差进行最小二乘回归分析的结果与普通最小二乘回归分析得到的结果类似,但 sale 变量系数的显著性有所下降。

10. 聚类稳健标准差的固定效应回归分析

在主界面的 Command 文本框中输入命令:

xtreg profit sale cost,fe vce(cluster region)

本命令的含义是以 profit 为因变量,以 sale、cost 为自变量,并使用以"region"为聚类变量的聚类稳健标准差,进行固定效应回归分析。

输入完命令后,按回车键,得到如图 12-15 所示的分析结果。

```
Fixed-effects (within) regression              Number of obs      =        100
Group variable: region                         Number of groups   =         20

R-sq:    within  = 0.3637                      Obs per group: min =          5
         between = 0.6619                                     avg =        5.0
         overall = 0.6397                                     max =          5

                                               F(2,19)            =      10.92
corr(u_i, Xb)  = 0.6171                        Prob > F           =     0.0007

                              (Std. Err. adjusted for 20 clusters in region)
                          Robust
      profit      Coef.   Std. Err.       t    P>|t|    [95% Conf. Interval]
        sale    .0008134   .000416     1.96    0.065    -.0000573    .001684
        cost   .3855897   .0985735    3.91    0.001      .179273    .5919063
       _cons   5.725855   1.122047    5.10    0.000     3.377383    8.074326

     sigma_u   .55435378
     sigma_e   .09590366
         rho   .97094045   (fraction of variance due to u_i)
```

图 12-15 聚类稳健标准差的固定效应分析结果

通过观察图 12-15 的结果,可以看出共有 100 个样本(共 20 组,每组 5 个)参与了固定效应回归分析,模型的 F 值 $F(2,19) = 10.92$,P 值(Prob > F = 0.0007),说明该模型整体上是非常显著的。模型组内的 R^2 是 0.3637,说明单位内解释的变化比例是 36.37%。模型组间的 R^2 是 0.6619,说明单位间解释的变化比例是 66.19%。模型总体的 R^2 是 0.6397,说明总的解释的变化比例是 63.97%,模型的解释能力是可以的。观察模型中各个变量系数的显著性 P 值,发现也都是比较显著的。观察图 12-15 的最后一行 rho = 0.97094045,说明复合扰动项的方差主要来自个体效应而不是时间效应的变动,这一点在后面的分析中也可以得到验证。

11. 固定效应回归分析

在主界面的 Command 文本框中输入命令:

xtreg profit sale cost,fe

本命令的含义是以 profit 为因变量,以 sale、cost 为自变量,进行固定效应回归分析。

输入完命令后,按回车键,得到如图 12-16 所示的分析结果。

通过观察图 12-16 的结果,可以看出共有 100 个样本(共 20 组,每组 5 个)参与了固定效应回归分析,模型的 F 值 $F(2,78) = 22.30$,P 值(Prob > F = 0.0000),说明该模型整体上是非常显著的。模型组内的 R^2 是 0.3637,说明单位内解释的变化比例是 36.37%。模型组间的 R^2 是 0.6619,说明单位间解释的变化比例是 66.19%。模型总体的 R^2 是 0.6397,说明总的解释的变化比例是 63.97%,模型的解释能力是可以的。观察模型中各个变量系数的 P 值,发现也

```
Fixed-effects (within) regression              Number of obs      =        100
Group variable: region                         Number of groups   =         20

R-sq:  within  = 0.3637                        Obs per group: min =          5
       between = 0.6619                                       avg =        5.0
       overall = 0.6397                                       max =          5

                                               F(2,78)            =      22.30
corr(u_i, Xb)  = 0.6171                        Prob > F           =     0.0000

------------------------------------------------------------------------------
      profit |      Coef.   Std. Err.      t    P>|t|     [95% Conf. Interval]
-------------+----------------------------------------------------------------
        sale |   .0008134   .0003772     2.16   0.034     .0000625    .0015643
        cost |   .3855897   .0596713     6.46   0.000     .2667932    .5043862
       _cons |   5.725855    .696736     8.22   0.000      4.33876    7.112949
-------------+----------------------------------------------------------------
     sigma_u |  .55435378
     sigma_e |  .09590366
         rho |  .97094045   (fraction of variance due to u_i)
------------------------------------------------------------------------------
F test that all u_i=0:     F(19, 78) =    100.78             Prob > F = 0.0000
```

图 12-16　固定效应回归分析结果

都是比较显著的。

可见本结果相对于使用以"region"为聚类变量的聚类稳健标准差进行固定效应分析的结果,在变量系数显著性上有所提高。此外,在图 12-16 最后一行,可以看到 F 值 $F(19, 78) = 100.78$(Prob > F = 0.0000)显著地拒绝了所有各个样本没有自己的截距项的原假设,所以我们可以初步认为每个个体用于与众不同的截距项,也就是说固定效应模型是在一定程度上优于普通最小二乘回归模型的,这一点也在后面的深入分析中得到了验证。

12. 存储固定效应估计结果

在主界面的 Command 文本框中输入命令:

estimates store fe

本命令的含义是存储固定效应估计结果。

输入完命令后,按回车键,在 Data Edit(Browse)界面可以得到变量_est_fe 的相关数据,如图 12-17 所示。

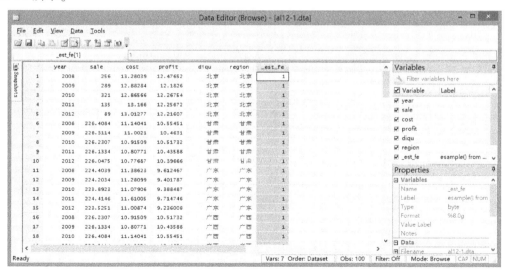

图 12-17　存储固定效应估计结果

13. 固定效应与普通回归分析的比较

在主界面的 Command 文本框中输入命令：

xi: xtreg profit sale cost i.region, vce(cluster region)

本命令的含义是通过构建最小二乘虚拟变量模型来分析固定效应模型是否优于最小二乘回归分析。

输入完命令后，按回车键，可以得到如图 12-18 所示的分析结果。

```
i.region          _Iregion_1-20      (naturally coded; _Iregion_1 omitted)

Random-effects GLS regression              Number of obs      =       100
Group variable: region                     Number of groups   =        20

R-sq:  within  = 0.3637                    Obs per group: min =         5
       between = 1.0000                                   avg =       5.0
       overall = 0.9862                                   max =         5

                                           Wald chi2(2)       =         .
corr(u_i, X)  = 0 (assumed)                Prob > chi2        =         .

                          (Std. Err. adjusted for 20 clusters in region)
```

		Robust				
profit	Coef.	Std. Err.	z	P>|z|	[95% Conf.	Interval]
sale	.0008134	.0004639	1.75	0.080	-.0000958	.0017226
cost	.3855897	.1099256	3.51	0.000	.1701395	.6010398
_Iregion_2	-.9982993	.2328748	-4.29	0.000	-1.454726	-.541873
_Iregion_3	-2.132222	.1948403	-10.94	0.000	-2.514102	-1.750342
_Iregion_4	-.9982993	.2328748	-4.29	0.000	-1.454726	-.541873
_Iregion_5	-1.158279	.1726895	-6.71	0.000	-1.496744	-.8198136
_Iregion_6	-1.715056	.1897156	-9.04	0.000	-2.086892	-1.343221
_Iregion_7	-.0653463	.0372679	-1.75	0.080	-.13839	.0076973
_Iregion_8	-1.725314	.1320758	-13.06	0.000	-1.984178	-1.46645
_Iregion_9	-1.257426	.227647	-5.52	0.000	-1.703606	-.8112463
_Iregion_10	-1.541913	.1551301	-9.94	0.000	-1.845963	-1.237864
_Iregion_11	-1.257426	.227647	-5.52	0.000	-1.703606	-.8112463
_Iregion_12	-1.263272	.197374	-6.40	0.000	-1.650118	-.8764264
_Iregion_13	-1.662056	.2135228	-7.78	0.000	-2.080553	-1.243559
_Iregion_14	-1.736067	.1913307	-9.07	0.000	-2.111068	-1.361065
_Iregion_15	-1.719944	.1315194	-13.08	0.000	-1.977717	-1.462171
_Iregion_16	-1.657931	.2132589	-7.77	0.000	-2.075911	-1.239951
_Iregion_17	-2.10845	.1931195	-10.92	0.000	-2.486957	-1.729942
_Iregion_18	-1.158279	.1726895	-6.71	0.000	-1.496744	-.8198136
_Iregion_19	-1.263272	.197374	-6.40	0.000	-1.650118	-.8764264
_Iregion_20	-1.541913	.1551301	-9.94	0.000	-1.845963	-1.237864
_cons	7.073893	1.422255	4.97	0.000	4.286323	9.861462

```
    sigma_u |          0
    sigma_e |  .09590366
        rho |          0   (fraction of variance due to u_i)
```

图 12-18　固定效应与普通回归分析的比较结果

从图 12-18 可以看出，大多数个体虚拟变量的显著性 P 值都是小于 0.05 的，所以我们可以非常有把握地认为可以拒绝"所有个体的虚拟变量皆为 0"的原假设，也就是说固定效应模型优于普通最小二乘回归模型。

14. 创建年度变量的多个虚拟变量

在主界面的 Command 文本框中输入命令：

tab year,gen(year)

本命令的含义是创建年度变量的多个虚拟变量。

输入完命令后，按回车键，在 Data Edit(Browse) 界面可以得到如图 12-19 所示的 year1—year5 的数据。

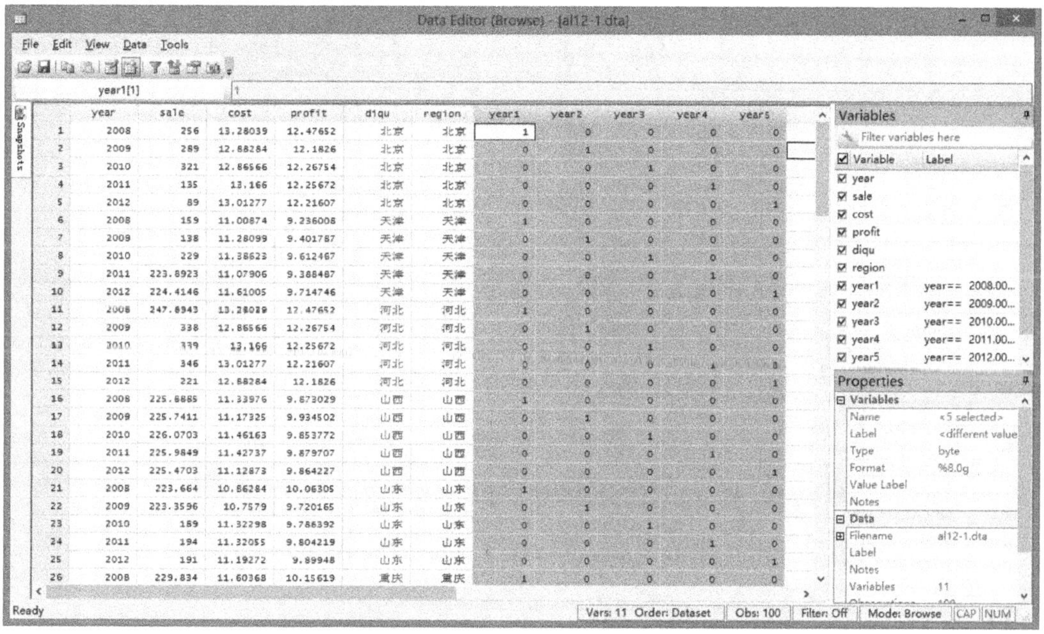

图 12-19 创建 year 变量多个虚拟变量的分析结果

15. 构建双向固定效应模型

在主界面的 Command 文本框中输入命令：

xtreg profit sale cost year2-year5,fe vce(cluster region)

本命令的含义是构建双向固定效应模型检验模型中是否应该包含时间效应。

输入完命令后，单击回车键，可以得到如图 12-20 所示的结果。

从图 12-20 中可以看出，全部 year 虚拟变量的 P 值都是大于 0.05 的，所以我们可以初步认为模型中不应包含时间效应。值得说明的是，在构建双向固定效应模型时并没有把 year1 列入进去，这是因为 year1 被视为基期，也就是模型中的常数项。

16. 检验双向固定效应模型是否纳入时间效应

在主界面的 Command 文本框中输入命令：

test year2 year3 year4 year5

本命令的含义是在上步回归的基础上，通过测试各虚拟变量的系数联合显著性来检验是否应该在模型中纳入时间效应。

输入完命令后，按回车键，可得到如图 12-20 所示的结果。

```
Fixed-effects (within) regression              Number of obs      =       100
Group variable: region                         Number of groups   =        20

R-sq:  within  = 0.3714                        Obs per group: min =         5
       between = 0.6628                                       avg =       5.0
       overall = 0.6397                                       max =         5

                                               F(6,19)            =      6.27
corr(u_i, Xb)  = 0.6203                        Prob > F           =    0.0009

                              (Std. Err. adjusted for 20 clusters in region)
```

		Robust				
profit	Coef.	Std. Err.	t	P>|t|	[95% Conf.	Interval]
sale	.000841	.0004133	2.04	0.056	-.000024	.001706
cost	.3796737	.1023562	3.71	0.001	.1654398	.5939076
year2	-.0227204	.0365359	-0.62	0.541	-.099191	.0537502
year3	-.0020958	.0370119	-0.06	0.955	-.0795625	.075371
year4	-.013553	.035162	-0.39	0.704	-.0871479	.0600418
year5	.0018696	.0390425	0.05	0.962	-.0798473	.0835864
_cons	5.794876	1.163568	4.98	0.000	3.3595	8.230251

```
sigma_u  | .55623368
sigma_e  | .09786431
rho      | .96997422   (fraction of variance due to u_i)
```

图 12-20 检验双向固定效应模型是否包含时间效应的分析结果

输入完命令后,按回车键,可以得到如图 12-21 所示的结果。

```
. test year2 year3 year4 year5

 (1)  year2 = 0
 (2)  year3 = 0
 (3)  year4 = 0
 (4)  year5 = 0

       F(4,19) =    0.30
       Prob > F =  0.8774
```

图 12-21 检验双向固定效应模型是否纳入时间效应的分析结果

从图 12-21 中可以看出,各个变量系数的联合显著性是非常差的,接受没有时间效应的原假设,所以我们进一步验证了该模型中没有包含时间效应项的结论。

17. 稳健标准差的随机效应模型

在主界面的 Command 文本框中输入命令:

xtreg profit sale cost,re vce(cluster region)

本命令的含义是以 profit 为因变量,以 sale、cost 为自变量,并使用"region"为聚类变量的聚类稳健标准差,进行随机效应回归分析。

输入完命令后,按回车键,可以得到如图 12-22 所示的结果。

```
Random-effects GLS regression              Number of obs      =        100
Group variable: region                     Number of groups   =         20

R-sq:  within  = 0.3637                    Obs per group: min =          5
       between = 0.6615                                   avg =        5.0
       overall = 0.6394                                   max =          5

                                           Wald chi2(2)       =      57.98
corr(u_i, X)   = 0 (assumed)               Prob > chi2        =     0.0000

                          (Std. Err. adjusted for 20 clusters in region)
                          Robust
      profit |    Coef.   Std. Err.      z    P>|z|    [95% Conf. Interval]
        sale |  .000941   .0004111     2.29   0.022    .0001354   .0017467
        cost | .4552322   .1038988     4.38   0.000    .2515942   .6588701
       _cons | 4.897379   1.115396     4.39   0.000    2.711243   7.083515

     sigma_u | .42131364
     sigma_e | .09590366
         rho | .95073713   (fraction of variance due to u_i)
```

图 12-22 稳健标准差的随机效应模型分析结果

从图 12-22 中可以看出,随机效应回归分析的结果与固定效应回归分析的结果大同小异,只是部分变量的显著性水平得到了进一步的提高。

18. 检验双向固定效应模型是否优于普通最小二乘回归

在主界面的 Command 文本框中输入命令:

xttest0

本命令的含义是在上步回归的基础上,进行假设检验来判断随机效应模型是否优于普通最小二乘回归。

输入完命令后,按回车键,可以得到如图 12-23 所示的结果。

```
Breusch and Pagan Lagrangian multiplier test for random effects

      profit[region,t] = Xb + u[region] + e[region,t]

      Estimated results:
                    |     Var        sd = sqrt(Var)
             profit |  .5268517         .7258455
                  e |  .0091975         .0959037
                  u |  .1775052         .4213136

      Test:  Var(u) = 0
                          chibar2(01) =    150.97
                          Prob > chibar2 =  0.0000
```

图 12-23 检验双向固定效应模型是否优于普通最小二乘回归的分析结果

从图 12-23 中可以看出,假设检验非常显著地拒绝了不存在个体随机效应的原假设,也就是说,随机效应模型是在一定程度上优于普通最小二乘回归分析模型的。

19. 最大似然估计法的随机效应回归分析模型

在主界面的 Command 文本框中输入命令:

xtreg profit sale cost,mle

本命令的含义是以 profit 为因变量,以 sale、cost 为自变量,并使用最大似然估计法,进行随机效应回归分析。

输入完命令后,按回车键,可以得到如图 12-24 示的结果。

```
Fitting constant-only model:
Iteration 0:    log likelihood = -.34409155
Iteration 1:    log likelihood =  17.020843
Iteration 2:    log likelihood =  18.904008
Iteration 3:    log likelihood =  19.202858
Iteration 4:    log likelihood =  19.218547
Iteration 5:    log likelihood =  19.218613

Fitting full model:
Iteration 0:    log likelihood =  7.9773037
Iteration 1:    log likelihood =  19.164908
Iteration 2:    log likelihood =  38.281199
Iteration 3:    log likelihood =   42.70826
Iteration 4:    log likelihood =  43.214387
Iteration 5:    log likelihood =  43.225571
Iteration 6:    log likelihood =  43.225578

Random-effects ML regression              Number of obs      =       100
Group variable: region                    Number of groups   =        20

Random effects u_i ~ Gaussian             Obs per group: min =         5
                                                         avg =       5.0
                                                         max =         5

                                          LR chi2(2)         =     48.01
Log likelihood  =  43.225578              Prob > chi2        =    0.0000
```

profit	Coef.	Std. Err.	z	P>|z|	[95% Conf. Interval]	
sale	.0008985	.000374	2.40	0.016	.0001655	.0016315
cost	.4326386	.0588545	7.35	0.000	.317286	.5479913
_cons	5.166409	.6975167	7.41	0.000	3.799301	6.533516
/sigma_u	.5208324	.0855846			.3774212	.7187365
/sigma_e	.095091	.007579			.0813385	.1111686
rho	.9677417	.0115572			.9376186	.9846948

Likelihood-ratio test of sigma_u=0: chibar2(01)= 200.57 Prob>=chibar2 = 0.000

图 12-24 最大似然估计法的随机效应回归分析结果

从图 12-24 中可以看出,使用最大似然估计法的随机效应回归分析的结果与使用以"region"为聚类变量的聚类稳健标准差的随机效应回归分析的结果大同小异,只是部分变量的显著性水平得到了进一步的提高。

20. 组间估计量回归分析

在主界面的 Command 文本框中输入命令:

xtreg profit sale cost,be

本命令的含义是以 profit 为因变量,以 sale、cost 为自变量,并使用组间估计量,进行组间估计量回归分析。

输入完命令后,按回车键,可以得到如图 12-25 示的结果。

```
Between regression (regression on group means)   Number of obs      =       100
Group variable: region                           Number of groups   =        20

R-sq:   within  = 0.1532                         Obs per group: min =         5
        between = 0.7013                                        avg =       5.0
        overall = 0.5968                                        max =         5

                                                 F(2,17)            =     19.95
sd(u_i + avg(e_i.))=   .4234911                  Prob > F           =    0.0000
```

profit	Coef.	Std. Err.	t	P>|t|	[95% Conf. Interval]	
sale	.0104226	.0056309	1.85	0.082	-.0014576	.0223028
cost	.7736021	.1950808	3.97	0.001	.3620176	1.185187
_cons	-.8923599	1.857947	-0.48	0.637	-4.812285	3.027565

图 12-25　组间估计量回归分析的结果

从图 12-25 中可以看出,使用组间估计量进行回归分析的结果较固定效应模型、随机效应模型在解释能力及变量系数的显著性上都有所降低。

21. 拓展应用——固定效应模型还是随机效应模型的选择(豪斯曼检验)

在前面的分析中,我们使用各种分析方法对本节涉及的实例进行了详细分析。大家可能会对这么众多的分析方法感到眼花缭乱,那么我们如何来选择合适的分析方法构造模型呢?答案当然是具体问题具体分析,但是我们也有统计方法和统计经验作为决策参考。例如在例 12-1 中,已经验证了固定效应模型和随机效应模型都要好于普通最小二乘回归模型。而对于组间估计量模型来说,它通常用于数据质量不好的时候,而且会损失较多的信息,所以很多时候我们仅仅将其作为一种对照的估计方法,那么剩下的问题就是选择固定效应模型还是随机效应模型的问题。在前面的基础上,操作命令如下。

在主界面的 Command 文本框中输入命令:

xtreg profit sale cost,re

本命令的含义是以 profit 为因变量,以 sale、cost 为自变量,进行随机效应回归分析。

输入完命令后,按回车键,可以得到如图 12-26 所示的结果。

```
Random-effects GLS regression              Number of obs      =        100
Group variable: region                     Number of groups   =         20

R-sq:    within  = 0.3637                  Obs per group: min =          5
         between = 0.6615                                 avg =        5.0
         overall = 0.6394                                 max =          5

                                           Wald chi2(2)       =      62.84
corr(u_i, X)   = 0 (assumed)               Prob > chi2        =     0.0000

------------------------------------------------------------------------------
      profit |      Coef.   Std. Err.      z    P>|z|     [95% Conf. Interval]
-------------+----------------------------------------------------------------
        sale |   .000941   .0003979     2.37   0.018     .0001612    .0017209
        cost |  .4552322   .0592611     7.68   0.000     .3390826    .5713817
       _cons |  4.897379   .6983754     7.01   0.000     3.528588    6.266169
-------------+----------------------------------------------------------------
     sigma_u |  .42131364
     sigma_e |  .09590366
         rho |  .95073713   (fraction of variance due to u_i)
------------------------------------------------------------------------------
```

图 12-26 随机效应回归分析结果

对该回归分析结果的详细解读我们在前面已多次介绍,这里不再赘述。

在主界面的 Command 文本框中输入命令:

estimates store re

本命令的含义是存储随机效应估计结果。

输入完命令后,按回车键,在 Data Edit(Browse)界面可以得到变量_est_re 的相关数据,如图 12-27 所示的分析结果。

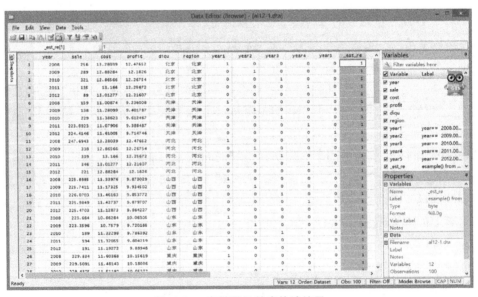

图 12-27 存储随机效应估计结果

在主界面的 Command 文本框中输入命令：
hausman fe re,constant sigmamore

本命令的含义是进行豪斯曼检验,并据此判断应该选择固定效应模型还是随机效应模型。

输入完命令后,按回车键,可以得到如图 12-28 所示的分析结果。

```
. hausman fe re,constant sigmamore

             ---- Coefficients ----
              (b)          (B)         (b-B)       sqrt(diag(V_b-V_B))
              fe           re          Difference        S.E.

     sale    .0008134     .000941     -.0001277        .000038
     cost    .3855897     .4552322    -.0696425        .0220623
    _cons    5.725855     4.897379     .8284759        .2396264

            b = consistent under Ho and Ha; obtained from xtreg
 B = inconsistent under Ha, efficient under Ho; obtained from xtreg

    Test:  Ho:  difference in coefficients not systematic

           chi2(3) = (b-B)'[(V_b-V_B)^(-1)](b-B)
                   =       12.40
         Prob>chi2 =      0.0061
         (V_b-V_B is not positive definite)
```

图 12-28 豪斯曼检验的结果

从图 12-28 中可以看出,豪斯曼检验的原假设是使用随机效应模型,P 值(Prob > x^2 = 0.0061)远低于 5%,所以我们拒绝原假设,认为使用固定效应模型是更为合理的。

综上所述,我们应构建固定效应模型来描述变量之间的回归关系。

12.3 长面板数据分析的基本应用

长面板数据也是面板数据中的一种,其主要特征是时间维度相对较大而横截面维度比较小,或者说,同一时期内被观测的期间较多而被观测的个体数量较少。长面板数据分析相对而言更加关注设定扰动项相关的具体方式,一般使用可行广义最小二乘方法进行估计。这又分两种情形:一种是仅解决组内自相关的可行广义最小二乘估计;另一种是同时处理组内自相关与组间同期相关的可行广义最小二乘估计。下面以实例来说明。

例 12-2 B 公司是一家保险公司,经营范围遍布全国 10 个省市,各省市连锁店 2001—2010 年的相关经营数据包括保费收入、赔偿支出和利润等,如表 12-2 所示。试用多种长面板数据回归分析方法深入研究保费收入、赔偿支出对利润的影响关系。

表 12-2　B 公司保费收入、赔偿支出和利润等数据（2001—2010）

年份	保费收入/万元	赔偿支出/万元	利润/万元	地区
2001	259.587	58.56	26.211	北京
2002	261.083	52.23	21.039	北京
2003	259.296	44.81	20.201	北京
2004	257.546	39.35	19.536	北京
2005	255.723	38.68	21.268	北京
2006	29.865	9.50	1.903	北京
…	…	…	…	…
2005	23.154	6.04	1.026	浙江
2006	30.892	6.89	3.835	浙江
2007	30.594	6.00	3.500	浙江
2008	30.348	5.50	3.695	浙江
2009	30.054	4.94	3.406	浙江
2010	29.797	4.79	3.275	浙江

使用 Stata 12.0 打开在目录"E:\stata12\zsq\chap12"中的"al12-2.dta"数据文件，命令如下：
use "E:\stata12\zsq\chap12\al12-2.dta", clear
browse

数据如图 12-29 所示。

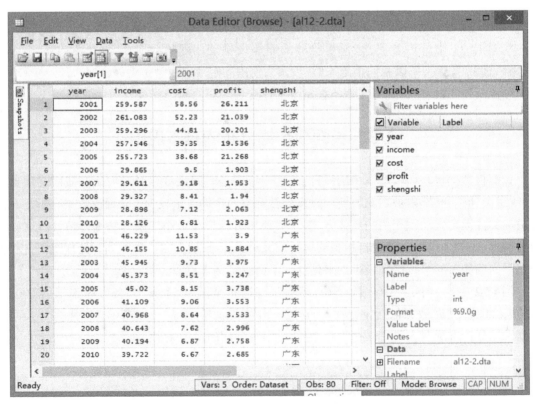

图 12-29　例 12-2 涉及的数据

1. 对数据进行展示

在主界面的 Command 文本框中输入命令：

list year income cost profit

本命令的含义是对 4 个变量所包含的样本数据进行一一展示，以便直观地观测出数据的具体特征，为深入分析作准备。

输入完命令后，按回车键，得到如图 12-30 所示的分析结果。

	year	income	cost	profit		year	income	cost	profit
1.	2001	259.587	58.56	26.211	41.	2001	25.308	11.02	1.656
2.	2002	261.083	52.23	21.039	42.	2002	25.281	8.81	1.495
3.	2003	259.296	44.81	20.201	43.	2003	24.779	7.93	1.211
4.	2004	257.546	39.35	19.536	44.	2004	24.02	6.48	1.195
5.	2005	255.723	38.68	21.268	45.	2005	23.154	6.04	1.026
6.	2006	29.865	9.5	1.903	46.	2006	30.892	6.89	3.835
7.	2007	29.611	9.18	1.953	47.	2007	30.594	6	3.5
8.	2008	29.327	8.41	1.94	48.	2008	30.348	5.5	3.695
9.	2009	28.898	7.12	2.063	49.	2009	30.054	4.94	3.406
10.	2010	28.126	6.81	1.923	50.	2010	29.797	4.79	3.275
11.	2001	46.229	11.53	3.9	51.	2001	259.587	58.56	26.211
12.	2002	46.155	10.85	3.884	52.	2002	261.083	52.23	21.039
13.	2003	45.945	9.73	3.975	53.	2003	259.296	44.81	20.201
14.	2004	45.373	8.51	3.247	54.	2004	257.546	39.35	19.536
15.	2005	45.02	8.15	3.738	55.	2005	255.723	38.68	21.268
16.	2006	41.109	9.06	3.553	56.	2006	29.865	9.5	1.903
17.	2007	40.968	8.64	3.533	57.	2007	29.611	9.18	1.953
18.	2008	40.643	7.62	2.996	58.	2008	29.327	8.41	1.94
19.	2009	40.194	6.87	2.758	59.	2009	28.898	7.12	2.063
20.	2010	39.722	6.67	2.685	60.	2010	28.126	6.81	1.923
21.	2001	44.038	14.15	3.148	61.	2001	24.495	8.27	1.779
22.	2002	44.017	12.49	2.933	62.	2002	24.408	8.25	1.811
23.	2003	43.513	10.95	2.575	63.	2003	24.083	7.26	1.992
24.	2004	42.88	9.99	2.322	64.	2004	23.478	5.22	2.346
25.	2005	42.122	9.69	2.638	65.	2005	22.774	4.7	1.665
26.	2006	52.523	17.85	2.936	66.	2006	26.116	7.18	3.042
27.	2007	51.976	14.67	2.582	67.	2007	26.102	6.67	2.634
28.	2008	51.144	13.62	2.579	68.	2008	25.75	5.8	2.531
29.	2009	50.047	12.53	2.226	69.	2009	25.464	5.09	2.61
30.	2010	48.943	12.05	2.023	70.	2010	25.203	4.8	3.108
31.	2001	24.495	8.27	1.779	71.	2001	25.308	11.02	1.656
32.	2002	24.408	8.25	1.811	72.	2002	25.281	8.81	1.495
33.	2003	24.083	7.26	1.992	73.	2003	24.779	7.93	1.211
34.	2004	23.478	5.22	2.346	74.	2004	24.02	6.48	1.195
35.	2005	22.774	4.7	1.665	75.	2005	23.154	6.04	1.026
36.	2006	26.116	7.18	3.042	76.	2006	30.892	6.89	3.835
37.	2007	26.102	6.67	2.634	77.	2007	30.594	6	3.5
38.	2008	25.75	5.8	2.531	78.	2008	30.348	5.5	3.695
39.	2009	25.464	5.09	2.61	79.	2009	30.054	4.94	3.406
40.	2010	25.203	4.8	3.108	80.	2010	29.797	4.79	3.275

图 12-30 对数据进行展示的分析结果

通过观察图12-30的结果可以看到,数据的总体质量是好的,没有极端异常值,变量之间的量纲差距也是可以的,可进入下一步分析。

2. 将字符串变量转化为数值型变量

在主界面的Command文本框中输入命令:

encode shengshi,gen(region)

面板数据要求其中的个体变量取值必须为整数,而且不允许有重复,所以需要对各个观测样本进行有序编号,本命令的含义是将shengshi这一字符串变量转化为数值型变量,以便进行下一步操作。

输入完命令后,按回车键,在Data Edit(Browse)窗口可以得到如图12-31所示的分析结果。

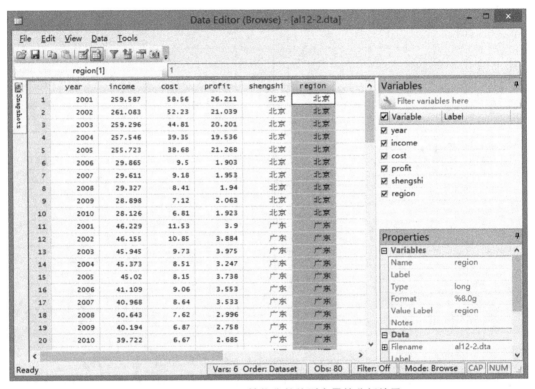

图12-31 将shengshi转化为数值型变量的分析结果

通过观察图12-31的结果,可以看出region变量的相关数据。

3. 对面板数据进行定义

在主界面的Command文本框中输入命令:

xtset region year

本命令的含义是对面板数据进行定义,其中横截面维度变量为上步生成的region,时间序列变量为year。

输入完命令后,按回车键,得到如图12-32所示的分析结果。

```
. xtset region year
       panel variable:   region (strongly balanced)
        time variable:   year, 2001 to 2010
               delta:    1 unit
```

图 12-32　对面板数据进行定义的分析结果

通过观察图 12-32,可以看出对面板数据进行定义的结果,其中横截面维度变量为上步生成的 region,时间序列变量为 year,可以看出这是一个平衡的面板数据。

4．观测面板数据特征

在主界面的 Command 文本框中输入命令：

xtdes

本命令的含义是观测面板数据结构,考察面板数据特征,为后续分析作准备。

输入完命令后,按回车键,得到如图 12-33 所示的分析结果。

```
region:  1, 2, ..., 8                                    n =          8
  year:  2001, 2002, ..., 2010                           T =         10
         Delta(year) = 1 unit
         Span(year)  = 10 periods
         (region*year uniquely identifies each observation)

Distribution of T_i:   min      5%     25%     50%     75%     95%     max
                        10      10      10      10      10      10      10

     Freq.  Percent    Cum.  |  Pattern
        8    100.00  100.00  |  1111111111
        8    100.00          |  XXXXXXXXXX
```

图 12-33　观测面板数据特征的分析结果

通过观察图 12-33,可以看出面板数据结构的结果,其中横截面维度 region 从 1 到 8 共 8 个取值,时间序列维度 year 从 2001—2010 共 10 个取值,属于长面板数据,而且观测在时间上的分布也非常均匀。

5．面板数据组内、组间以及整体的统计指标

在主界面的 Command 文本框中输入命令：

xtsum

本命令的含义是显示面板数据组内、组间以及整体的统计指标。

输入完命令后,按回车键,得到如图 12-34 所示的分析结果。

Variable		Mean	Std. Dev.	Min	Max	Observations	
year	overall	2005.5	2.890403	2001	2010	N =	80
	between		0	2005.5	2005.5	n =	8
	within		2.890403	2001	2010	T =	10
income	overall	60.31106	75.89957	22.774	261.083	N =	80
	between		52.28008	24.7873	143.9062	n =	8
	within		57.78336	-55.46914	177.4879	T =	10
cost	overall	12.8525	13.41096	4.7	58.56	N =	80
	between		9.26838	6.324	27.465	n =	8
	within		10.18515	-7.8025	43.9475	T =	10
profit	overall	4.899112	6.471817	1.026	26.211	N =	80
	between		4.27608	2.3518	11.8037	n =	8
	within		5.067804	-5.001587	19.30641	T =	10
shengshi	overall	.	.	.	.	N =	0
	between		.	.	.	n =	0
	within		.	.	.	T =	.
region	overall	4.5	2.305744	1	8	N =	80
	between		2.44949	1	8	n =	8
	within		0	4.5	4.5	T =	10

图 12-34 面板数据组内、组间以及整体的统计指标的分析结果

通过观察图 12-34，可以看出面板数据组内、组间以及整体的统计指标的结果。在长面板数据中，同一时间段内的不同观测样本构成一个组。从图 12-34 可以看出，变量 year 的组间标准差是 0，因为不同组的这一变量取值完全相同，同时变量 region 的组内标准差也是 0，因为分布在同一组的数据属于同一个地区。

6. 显示各个变量数据的组内、组间以及整体的分布频率

在主界面的 Command 文本框中输入命令：

xttab income

本命令的含义是显示 income 组内、组间以及整体的分布频率。

输入完命令后，按回车键，得到如图 12-35 所示的分析结果。

income	Overall Freq.	Percent	Between Freq.	Percent	Within Percent
22.774	2	2.50	2	25.00	10.00
23.154	2	2.50	2	25.00	10.00
23.478	2	2.50	2	25.00	10.00
24.02	2	2.50	2	25.00	10.00
24.083	2	2.50	2	25.00	10.00
24.408	2	2.50	2	25.00	10.00
24.495	2	2.50	2	25.00	10.00
24.779	2	2.50	2	25.00	10.00
25.203	2	2.50	2	25.00	10.00
25.281	2	2.50	2	25.00	10.00
25.308	2	2.50	2	25.00	10.00
25.464	2	2.50	2	25.00	10.00
25.75	2	2.50	2	25.00	10.00
26.102	2	2.50	2	25.00	10.00
26.116	2	2.50	2	25.00	10.00
28.126	2	2.50	2	25.00	10.00
28.898	2	2.50	2	25.00	10.00
29.327	2	2.50	2	25.00	10.00
29.611	2	2.50	2	25.00	10.00
29.797	2	2.50	2	25.00	10.00
29.865	2	2.50	2	25.00	10.00
30.054	2	2.50	2	25.00	10.00
30.054	2	2.50	2	25.00	10.00
30.348	2	2.50	2	25.00	10.00
30.594	2	2.50	2	25.00	10.00
30.892	2	2.50	2	25.00	10.00
39.722	1	1.25	1	12.50	10.00
40.194	1	1.25	1	12.50	10.00
40.643	1	1.25	1	12.50	10.00
40.968	1	1.25	1	12.50	10.00
41.109	1	1.25	1	12.50	10.00
42.122	1	1.25	1	12.50	10.00
42.88	1	1.25	1	12.50	10.00
43.513	1	1.25	1	12.50	10.00
44.017	1	1.25	1	12.50	10.00
44.038	1	1.25	1	12.50	10.00
45.02	1	1.25	1	12.50	10.00
45.373	1	1.25	1	12.50	10.00
45.945	1	1.25	1	12.50	10.00
46.155	1	1.25	1	12.50	10.00
46.229	1	1.25	1	12.50	10.00
48.943	1	1.25	1	12.50	10.00
50.047	1	1.25	1	12.50	10.00
51.144	1	1.25	1	12.50	10.00
51.976	1	1.25	1	12.50	10.00
52.523	1	1.25	1	12.50	10.00
255.723	2	2.50	2	25.00	10.00
257.546	2	2.50	2	25.00	10.00
259.296	2	2.50	2	25.00	10.00
259.587	2	2.50	2	25.00	10.00
261.083	2	2.50	2	25.00	10.00
Total	80	100.00	80	1000.00	10.00
			(n = 8)		

图 12-35 income 变量数据的组内、组间以及整体的分布频率的分析结果

通过观察图 12-35,可以看出 income 变量数据的组内、组间以及整体的分布频率的结果。
在主界面的 Command 文本框中输入命令:

xttab cost

本命令的含义是显示 cost 组内、组间以及整体的分布频率。

输入完命令后,按回车键,得到如图 12-36 所示的分析结果。

cost	Overall Freq.	Percent	Between Freq.	Percent	Within Percent
4.7	2	2.50	2	25.00	10.00
4.79	2	2.50	2	25.00	10.00
4.8	2	2.50	2	25.00	10.00
4.94	2	2.50	2	25.00	10.00
5.09	2	2.50	2	25.00	10.00
5.22	2	2.50	2	25.00	10.00
5.5	2	2.50	2	25.00	10.00
5.8	2	2.50	2	25.00	10.00
6	2	2.50	2	25.00	10.00
6.04	2	2.50	2	25.00	10.00
6.48	2	2.50	2	25.00	10.00
6.67	3	3.75	3	37.50	10.00
6.81	2	2.50	2	25.00	10.00
6.87	1	1.25	1	12.50	10.00
6.89	2	2.50	2	25.00	10.00
7.12	2	2.50	2	25.00	10.00
7.18	2	2.50	2	25.00	10.00
7.26	2	2.50	2	25.00	10.00
7.62	1	1.25	1	12.50	10.00
7.93	2	2.50	2	25.00	10.00
8.15	1	1.25	1	12.50	10.00
8.25	2	2.50	2	25.00	10.00
8.27	2	2.50	2	25.00	10.00
8.41	2	2.50	2	25.00	10.00
8.51	1	1.25	1	12.50	10.00
8.64	1	1.25	1	12.50	10.00
8.81	2	2.50	2	25.00	10.00
9.06	1	1.25	1	12.50	10.00
9.18	2	2.50	2	25.00	10.00
9.5	2	2.50	2	25.00	10.00
9.69	1	1.25	1	12.50	10.00
9.73	1	1.25	1	12.50	10.00
9.99	1	1.25	1	12.50	10.00
10.85	1	1.25	1	12.50	10.00
10.95	1	1.25	1	12.50	10.00
11.02	2	2.50	2	25.00	10.00
11.53	1	1.25	1	12.50	10.00
12.05	1	1.25	1	12.50	10.00
12.49	1	1.25	1	12.50	10.00
12.53	1	1.25	1	12.50	10.00
13.62	1	1.25	1	12.50	10.00
14.15	1	1.25	1	12.50	10.00
14.67	1	1.25	1	12.50	10.00
17.85	1	1.25	1	12.50	10.00
38.68	2	2.50	2	25.00	10.00
39.35	2	2.50	2	25.00	10.00
44.81	2	2.50	2	25.00	10.00
52.23	2	2.50	2	25.00	10.00
58.56	2	2.50	2	25.00	10.00
Total	80	100.00	80 (n = 8)	1000.00	10.00

图 12-36 cost 变量数据的组内、组间以及整体的分布频率的分析结果

通过观察图 12-36，可以看出 cost 变量数据的组内、组间以及整体的分布频率的结果。在主界面的 Command 文本框中输入命令：

xttab profit

本命令的含义是显示 profit 组内、组间以及整体的分布频率。

输入完命令后，按回车键，得到如图 12-37 所示的分析结果。

profit	Overall Freq.	Percent	Between Freq.	Percent	Within Percent
1.026	2	2.50	2	25.00	10.00
1.195	2	2.50	2	25.00	10.00
1.211	2	2.50	2	25.00	10.00
1.495	2	2.50	2	25.00	10.00
1.656	2	2.50	2	25.00	10.00
1.665	2	2.50	2	25.00	10.00
1.779	2	2.50	2	25.00	10.00
1.811	2	2.50	2	25.00	10.00
1.903	2	2.50	2	25.00	10.00
1.923	2	2.50	2	25.00	10.00
1.94	2	2.50	2	25.00	10.00
1.953	2	2.50	2	25.00	10.00
1.992	2	2.50	2	25.00	10.00
2.023	1	1.25	1	12.50	10.00
2.063	2	2.50	2	25.00	10.00
2.226	1	1.25	1	12.50	10.00
2.322	1	1.25	1	12.50	10.00
2.346	2	2.50	2	25.00	10.00
2.531	2	2.50	2	25.00	10.00
2.575	1	1.25	1	12.50	10.00
2.579	1	1.25	1	12.50	10.00
2.582	1	1.25	1	12.50	10.00
2.61	2	2.50	2	25.00	10.00
2.634	2	2.50	2	25.00	10.00
2.638	1	1.25	1	12.50	10.00
2.685	1	1.25	1	12.50	10.00
2.758	1	1.25	1	12.50	10.00
2.933	1	1.25	1	12.50	10.00
2.936	1	1.25	1	12.50	10.00
2.996	1	1.25	1	12.50	10.00
3.042	2	2.50	2	25.00	10.00
3.108	2	2.50	2	25.00	10.00
3.148	1	1.25	1	12.50	10.00
3.247	1	1.25	1	12.50	10.00
3.275	2	2.50	2	25.00	10.00
3.406	2	2.50	2	25.00	10.00
3.5	2	2.50	2	25.00	10.00
3.533	1	1.25	1	12.50	10.00
3.553	1	1.25	1	12.50	10.00
3.695	2	2.50	2	25.00	10.00
3.738	1	1.25	1	12.50	10.00
3.835	2	2.50	2	25.00	10.00
3.884	1	1.25	1	12.50	10.00
3.9	1	1.25	1	12.50	10.00
3.975	1	1.25	1	12.50	10.00
19.536	2	2.50	2	25.00	10.00
20.201	2	2.50	2	25.00	10.00
21.039	2	2.50	2	25.00	10.00
21.268	2	2.50	2	25.00	10.00
26.211	2	2.50	2	25.00	10.00
Total	80	100.00	80 (n = 8)	1000.00	10.00

图 12-37 profit 变量数据的组内、组间以及整体的分布频率的分析结果

通过观察图12-37,可以看出profit变量数据的组内、组间以及整体的分布频率的结果。

7．显示各个变量的时间序列图

在主界面的Command文本框中输入命令：

xtline income

本命令的含义是对各个个体显示income变量的时间序列图。

输入完命令后,按回车键,得到如图12-38所示的分析结果。

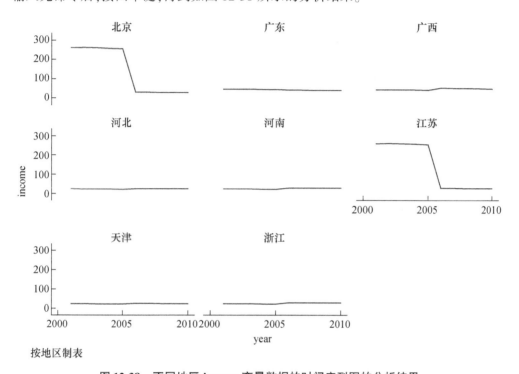

图 12-38　不同地区 income 变量数据的时间序列图的分析结果

通过观察图12-38,可以看出不同地区income变量数据的时间序列图的结果。不同地区的保费收入的时间趋势是不一致的,有的地区变化一直非常平稳,而有的地区先平稳再下降,后平稳。

在主界面的Command文本框中输入命令：

xtline cost

本命令的含义是对各个个体显示cost变量的时间序列图。

输入完命令后,按回车键,得到如图12-39所示的分析结果。

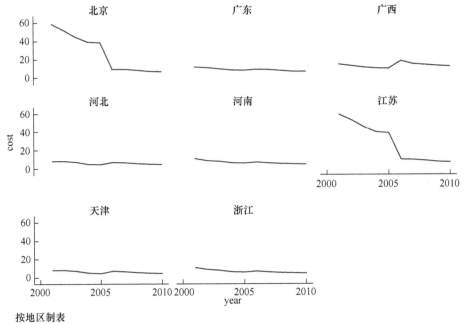

按地区制表

图 12-39　不同地区 cost 变量数据的时间序列图的分析结果

通过观察图 12-39，可以看出不同地区 cost 变量数据的时间序列图的结果。不同地区的成本的时间趋势是不一致的，有的地区变化一直非常平稳，而有的地区先平稳再下降，后平稳。

在主界面的 Command 文本框中输入命令：

xtline profit

本命令的含义是对各个个体显示 profit 变量的时间序列图。

输入完命令后，按回车键，得到如图 12-40 所示的分析结果。

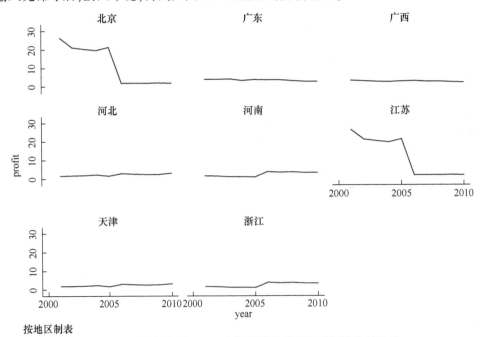

按地区制表

图 12-40　不同地区 profit 变量数据的时间序列图的分析结果

通过观察图 12-40,可以看出不同地区 profit 变量数据的时间序列图的结果。不同地区的利润的时间趋势是不一致的,有的地区变化一直非常平稳,而有的地区先平稳再下降,后平稳。

8. 创建省市变量的多个虚拟变量

在主界面的 Command 文本框中输入命令:

tab region,gen(region)

本命令的含义是创建省市变量的多个虚拟变量。

输入完命令后,按回车键,在 Data Edit(Browse)界面可以得到如图 12-41 所示 region1—region8 的数据。

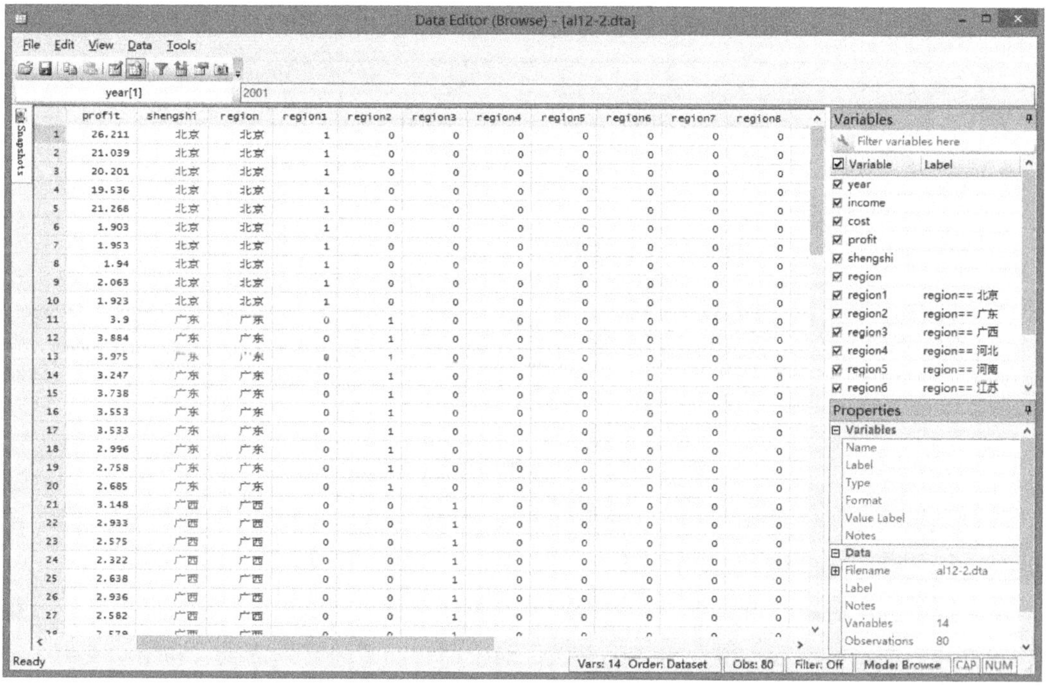

图 12-41　region1—region8 数据的分析结果

9. 对数据进行回归分析

在主界面的 Command 文本框中输入命令:

regress profit income cost region2-region8 year,vce(cluster region)

本命令的含义是以 profit 为因变量,以 income、cost 以及各个地区虚拟变量为自变量,并使用以"region"为聚类变量的聚类稳健标准差,进行最小二乘回归分析。

输入完命令后,按回车键,得到如图 12-42 所示的分析结果。

```
Linear regression                              Number of obs =       80
                                               F(  2,     7) =        .
                                               Prob > F      =        .
                                               R-squared     =   0.9845
                                               Root MSE      =   .86123
```

(Std. Err. adjusted for 8 clusters in region)

profit	Coef.	Robust Std. Err.	t	P>|t|	[95% Conf. Interval]	
income	.0533635	.0096339	5.54	0.001	.030583	.076144
cost	.2152267	.0666928	3.23	0.015	.0575234	.37293
region2	1.025832	.3450825	2.97	0.021	.2098411	1.841822
region3	-.8861502	.1849455	-4.79	0.002	-1.323477	-.4488235
region4	1.45481	.3547113	4.10	0.005	.6160509	2.293569
region5	1.280719	.3443042	3.72	0.007	.4665685	2.094869
region6	-3.88e-15	6.44e-14	-0.06	0.954	-1.56e-13	1.48e-13
region7	1.45481	.3547113	4.10	0.005	.6160509	2.293569
region8	1.280719	.3443042	3.72	0.007	.4665685	2.094869
year	.1668369	.1098037	1.52	0.172	-.0928075	.4264813
_cons	-336.3782	220.7297	-1.52	0.171	-858.321	185.5646

图 12-42 最小二乘回归的分析结果

通过观察图 12-42 的结果,可以看出共有 80 个样本参与了分析,模型的可决系数 R^2 = 0.9845,说明模型的解释能力非常好。

从上面的分析可以看出最小二乘线性模型的整体显著性、大多数系数的显著性以及模型的整体解释能力都很不错。得到的结论是该保险公司利润情况与保费收入和赔偿支出等都是显著呈正向变化的。

10. 存储最小二乘回归分析的估计结果

在主界面的 Command 文本框中输入命令:

estimates store ols

本命令的含义是存储最小二乘回归分析的估计结果。

输入完命令后,按回车键,在 Data Edit(Browse)界面可以得到变量_est_ols 的相关数据,如图 12-43 所示的分析结果。

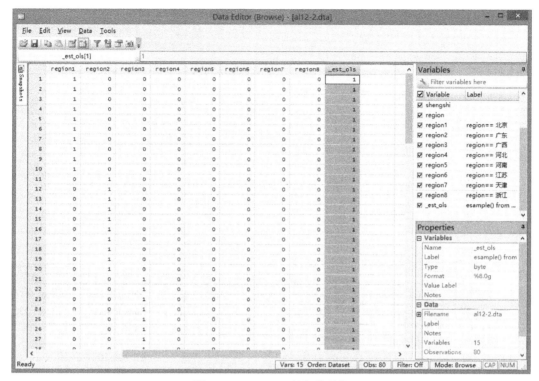

图 12-43 _est_ols 的相关数据

11. 自回归系数相同的广义最小二乘回归分析

在主界面的 Command 文本框中输入命令：

xtpcse profit income cost region2-region8 year,corr(ar1)

本命令的含义是仅考虑存在组内自相关,并且各组的自回归系数相同的情况下,以 profit 为因变量,以 income、cost 以及各地区虚拟变量 region2—region8 为自变量,进行广义最小二乘回归分析。

输入完命令后,按回车键,得到如图 12-44 所示的分析结果。

```
Prais-Winsten regression, correlated panels corrected standard errors (PCSEs)

Group variable:     region                  Number of obs      =        80
Time variable:      year                    Number of groups   =         8
Panels:             correlated (balanced)   Obs per group: min =        10
Autocorrelation:    common AR(1)                           avg =        10
                                                           max =        10
Estimated covariances      =       36       R-squared          =    0.9794
Estimated autocorrelations =        1       Wald chi2(8)       =   1031.38
Estimated coefficients     =       11       Prob > chi2        =    0.0000
```

	Panel-corrected					
profit	Coef.	Std. Err.	z	P>|z|	[95% Conf.	Interval]
income	.0513848	.0114491	4.49	0.000	.0289448	.0738247
cost	.2369246	.0685292	3.46	0.001	.1026099	.3712394
region2	1.148906	.6534121	1.76	0.079	-.1317581	2.42957
region3	-.8322166	.695395	-1.20	0.231	-2.195166	.5307325
region4	1.610996	.6838901	2.36	0.018	.2705958	2.951396
region5	1.413287	.7366856	1.92	0.055	-.0305905	2.857164
region6	-1.89e-12	3.36e-08	-0.00	1.000	-6.59e-08	6.58e-08
region7	1.610996	.6838901	2.36	0.018	.2705958	2.951396
region8	1.413287	.7366856	1.92	0.055	-.0305905	2.857164
year	.1793389	.0370433	4.84	0.000	.1067353	.2519424
_cons	-361.6927	74.62795	-4.85	0.000	-507.9608	-215.4246
rho	.265627					

图 12-44 广义最小二乘回归的分析结果

通过观察图 12-44 的结果,可以看出在仅考虑存在组内自相关,并且各组的自回归系数相同的情况下,进行广义最小二乘回归分析与普通最小二乘回归分析的结果有一些差别。

12. 存储自回归系数相同的广义最小二乘回归分析的估计结果

在主界面的 Command 文本框中输入命令:

estimates store ar1

本命令的含义是存储广义最小二乘回归分析的估计结果。

输入完命令后,按回车键,在 Data Edit(Browse) 界面可以得到变量 _est_ols 的相关数据,如图 12-45 所示的分析结果。

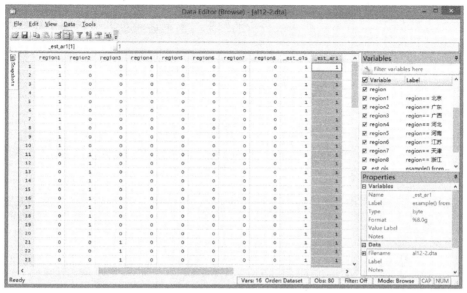

图 12-45 变量_est_ols 的数据结果

13. 自回归系数不同的可行广义最小二乘回归分析

在主界面的 Command 文本框中输入命令：

xtpcse profit income cost region2-region8 year,corr(psar1)

本命令的含义是仅考虑存在组内自相关,并且各组的自回归系数不同的情况下,以 profit 为因变量,以 income、cost 以及各地区虚拟变量 region2—region8 为自变量,进行可行广义最小二乘回归分析。

输入完命令后,按回车键,得到如图 12-46 所示的分析结果。

```
Prais-Winsten regression, correlated panels corrected standard errors (PCSEs)

Group variable:      region                Number of obs      =        80
Time variable:       year                  Number of groups   =         8
Panels:              correlated (balanced) Obs per group: min =        10
Autocorrelation:     panel-specific AR(1)                 avg =        10
                                                          max =        10
Estimated covariances      =       36     R-squared          =    0.9925
Estimated autocorrelations =        8     Wald chi2(8)       =   2660.97
Estimated coefficients     =       11     Prob > chi2        =    0.0000

                        Panel-corrected
      profit |    Coef.    Std. Err.     z     P>|z|    [95% Conf. Interval]
      income |  .0499286   .0088864    5.62    0.000    .0325115    .0673457
        cost |  .2353169   .053092     4.43    0.000    .1312585    .3393753
     region2 |  .9777836   .5988821    1.63    0.103   -.1960038    2.151571
     region3 | -.9068021   .7989255   -1.14    0.256   -2.472667    .6590631
     region4 | 1.504788    .4177599    3.60    0.000    .685994     2.323583
     region5 | 1.276868    .6133663    2.08    0.037    .0746926    2.479044
     region6 | 6.31e-13    2.32e-08    0.00    1.000   -4.56e-08    4.56e-08
     region7 | 1.504788    .4177599    3.60    0.000    .685994     2.323583
     region8 | 1.276868    .6133663    2.08    0.037    .0746926    2.479044
        year |  .1973701   .0359409    5.49    0.000    .1269273    .2678129
       _cons | -397.7056   72.26995   -5.50    0.000   -539.3521   -256.0591

         rhos =  -.1981808   .8593703   .7428073  -.1559056  .6155057 ... -.1981808
```

图 12-46 自回归系数不同的可行广义最小二乘回归分析

通过观察图 12-46 的结果，可以看出在仅考虑存在组内自相关，并且各组的自回归系数不同的情况下进行可行广义最小二乘回归分析的结果与前面各种回归分析的结果是有一些区别的。

14. 存储自回归系数不同的广义最小二乘回归分析的估计结果

在主界面的 Command 文本框中输入命令：

estimates store psar1

本命令的含义是存储自回归系数不同的广义最小二乘回归分析的估计结果。

输入完命令后，按回车键，在 Data Edit(Browse) 界面可以得到变量_est_psar1 的相关数据，如图 12-47 所示的分析结果。

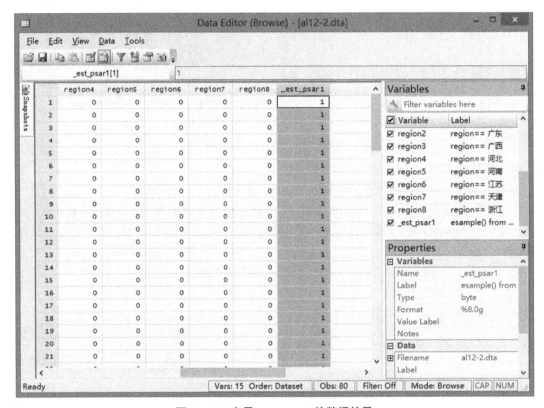

图 12-47　变量_est_psar 1 的数据结果

15. 不考虑自相关仅考虑异方差的可行广义最小二乘回归分析

在主界面的 Command 文本框中输入命令：

xtpcse profit income cost region2-region8 year, hetonly

本命令的含义是不考虑存在组内自相关，仅考虑不同个体扰动项存在异方差的情况下，以 profit 为因变量，以 income、cost 以及各地区虚拟变量 region2—region8 为自变量，进行可行广义最小二乘回归分析。

输入完命令后，按回车键，得到如图 12-48 所示的分析结果。

```
Linear regression, heteroskedastic panels corrected standard errors

Group variable:      region                        Number of obs      =         80
Time variable:       year                          Number of groups   =          8
Panels:              heteroskedastic (balanced)    Obs per group: min =         10
Autocorrelation:     no autocorrelation                          avg =         10
                                                                 max =         10
Estimated covariances      =        8              R-squared          =     0.9845
Estimated autocorrelations =        0              Wald chi2(10)      =    3241.67
Estimated coefficients     =       11              Prob > chi2        =     0.0000
```

profit	Coef.	Het-corrected Std. Err.	z	P>|z|	[95% Conf.	Interval]
income	.0533635	.0073228	7.29	0.000	.0390111	.0677159
cost	.2152267	.0444006	4.85	0.000	.1282031	.3022503
region2	1.025832	.4483788	2.29	0.022	.1470253	1.904638
region3	-.8861502	.5174744	-1.71	0.087	-1.900381	.1280809
region4	1.45481	.4465286	3.26	0.001	.5796298	2.32999
region5	1.280719	.5055611	2.53	0.011	.289837	2.2716
region6	-3.88e-15	.4762843	-0.00	1.000	-.9335001	.9335001
region7	1.45481	.4465286	3.26	0.001	.5796298	2.32999
region8	1.280719	.5055611	2.53	0.011	.289837	2.2716
year	.1668369	.038223	4.36	0.000	.0919212	.2417526
_cons	-336.3782	76.85813	-4.38	0.000	-487.0174	-185.7391

图 12-48 不考虑自相关仅考虑异方差的可行广义最小二乘回归分析

通过观察图 12-48 的结果,可以看出在不考虑存在自相关,仅考虑不同个体扰动项存在异方差的情况下,进行可行广义最小二乘回归分析的结果与前面各种回归分析的结果是有一些区别的。

16. 展示不同方法估计结果的比较

在主界面的 Command 文本框中输入命令:

estimates tab ols ar1 psar1 hetonly,b se

本命令的含义是展示将以上各种方法的系数估计值及标准差列表放在一起进行比较的结果。

输入完命令后,按回车键,可以得到如图 12-49 所示的分析结果。

Variable	ols	ar1	psar1	hetonly
income	.05336351	.05138476	.04992861	.05336351
	.00963388	.01144915	.00888643	.0073228
cost	.2152267	.23692465	.23531693	.2152267
	.06669277	.06852918	.05309199	.04440063
region2	1.0258316	1.148906	.97778357	1.0258316
	.34508253	.65341206	.59888209	.44837881
region3	-.88615016	-.83221655	-.90680209	-.88615016
	.1849455	.69539496	.79892547	.51747435
region4	1.4548098	1.6109958	1.5047883	1.4548098
	.35471127	.68389013	.41775991	.44652861
region5	1.2807187	1.4132868	1.2768684	1.2807187
	.34430425	.7366856	.61336628	.50556113
region6	-3.883e-15	-1.886e-12	6.306e-13	-3.883e-15
	6.440e-14	3.360e-08	2.325e-08	.47628431
region7	1.4548098	1.6109958	1.5047883	1.4548098
	.35471127	.68389013	.41775991	.44652861
region8	1.2807187	1.4132868	1.2768684	1.2807187
	.34430425	.7366856	.61336628	.50556113
year	.16683689	.17933885	.19737013	.16683689
	.10980365	.03704331	.03594086	.03822298
_cons	-336.37823	-361.69267	-397.7056	-336.37823
	220.7297	74.627951	72.269954	76.858126

legend: b/se

图 12-49 展示不同方法估计结果的比较分析结果

通过观察图 12-49 的结果,可以看出 hetonly 方法的系数估计值和 ols 方法的系数估计值是完全一样的,但标准差不一样。其他方法之间都存在一定的差别。

17. 自回归系数相同,方差独立且不同的可行广义最小二乘回归分析

在主界面的 Command 文本框中输入命令:

xtgls profit income cost region2-region8 year,panels(cor) cor(ar1)

本命令的含义是假定各组的自回归系数相同,且不同个体的扰动项相互独立且有不同的方差的情况下,以 profit 为因变量,以 income、cost 以及各地区虚拟变量 region2—region8 为自变量,进行可行广义最小二乘回归分析。

输入完命令后,按回车键,得到如图 12-50 所示的分析结果。

```
Cross-sectional time-series FGLS regression

Coefficients:   generalized least squares
Panels:         heteroskedastic with cross-sectional correlation
Correlation:    common AR(1) coefficient for all panels  (0.2656)

Estimated covariances      =        36        Number of obs      =         80
Estimated autocorrelations =         1        Number of groups   =          8
Estimated coefficients     =         8        Time periods       =         10
                                              Wald chi2(7)       =    1144.31
                                              Prob > chi2        =     0.0000
```

profit	Coef.	Std. Err.	z	P>|z|	[95% Conf. Interval]
income	.050533	.0059673	8.47	0.000	.0388372 .0622288
cost	.2372836	.0283261	8.38	0.000	.1817655 .2928017
region2	1.069898	.6140896	1.74	0.081	-.1336956 2.273491
region3	-.9093056	.6905757	-1.32	0.188	-2.262809 .4441979
region4	0	(omitted)			
region5	1.321584	.7099093	1.86	0.063	-.0698127 2.712981
region6	0	(omitted)			
region7	1.51725	.6519075	2.33	0.020	.2395351 2.794965
region8	0	(omitted)			
year	.1623514	.0183037	8.87	0.000	.1264768 .198226
_cons	-327.5118	36.82939	-8.89	0.000	-399.6961 -255.3275

图 12-50　自回归系数相同,方差独立且不同的可行广义最小二乘回归分析

通过观察图12-50的结果,可以看出假定各组的自回归系数相同,且不同个体的扰动项相互独立且有不同的方差的情况下,进行可行广义最小二乘回归分析的结果与前面各种回归分析的结果是有一些区别的。

18. 自回归系数不同,方差独立且不同的可行广义最小二乘回归分析

在主界面的 Command 文本框中输入命令:

xtgls profit income cost region2-region8 year,panels(cor) cor(psar1)

本命令的含义是假定各组的自回归系数不同,且不同个体的扰动项相互独立且有不同的方差的情况下,以 profit 为因变量,以 income、cost 以及各地区虚拟变量 region2—region8 为自变量,进行可行广义最小二乘回归分析。

输入完命令后,按回车键,得到如图12-51所示的分析结果。

```
Cross-sectional time-series FGLS regression

Coefficients:   generalized least squares
Panels:         heteroskedastic with cross-sectional correlation
Correlation:    panel-specific AR(1)

Estimated covariances      =        36        Number of obs      =        80
Estimated autocorrelations =         8        Number of groups   =         8
Estimated coefficients     =         8        Time periods       =        10
                                              Wald chi2(8)       =   5308.18
                                              Prob > chi2        =    0.0000
```

profit	Coef.	Std. Err.	z	P>|z|	[95% Conf. Interval]	
income	.0492578	.0053563	9.20	0.000	.0387597	.059756
cost	.228906	.0282683	8.10	0.000	.1735012	.2843109
region2	-343.489	39.38196	-8.72	0.000	-420.6762	-266.3018
region3	-345.2322	39.38992	-8.76	0.000	-422.4351	-268.0294
region4	0	(omitted)				
region5	0	(omitted)				
region6	-343.9026	39.43683	-8.72	0.000	-421.1974	-266.6079
region7	-342.6308	39.48237	-8.68	0.000	-420.0149	-265.2468
region8	-342.796	39.55267	-8.67	0.000	-420.3178	-265.2742
year	.1706838	.0196683	8.68	0.000	.1321346	.209233
_cons	0	(omitted)				

图 12-51　自回归系数不同,方差独立且不同的可行广义最小二乘回归分析

通过观察图 12-51 的结果,可以看出假定各组的自回归系数不同,且不同个体的扰动项相互独立且有不同的方差的情况下,进行可行广义最小二乘回归分析的结果与前面各种回归分析的结果是有一些区别的。

19. 拓展应用

上面的分析过程及结果已经达到解决实际问题的要求。但 Stata 12.0 还提供了更加复杂的命令格式以满足用户更加个性化的需求。

前面介绍的各种面板数据回归分析方法,最多允许每个个体拥有自己的截距项,从来没有允许每个个体拥有自己的回归方程斜率,那么 Stata 能否做到变系数呢?以本节为例,操作命令为:

xtrc profit income cost,betas

本命令允许每个个体拥有自己的截距项,还允许每个个体拥有自己的回归方程斜率,旨在进行随机系数模型回归分析。

输入完命令后,按回车键,得到如图 12-52 所示的分析结果。

```
. xtrc profit income cost,betas
```

Random-coefficients regression			Number of obs	=	80
Group variable: region			Number of groups	=	8
			Obs per group: min	=	10
			avg	=	10.0
			max	=	10
			Wald chi2(2)	=	51.09
			Prob > chi2	=	0.0000

profit	Coef.	Std. Err.	z	P>|z|	[95% Conf. Interval]
income	.1931546	.0718222	2.69	0.007	.0523857 .3339235
cost	.0588612	.0666521	0.88	0.377	-.0717746 .1894969
_cons	-3.104323	1.557598	-1.99	0.046	-6.157159 -.0514874

Test of parameter constancy: chi2(21) =   891.48   Prob > chi2 = 0.0000

Group-specific coefficients

	Coef.	Std. Err.	z	P>|z|	[95% Conf. Interval]
Group 1					
income	.0455572	.0059147	7.70	0.000	.0339646 .0571498
cost	.2303642	.0476863	4.83	0.000	.1369008 .3238277
_cons	-.9026935	.5092535	-1.77	0.076	-1.900812 .095425
Group 2					
income	.0504041	.014856	3.39	0.001	.0212869 .0795213
cost	.1922436	.0281024	6.84	0.000	.1371639 .2473234
_cons	-.4299306	.853226	-0.50	0.614	-2.102223 1.242362
Group 3					
income	-.0890295	.0062266	-14.30	0.000	-.1012335 -.0768256
cost	.1874995	.0262255	7.15	0.000	.1360985 .2389005
_cons	4.387642	.4231777	10.37	0.000	3.558229 5.217055
Group 4					
income	.3827678	.0602186	6.36	0.000	.2647415 .5007941
cost	-.1505261	.0578134	-2.60	0.009	-.2638383 -.0372139
_cons	-6.185409	1.167776	-5.30	0.000	-8.474208 -3.896611
Group 5					
income	.3636063	.0149761	24.28	0.000	.3342537 .3929588
cost	-.034265	.0209232	-1.64	0.101	-.0752737 .0067437
_cons	-7.308046	.417541	-17.50	0.000	-8.126412 -6.489681
Group 6					
income	.0455572	.0059147	7.70	0.000	.0339646 .0571498
cost	.2303642	.0476863	4.83	0.000	.1369008 .3238277
_cons	-.9026935	.5092535	-1.77	0.076	-1.900812 .095425
Group 7					
income	.3827678	.0602186	6.36	0.000	.2647415 .5007941
cost	-.1505261	.0578134	-2.60	0.009	-.2638383 -.0372139
_cons	-6.185409	1.167776	-5.30	0.000	-8.474208 -3.896611
Group 8					
income	.3636063	.0149761	24.28	0.000	.3342537 .3929588
cost	-.034265	.0209232	-1.64	0.101	-.0752737 .0067437
_cons	-7.308046	.417541	-17.50	0.000	-8.126412 -6.489681

图 12-52　随机函数模型的回归分析

通过观察图 12-52 的结果,可以看出模型中对参数一致性检验的显著性 P 值为 0.0000 (Test of parameter constancy:chi2(21) = 891.48 Prob > chi2 = 0.0000),显著地拒绝了每个个体都具有相同系数的原假设,我们的变系数模型设置是非常合理的。

可以根据上面的结果写出模型整体的回归方程和每个个体的回归方程。结果的详细解释与普通最小二乘回归分析类似,不再赘述。

参 考 文 献

G. S. 马达拉. 金融中的统计方法[M]. 上海:上海人民出版社. 2007.
蔡瑞胸. 金融时间序列分析(第3版)[M]. 北京:人民邮电出版社. 2012.
蔡瑞胸. 金融数据分析导论:基于R语言[M]. 北京:机械工业出版社. 2013.
戴维·R. 安德森等. 商务与经济统计(第11版)[M]. 北京:机械工业出版社. 2012.
范金城. 数据分析[M]. 北京:科学出版社,2007.
黎子良,邢海鹏. 金融市场中的统计模型和方法[M]. 北京:高等教育出版社. 2009.
李子奈. 计量经济学(第三版)[M]. 北京:高等教育出版社,2005.
林晨雷. 破解CFA定量方法[M]. 北京:中国财政经济出版社. 2012.
刘顺忠. 管理统计学和SAS软件应用[M]. 武汉:武汉大学出版社,2006.
庞浩. 计量经济学[M]. 北京:科学出版社,2007.
庞浩. 统计学[M]. 成都:西南财经大学出版社,2000.
盛骤. 概率论与数理统计[M]. 北京:高等教育出版社,2010.
易丹辉. 数据分析与Eviews应用[M]. 北京:中国统计出版社,2003.
张建同. 以Excel和SPSS为工具的管理统计[M]. 北京:清华大学出版社,2005.
张甜. Stata统计分析与行业应用案例详解[M]. 北京:清华大学出版社,2014.
张晓峒. 计量经济学软件Eviews使用指南. [M]天津:南开大学出版社,2003.
赵选民等. 数理统计[M]. 西安:西北工业大学出版社,2000.
朱顺泉. 金融计量经济学及其软件应用[M]. 北京:清华大学出版社,2013.
朱顺泉. 数据、模型与决策[M]. 北京:北京大学出版社,2014.
朱顺泉. 统计与运筹优化应用[M]. 北京:清华大学出版社,2007.

教辅申请说明

　　北京大学出版社本着"教材优先、学术为本"的出版宗旨,竭诚为广大高等院校师生服务。为更有针对性地提供服务,请您按照以下步骤在微信后台提交教辅申请,我们会在1~2个工作日内将配套教辅资料,发送到您的邮箱。

◎手机扫描下方二维码,或直接微信搜索公众号"北京大学经管书苑",进行关注;

◎点击菜单栏"在线申请"—"教辅申请",出现如右下界面:

◎将表格上的信息填写准确、完整后,点击提交;

◎信息核对无误后,教辅资源会及时发送给您;
如果填写有问题,工作人员会同您联系。

温馨提示:如果您不使用微信,您可以通过下方的联系方式(任选其一),将您的姓名、院校、邮箱及教材使用信息反馈给我们,工作人员会同您进一步联系。

我们的联系方式:
北京大学出版社经济与管理图书事业部
北京市海淀区成府路205号,100871
联 系 人: 周莹
电　　话: 010-62767312 /62757146
电子邮件: em@pup.cn
Q Q: 5520 63295(推荐使用)
微信: 北京大学经管书苑(pupembook)
网址: www.pup.cn